材料科学与工程

教育部高等学校材料类专业教学指导委员会规划教材

轨道交通车辆关键零部件材料和制造工艺

陆 兴 主编
陆培德 王洪潇 副主编

MATERIALS & MANUFACTURING PROCESS OF KEY PARTS OF RAIL TRANSIT VEHICLES

化学工业出版社

·北京·

内 容 简 介

《轨道交通车辆关键零部件材料和制造工艺》主要内容是围绕轨道交通车辆六个关键零部件——车体、转向架构架、轮对、轴箱与轴承、列车摩擦制动和铁路弹簧,从结构和功能等方面阐述材料选择、制造工艺、常见质量问题与检验方法等理论和工程技术问题。

本书涵盖车辆结构、材料科学、机械加工等专业领域内容,同时强调标准应用,兼顾节能环保知识,具有很高的实用价值,反映了我国在轨道交通车辆关键零部件制造领域的最新发展情况,可作为高校材料类专业或者机械类专业本科生的特色教材,也可供从事轨道交通车辆零部件材料和制造工艺的工程技术人员参考。

图书在版编目(CIP)数据

轨道交通车辆关键零部件材料和制造工艺/陆兴主编;陆培德,王洪潇副主编. —北京:化学工业出版社,2022.9

ISBN 978-7-122-41853-1

Ⅰ.①轨… Ⅱ.①陆… ②陆… ③王… Ⅲ.①铁路车辆-零部件-车辆制造-机械制造材料 ②铁路车辆-零部件-车辆制造-机械制造工艺 Ⅳ.①U270.4 ②U270.6

中国版本图书馆CIP数据核字(2022)第124734号

责任编辑:陶艳玲　　　　　　　　　　文字编辑:蔡晓雅　师明远
责任校对:李雨晴　　　　　　　　　　装帧设计:史利平

出版发行:化学工业出版社(北京市东城区青年湖南街13号　邮政编码100011)
印　　装:北京科印技术咨询服务有限公司数码印刷分部
787mm×1092mm　1/16　印张15　字数371千字　2023年1月北京第1版第1次印刷

购书咨询:010-64518888　　　　　　　　售后服务:010-64518899
网　　址:http://www.cip.com.cn
凡购买本书,如有缺损质量问题,本社销售中心负责调换。

定　价:79.00元　　　　　　　　　　　　　　　　　版权所有　违者必究

本书编写人员名单

主　编：陆　兴

副主编：陆培德　王洪潇

参　编：任瑞铭　王春生　赵艳英　高　飞　刘世程　史春元

　　　　韩晓明　黄治轶　张海沧　郑勇福　刘孝峰　程志义

　　　　尹立成　陆冠含

前 言

中国具有世界先进水平的"复兴号"中国标准动车组，涵盖 160～350km/h 不同速度等级；与此同时，大功率机车、重载货车、地铁客车等装备水平近年也大幅提升。轨道交通车辆的进步离不开高质量零部件制造技术，因此，提高轨道车辆制造技术人才水平是铁路行业可持续技术进步的基础。大连交通大学材料科学与工程学院是原铁道部设立的专门为中国铁路车辆制造企业培养材料和热加工技术人员的基地。为体现学院轨道交通车辆制造人才的培养特色，学院通过与中国中车和舍弗勒中国公司的技术人员合作，共同编撰了本书，以便作为"轨道交通车辆关键零部件材料和制造工艺"课程的特色教材。

本书选取了轨道交通车辆中的六个关键零部件作为论述内容，依次设为车体、转向架构架、轮对、轴箱与轴承、列车摩擦制动和铁路弹簧六章。各章按照零部件结构和功能、材料选择、制造工艺、常见质量问题和检验方法等顺序介绍。书中在阐述各零部件的制造技术及理论的基础上，同时关注标准应用和节能环保等方面的问题。

本书由陆兴任主编，陆培德、王洪潇任副主编。第 1 章由王洪潇（中国中车）、王春生（中国中车）、史春元（大连交通大学）、黄治轼（中国中车）、张海沧（中国中车）编写，第 2 章由陆培德（中国中车）、陆兴（大连交通大学）、郑勇福（中国中车）、刘孝峰（中国中车）、程志义（中国中车）、尹立成（中国中车）、陆冠含（中国中车）编写，第 3 章由任瑞铭（大连交通大学）编写，第 4 章由赵艳英（舍弗勒中国公司）编写，第 5 章由韩晓明、高飞（大连交通大学）编写，第 6 章由刘世程（大连交通大学）编写。

本书可作为高校学校材料类和机械类专业本科生的专业课教材，也可供从事轨道交通车辆零部件材料和制造的工程技术人员参考。由于编者学术水平或知识的局限，书中内容或存在与工程技术的偏差和理论的欠缺，谨请读者提出宝贵意见。

本书作为大连交通大学校企合作教材，得到了大连交通大学的资助，书中一些资料和图片来自合作单位，在此一并致谢。

编者
2022 年 1 月 5 日

目录

第1章 车体

1.1 碳钢车体 / 2
    1.1.1 碳钢车体结构及零部件的功能 / 2
    1.1.2 碳钢车体制造技术要求及标准 / 4
    1.1.3 碳钢车体材料及选择原则 / 5
    1.1.4 碳钢车体制造工艺 / 7

1.2 不锈钢车体 / 11
    1.2.1 不锈钢车体结构及零部件功能 / 11
    1.2.2 不锈钢车体制造技术要求及标准 / 13
    1.2.3 不锈钢车体材料及选择原则 / 14
    1.2.4 不锈钢车体制造工艺 / 15

1.3 铝合金车体 / 19
    1.3.1 铝合金车体结构及零部件功能 / 19
    1.3.2 铝合金车体制造技术要求及标准 / 21
    1.3.3 铝合金车体材料及选择原则 / 22
    1.3.4 铝合金车体制造工艺 / 24

1.4 车体质量检验 / 31
    1.4.1 产品外形形位公差检测 / 31
    1.4.2 焊缝质量检测 / 32

思考题 / 34

参考文献 / 35

第2章 转向架构架

2.1 转向架及其功能 / 37
    2.1.1 转向架的基本组成和作用 / 37

2.1.2 转向架分类 / 38
2.1.3 转向架构架制造工艺基本流程 / 38
2.2 转向架构架用钢 / 38
2.2.1 转向架构架的服役形式及其对材料性能的要求 / 38
2.2.2 转向架构架用钢 / 39
2.3 冲压成型 / 41
2.3.1 转向架构架冲压件典型结构 / 41
2.3.2 构架冲压件制造工艺流程 / 43
2.3.3 构架冲压件的制造工艺方法 / 44
2.4 转向架构架组焊 / 71
2.4.1 转向架构架焊接制造的原则 / 71
2.4.2 转向架构架焊接方法、焊缝接头分类及焊接材料 / 73
2.4.3 CW6000系构架焊接制造工艺 / 87
2.5 焊接构架去应力处理 / 97
2.6 转向架构架焊缝无损检测 / 99
2.6.1 构架焊缝无损检测概述 / 99
2.6.2 构架焊缝无损检测方法 / 99
2.6.3 构架焊缝无损检测依据和标准 / 103
2.7 转向架构架机械加工 / 104
2.7.1 构架加工工艺基准 / 105
2.7.2 龙门加工中心加工工艺 / 106
2.7.3 落地镗铣加工中心加工工艺 / 108
2.7.4 构架在加工夹具上的夹紧工艺 / 111
2.7.5 构架加工刀具 / 112
2.7.6 构架加工尺寸精度测量 / 117
2.8 转向架构架涂装 / 119
2.8.1 构架涂装的基本概念 / 119
2.8.2 涂装材料选择 / 120
2.8.3 构架涂装工艺 / 121
2.8.4 质量检测与常见问题 / 126

思考题 / 129

参考文献 / 129

第3章 轮对

3.1 车轮 / 131
3.1.1 车轮的功能与结构特点 / 131
3.1.2 车轮的技术要求 / 132

  3.1.3 车轮的材料选择 / 134
  3.1.4 车轮的制造工艺 / 137
  3.1.5 车轮的质量检验 / 140
3.2 车轴 / 140
  3.2.1 车轴的功能与结构特点 / 140
  3.2.2 车轴的技术要求 / 141
  3.2.3 车轴的材料选择 / 142
  3.2.4 车轴的制造工艺 / 146
  3.2.5 车轴的质量检验 / 148
思考题 / 149
参考文献 / 149

第4章 轴箱与轴承

4.1 轴箱装置的功能与结构特点 / 151
4.2 轴箱装置的技术要求 / 152
4.3 轴箱装置的材料选择 / 153
  4.3.1 轴箱材料的选择 / 153
  4.3.2 轴箱滚动轴承零件性能特点与材料选择 / 153
4.4 轴箱装置的制造 / 169
  4.4.1 铁路轴箱的制造 / 169
  4.4.2 轴箱滚动轴承的制造 / 170
4.5 质量与认证 / 184
4.6 轴箱滚动轴承技术展望 / 185
思考题 / 186
参考文献 / 186

第5章 列车摩擦制动

5.1 摩擦制动及其装置 / 187
  5.1.1 列车摩擦制动的特点 / 187
  5.1.2 摩擦制动的影响因素 / 188
  5.1.3 摩擦制动原理及结构 / 189
5.2 闸片材料及制造技术 / 191
  5.2.1 闸片的技术要求 / 191
  5.2.2 闸片结构 / 191
  5.2.3 闸片材料分类及制备技术 / 192
  5.2.4 闸片质量检测 / 197

5.3 制动盘材料及制造技术 / 198
　　5.3.1 制动盘类型 / 198
　　5.3.2 制动盘材料 / 199
　　5.3.3 制动盘制备技术 / 201
　　5.3.4 制动盘质量检测 / 204
5.4 摩擦制动试验 / 205
　　5.4.1 摩擦制动性能试验设备 / 205
　　5.4.2 摩擦制动检测程序及要求 / 208
思考题 / 211
参考文献 / 211

第 6 章　铁路弹簧

6.1 铁路弹簧的功能与结构特点 / 212
　　6.1.1 铁路弹簧的类型和功能 / 212
　　6.1.2 铁路弹簧的结构特点与受力分析 / 213
6.2 铁路弹簧的技术要求 / 215
　　6.2.1 对弹簧性能的基本要求 / 215
　　6.2.2 欧洲与我国铁路转向架弹簧的技术要求 / 215
6.3 铁路弹簧材料的选择 / 217
　　6.3.1 铁路转向架弹簧用钢的主要性能要求 / 217
　　6.3.2 弹簧钢中碳与合金元素的作用 / 218
　　6.3.3 弹簧钢的生产方法 / 219
　　6.3.4 部分铁路转向架弹簧用钢 / 219
6.4 铁路弹簧的制造工艺 / 222
　　6.4.1 弹簧制造工艺流程 / 222
　　6.4.2 两端制扁 / 222
　　6.4.3 卷簧与调簧 / 223
　　6.4.4 弹簧的热处理 / 223
　　6.4.5 弹簧的机械强化处理 / 226
6.5 铁路弹簧的检验 / 227
　　6.5.1 奥氏体晶粒度检验 / 227
　　6.5.2 脱碳层深度检验 / 229
　　6.5.3 疲劳寿命测定 / 230
　　6.5.4 蠕变检验 / 230
思考题 / 231
参考文献 / 231

第1章 车体

学习导引：本章介绍车体及其大部件的功能与结构特点、技术要求、材料选择原则、制造工艺流程及质量检验方法。

学习本章的目的是使学生了解碳钢、不锈钢和铝合金三种主流车体的基本类型、功能作用、结构特点、技术要求；理解三种车体材料的化学成分特点、力学性能要求；熟悉三种车体从成型、焊接到机械加工等完整的生产工艺过程；了解车体质量检验的基本方法。

图1-1为典型的轨道客车（以碳钢车为例），由车体、转向架、车钩、受流装置等主要部件组成。各部件的主要功能如下：

① 车体结构：轨道客车车辆结构的主体；
② 动车转向架：牵引及运行承载；
③ 拖车转向架：运行承载；
④ 列车两端活动车钩：牵引和制动缓冲，列车救援和重联；
⑤ 编组内永久车钩：牵引和制动缓冲，动力单元内连挂；
⑥ 编组内半永久车钩：牵引和制动缓冲，动力单元间连挂和增编连挂；
⑦ 车顶受流装置：用于DC1500V及以上受流制式；
⑧ 三轨受流装置：用于DC750V及以下受流制式。

车体结构是轨道客车车辆结构的主体，铁路客车车辆的每个组成部分都必须与车体结构连接并形成一个具有完整功能的整体，特别是与乘客有关的部分都必须在车体结构上具有准确的固定位置；同时车体结构是铁路客车车辆外壳的界限，构成铁路客车车辆的外部形貌；车体结构承受了铁路客车车辆在静止、运动、吊装或检修时架车中的全部载荷。在静止状态下，车体结构承受设备自重；在运动状态下，车体结构承受载重、牵引、冲击、运行阻力以及环境空气压力等作用；在吊装或检修架车过程中承受起吊或架车作用下的载荷；在发生意外事故的情况下，还需承受更为复杂载荷的作用。这些因素决定车体结构制造工艺是铁路客车车辆制造技术中最为关键的部分，于是对从事车体结构制造工艺研究工作的车体结构工艺师提出综合性的素质要求，如对产品结构有全面、清晰的认识；对产品使用材料的性能（力学性能、理化性能和加工工艺性能）、产品现有制造手段（铸造、锻造、冲压、机械加工、化学加工、装配与焊接）及发展趋势、现有其他资源配置（厂房设施、工装设备、工具量具、作业环境、工作方法）有全面、充分的掌握。

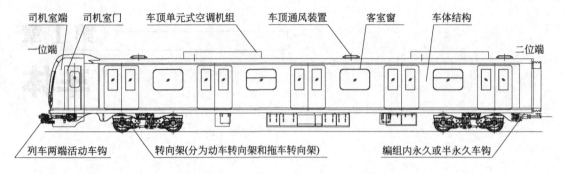

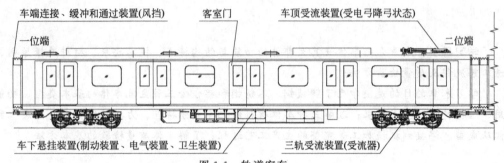

图 1-1 轨道客车

1.1 碳钢车体

1.1.1 碳钢车体结构及零部件的功能

一般车体钢结构是一个呈长条形的六面体，底面为底架钢结构，沿轨道车辆运行方向布置的两个较长的侧面为侧墙钢结构，垂直于侧墙钢结构的两个较短的端面为端墙钢结构，与底架钢结构相对的是车顶钢结构。碳钢车体梁柱结构组成如图 1-2 所示。

（1）底架结构

作为六面体的底面，底架钢结构是实现车体整体强度、整体刚度和承载功能的主体，所以也是最复杂、最强壮的结构。底架钢结构的功能包括静态和动态条件下承载轨道车辆内部装配件、乘客和货物的重量以及其他车体部件自重；传递轨道车辆运动的牵引力和制动的制动力；承载乘客通行的通道（上下车及车间通行）；与运动部件——转向架连接，传递动车转向架牵引力以及复杂工况受力（抗侧滚力、抗蛇形力等），承受转向架支承力；悬挂裙板系统、卫生（集便、水箱）系统、电气（逆变器、牵引变流器、辅助变流器、蓄电池等）系统、制动系统等；与端墙钢结构、侧墙钢结构连接。

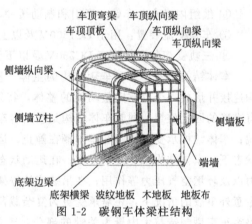

图 1-2 碳钢车体梁柱结构

底架钢结构中传递车体重要载荷和受力的主要结构是由枕梁和中梁构成的主体结构，

辅助以平行于车体长度方向的边梁和纵梁以及垂直于车体长度方向的端梁、横梁，如果车钩只具备牵引功能而不具备吸收制动冲击功能时，端梁应为缓冲梁（安装缓冲器）。随着无中梁结构的兴起，中梁的结构和功能转变为牵引梁和底架边梁，大部分纵梁的结构和功能转变为波纹地板，所以典型的底架钢结构是以牵枕缓部件和底架边梁组成主要传递牵引力、制动力的结构，以牵枕缓部件和底架边梁、枕梁以内大横梁、枕梁以外小横梁和枕外平地板和枕内波纹地板组成的以承载为主的桁架加覆板结构。

某些地铁车辆底架钢结构牵枕缓部件演变为底架端部，某些低地板车体的底架钢结构取消覆板结构，扩大纵梁、横梁上翼面，衍生出整体承载底架钢结构。

为了提高底架强度和刚度，底架钢结构零件使用中板级别的钢板或热轧型钢。如枕梁的主体结构板是厚度8~10mm的普通碳素结构钢板，牵引梁采用腹面厚度7.5mm的热轧普通碳素结构型钢（GB/T 706—2016中30a型号）或者厚度8mm的低合金高强度钢板，城铁车体牵引梁采用厚度8mm的耐候钢板，底架边梁采用腹面厚度9mm的热轧普通碳素结构型钢（GB/T 706—2016中18b型号）或者厚度8mm的冷弯普通碳素结构型钢，吊梁结构多采用8~10mm厚度普通碳素结构钢板，缓冲梁和大小横梁采用4~6mm厚度耐候钢板，枕外平地板采用2mm厚度不锈钢板，枕内波纹地板采用1.5mm厚度耐候钢或不锈钢冷弯型钢。底架钢结构主要焊接方法包括埋弧焊、手工电弧焊、MAG焊、MAG电铆焊等。

（2）侧墙结构

作为六面体的侧面，侧墙结构具有实现车体整体强度、整体刚度和承载的功能，包括静态和动态条件下承载轨道车辆内部装配件；传递部分轨道车辆运行的牵引力和制动的制动力；承载乘客通行的通道（上下车通行）；传递部分动车转向架牵引力以及复杂工况受力（抗侧滚力、抗蛇形力等），承受部分转向架支承力；与端墙钢结构、底架钢结构、车顶钢结构连接。

侧墙钢结构中，传递车体重要载荷和受力的主要结构是由沿车体长度方向的纵向梁和垂直车体长度方向的立柱构成的网格状骨架结构，以及外覆墙板。根据车辆使用性能，侧墙钢结构一般具备开口结构，例如门口、窗口、车上柴油机注油口、侧灯口、塞拉门外解锁孔等。开口结构在某种程度上削弱了侧墙钢结构承载的性能，因此经常附加某些补强结构。

一般来说侧墙钢结构整体的厚度比较小，而鼓形车体的侧墙钢结构由于承受车顶的重量需要适度提高刚度。侧墙钢结构材料大多为冷轧薄板，例如墙板多采用2.5mm厚度冷轧耐候钢板，纵梁和立柱多采用2mm或者3mm厚度冷轧耐候钢板。为了减少焊缝，纵向梁多采用冷轧薄板冷弯型钢，如侧墙上边梁、侧墙下边梁、侧墙纵向梁等。侧墙钢结构主要焊接方法包括电阻滚焊、激光拼焊、MAG焊、电阻点焊等。

（3）端墙结构

作为六面体的端面，端墙钢结构的功能包括静态和动态条件下承载轨道车辆内部装配件；传递部分轨道车辆制动的制动力；承载乘客通行的通道（编组间通行）；与侧墙钢结构、底架钢结构、车顶钢结构连接。

端墙钢结构中，传递车体重要载荷和受力的主要结构是由沿车体高度方向的立柱和横梁构成的网格状骨架结构，以及外覆墙板。端墙钢结构区别于侧墙钢结构的显著特点是具备车端连接结构的安装结构，例如：车端电气连接装置、车钩缓冲器连接装置、旅客在车端通行所需的风挡连接装置等。这些连接装置在端墙钢结构上具有安装结构，例如渡板安装座、车端电气装置安装座、风挡安装座等，而安装座结构必须具备一定的强度。

根据以上要求，端墙钢结构材料大多为冷轧薄板，例如墙板多采用2.5mm厚度冷轧耐候钢板，纵梁和立柱多采用2mm或者3mm厚度冷轧耐候钢板。但是为了传递部分轨道车辆制动的制动力，部分结构需采用厚板结构，例如铁路客车端墙门口风挡安装座（折棚柱）采用10mm厚度热轧普通碳素结构钢；端角柱甚至采用断面封闭的热轧异形断面钢管。端墙钢结构焊接方法主要采用MAG焊、电阻点焊等。

（4）车顶结构

作为六面体的顶面，车顶钢结构的功能包括静态和动态条件下承载轨道车辆内部装配件（主要是悬挂件）；传递部分轨道车辆制动的制动力；与侧墙钢结构、底架钢结构、车顶钢结构连接。

车顶钢结构中，具有传递车体重要载荷和受力的主要结构是由平行车体长度方向的纵向梁和垂直车体宽度方向的弯梁构成的网格状骨架结构，以及外覆车顶板。车顶钢结构的主要特点是具备从外部施工的安装结构，例如：空调机组安装座、水箱安装结构（水箱活盖）、通用装置、发电机组安装结构（发电机组活盖、冷却塔活盖）等。根据以上要求，车顶顶板、纵梁和弯梁多采用2mm厚度冷轧耐候钢板。为了减少焊缝，主要纵向梁多采用2mm厚度冷轧耐候钢板的冷弯型钢，例如车顶边梁、侧顶板等。但对于主要承载结构如端顶横梁、空调机组安装座纵梁等也采用热轧型钢。车顶钢结构主要焊接方法为MAG焊等。

（5）车体零部件

① 车体部件是指具备一定独立功能的组成件。这些组成件大多数通过焊接工艺，个别通过机械连接、铆接工艺安装在车体结构上。其中有些是实现车体性能的功能性部件；有些具有安装和（或）连接车辆等独立功能而不能实现车体性能的非功能性部件，例如集便器箱吊梁组成是具备悬挂集便器车下箱体的独立功能的组成件，但没有车体功能；有些同时具备上述车体和独立两项功能，例如底架钢结构是车体组成的大型部件，具有实现车体整体强度、整体刚度、承载等车体性能的功能，同时，底架钢结构自身还具备轨道车辆的独立功能，如底架钢结构的两端具备车辆连接功能，结构的下表面具备与转向架连接功能和悬挂必要系统的功能，结构的四边具有连接侧墙钢结构和端墙钢结构的功能，结构的四角具有安装登车结构并承载乘客和货物重量的功能。

根据对组成车体和实现车体性能重要性区分，车体部件可以分为大型部件、中型部件和小型部件，其中大型部件有车钩缓冲装置、转向架连接部件、登车装置（翻板装置和脚蹬装置）、侧墙、底架、车顶、端墙等；中型部件有牵枕缓、底架端部、中梁组成、牵引梁组成、枕梁组成、缓冲梁组成、边梁组成、侧顶板组成、空调机组安装座组成、受电弓安装座组成等；小型部件有横梁组成、纵梁组成、吊梁组成等。

② 车体零件是指具备或者不具备独立功能的单体件，这些单体件大多数通过焊接工艺（个别通过机械连接、铆接连接或其他安装结构）安装在车体结构或者车体部件上，某些是实现车体性能的必要组成部分，某些用于安装和（或）连接轨道车辆功能性部件，某些为实现车体部件的功能提供性能支持。例如：车钩提杆吊座本身具备独立功能，用于悬挂和固定车钩提杆，同时还要保留车钩提杆的可转动性，它是通过螺栓连接固定在车体钢结构缓冲梁下的车钩提杆角铁上。车体零件的种类很多，例如紧固件、单件标准件，各种尺寸和材质的冷热冲压单件、铸造单件、锻造单件甚至某些化工类产品如密封胶、橡胶密封件、纤维件等。

1.1.2 碳钢车体制造技术要求及标准

车体钢结构制造技术条件（应当包含产品技术合同中的指标）一般由设计部门提供，内容包括对组成车体的零件和部件以及车体的技术要求；主要工艺手段例如铆接、焊接、机械连接的要求；对材料、防腐及涂装、性能及热处理、几何尺寸公差和形位公差的要求；对组成车体的零件和部件以及车体的试验验证要求。

车体钢结构制造涉及的标准很多，取决于不同产品根据技术合同确定的执行标准以及标准体系，仅焊接部分就分为中国铁路标准 TB、国家标准 GB、日本标准 JIS、欧洲标准 EN、国际标准 ISO、北美铁路标准 AAR 等。

1.1.3 碳钢车体材料及选择原则

车体结构用材料应具有优良的力学性能、理化性能和加工工艺性能。力学性能主要指具有高强度、大弹性模量；理化性能主要是指线膨胀系数小、耐腐蚀性好；加工工艺性能指具有较高的抗冲剪压性能、可焊性能、组装性能。车体结构选用材料的发展演变过程为木材→普通碳素钢材→含铜低合金钢或耐候钢→不锈钢或铝合金→复合材料。目前车体钢结构材料趋向于混合型选材。

我国早期生产的铁路客车上，基本上都用普通低碳钢制造车体钢结构，如中梁、枕梁、端梁、底架边梁及横梁、折棚柱、端顶横梁等主要承载构件和其他压型件。普通碳素钢的优点是成本低，加工方便，容易制造；缺点是强度较低，易腐蚀，致使车辆使用寿命不长。因此对于局部易腐蚀如厕所地板、通过台地板、枕外平地板、空调机组座顶板、翻板脚蹬等零部件逐步采用不锈钢材料。

进入 20 世纪 90 年代，加入了 Cu、P 等提高耐大气腐蚀性能合金元素的高耐候结构钢逐渐代替普通碳素钢，但仅限于 6mm 厚度以下薄板。其他钢板多采用热轧普通碳素钢钢板和型钢。车体有些部位仍采用不锈钢板，甚至枕内波纹地板也采用不锈钢板。

随着用户对于材料高成本的认可，车体钢结构采用了防腐性能更高的铁素体不锈钢。某些低地板车体甚至全部采用价格更高的奥氏体不锈钢骨架，外覆铝蜂窝墙板和铝型材车顶板。高速动车组轻量化的要求使铝合金车体得到了广泛的应用。随着司机室前端采用高分子材料的流线造型和个性化造型以及碳纤维车体的出现，车体结构呈现出多种材料、多种制造工艺方法混合的新趋势。但目前主流的铁路客车车体所用的材料仍是耐候钢、不锈钢、铝合金三种，这些材料是在综合考虑国情、成本和车辆的不同用途后进行选择的。

我国使用的碳钢车体材料，根据用户要求多采用 GB 和 TB 标准，出口车辆一般也采用上述材料。碳钢车体用碳素结构钢一般采用 Q235-B 材料，对应标准 GB/T 700—2006；耐候钢一般采用 Q350EWR1，对应标准 TB/T 1979—2014；不锈钢一般采用 06Cr19Ni10，对应标准 GB/T 20878—2007。表 1-1～表 1-6 中列出了几种车体常用的碳钢、耐候钢和不锈钢材料的化学成分与力学性能。

表 1-1 碳素结构钢 Q235-B 的化学成分（GB/T 700—2006）

牌号	统一数字代号	等级	化学成分/%（质量分数），不大于					脱氧方法
			C	Mn	Si	S	P	
Q235	U12352	A	0.22	1.40	0.35	0.050	0.045	F、Z
	U12355	B	0.20			0.045		F、Z
	U12358	C	0.17			0.040	0.040	Z
	U123529	D				0.035	0.035	T、Z

注：经需方同意 Q235B 的碳含量可不大于 0.22%。

表 1-2 碳素结构钢 Q235-B 的力学性能（GB/T 700—2006）

牌号	等级	屈服强度 R_{eH}/MPa,不小于						抗拉强度 R_m/MPa	断后伸长率 A/%,不小于					冲击试验（V形缺口）	
		厚度（或直径）/mm							厚度（或直径）/mm					温度/℃	纵向冲击吸收功 J 不小于
		≤16	>16~40	>40~60	>60~100	>100~150	>150~200		≤40	>40~60	>60~100	>100~150	>150~200		
Q235	A	235	225	215	215	195	185	375~500	26	25	24	22	21	—	—
	B													+20	27
	C													0	
	D													−20	

表 1-3 铁道车辆用耐大气腐蚀钢 Q350EWR1 的化学成分（TB/T 1979—2014）

牌号	化学成分/%（质量分数）									
	C	Si	Mn	P	S	Cu	Ti/V	Cr	Ni	RE
Q350EWR1	≤0.07	≤0.50	≤1.10	≤0.020	≤0.010	0.25~0.50	—	3.00~5.50	0.12~0.65	

注：RE 为成品钢材中的稀土含量。

表 1-4 铁道车辆用耐大气腐蚀钢 Q350EWR1 材料的力学性能（TB/T 1979—2014）

牌号	公称厚度/mm	下屈服强度 R_{eL}/MPa	抗拉强度 R_m/MPa	屈强比 R_{eL}/R_m	断后伸长率 A/%	180°冷弯试验 b≥20mm
Q350EWR1	≤6	≥350	490~690	≤0.80	≥22	D=a

注：b 为冷弯试验的宽度，D 为弯心直径，a 为钢材公称厚度。

表 1-5 06Cr19Ni10 的化学成分（GB/T 20878—2007）

统一数字代号	牌号	化学成分/%（质量分数）									
		C	Si	Mn	P	S	Ni	Cr	Mo	Cu	N	其他元素
S30408	06Cr19Ni10	0.08	1.00	2.00	0.045	0.030	8.00~11.00	18.00~20.00	—	—	—	—

表 1-6 06Cr19Ni10 的力学性能（GB/T 3280—2015）

统一数字代号	牌号	规定塑性延伸强度 $R_{p0.2}$/MPa	抗拉强度 R_m/MPa	断后伸长率 A/%	硬度值		
					HBW	HRB	HV
		不小于			不大于		
S30408	S30408	205	515	40	201	92	201

现阶段碳钢车体结构多采用低合金高强度耐候钢制造，其受力部件全部采用焊接工艺制造而成，最后形成整体承载全焊接无中梁薄壁筒形结构。碳钢车体结构中，板厚≤2.5mm 的板采用冷轧板，材质为 05CuPCrNi；板厚>2.5mm 而≤6mm 的板，材质为 09CuPCrNi-B；板厚>6mm 的板采用热轧型钢，材质为 Q235-B。卫生间以及一些外露件，如侧门扶手、脚蹬等易腐蚀或工况恶劣的部件均全部采用不锈钢钢板，以增加其抗腐蚀能力。薄钢板（冷轧酸洗板）应除油，磷化处理，并立即涂预涂底漆；中厚钢板、型钢喷丸除锈，应达到 GB/T 8923.1—2011 规定的 Sa2 1/2 级的要求，并立即涂预涂底漆；零部件等进行槽浸除油、除锈、磷化处理后，立即涂预涂底漆；存放时不得淋雨水，或停放在湿度较大的地方。部件组焊后，用手工或机具清除烧损部位，再补涂预涂底漆；油漆按油漆技术条件执行。

车体钢结构广泛采用冷轧型材，如波纹地板、侧墙的纵向梁、上边梁及车顶的侧顶板和边梁等，有效地减轻自重，提高钢结构的平整度。

为保证钢结构在15年内不发生挖补、截换等情况，车体钢结构的零部件在组焊前均进行钢材的预处理和喷丸除锈处理，在车体内外表面均涂刷H06-30双组分铁红环氧预涂底漆，并涂两遍SH-1双组分环氧防锈漆。在车内表面及底架下表面喷涂2~3mm FH-01防腐隔声浆，以有效达到隔音和防腐的效果。

1.1.4 碳钢车体制造工艺

碳钢车体钢结构的制造工艺流程如图1-3所示。

1.1.4.1 冷成型加工

冲压是轨道客车车辆制造七大工艺的第一道工序。冲压件是组成车辆的最小单元零件，它的质量好坏直接影响后续工艺的进行。

轨道客车冲压件生产工艺不同于汽车、电器等行业的大批量加工工艺模式，是典型的多品种小批量生产模式。铁路客车装备制造行业的订单式生产特点形成不了大批量连续生产。依据TB/T 2571—1995《金属冷冲压件通用技术条件》，图1-4示出轨道客车冲压件的加工流程。

（1）材料表面处理

冲压件加工的第一道作业是材料的预处理。材料的预处理主要是针对碳钢类材料进行的。原因是碳钢在存放运输中容易生锈，使用前必须把锈蚀清除掉。材料预处理的方法有两种：对板厚≤3mm的薄板和型材进行酸洗磷化处理；对板厚＞3mm的板材和型材进行抛丸打砂处理。两种方法处理完后，如果需要，在表面涂一层预处理底漆。

（2）下料

冲压件加工预先按需求对从钢厂购进的钢板或型钢进行下料。所谓下料就是根据后续工序加工的需要对原材料板材和型材按形状和尺寸进行切割或剪切。下料方法有以下几种：

剪切：用剪板机沿直线轮廓对材料进行分离。

数控激光切割：利用数控激光切割机，通过编程，把板材按要求切割成零件形状。

数控火焰切割：利用数控火焰切割机，通过编程，把碳钢板材按要求切割成零件形状。

数控精细等离子切割：利用精细等离子切割机，通过编程，把碳钢板和不锈钢板材按要求切割成不同形状零件。

数控高压水切割（俗称水刀）：利用高压水切割机，通过编程，把金属板材和非金属板材按要求切割成零件形状。

手工切割：用空气等离子切割机、火焰切割机或无齿锯（砂轮片）手工划线切割。

（3）打磨

打磨的目的是通过砂轮、手锉、刮刀等工具清除下料工序中产生的毛刺、熔渣等。打磨后的零件断面光滑、无毛刺。

（4）校平

校平是对平板进行平面度校正、对型材进行调直的工艺。

a.校平：利用校平机和压力机提高零件局部或整体平面度。

b.调直：利用设备或其他手工手段提高零件直线度。

（5）中间加工

中间工序是指零件下料后在平板上进行冲孔、钻孔、模具落料，冲裁加工内、外形等工序，具体工艺名称如下：

冲角：利用通用冲模在工件角部沿敞开的轮廓将废料从材料和工件上分离。

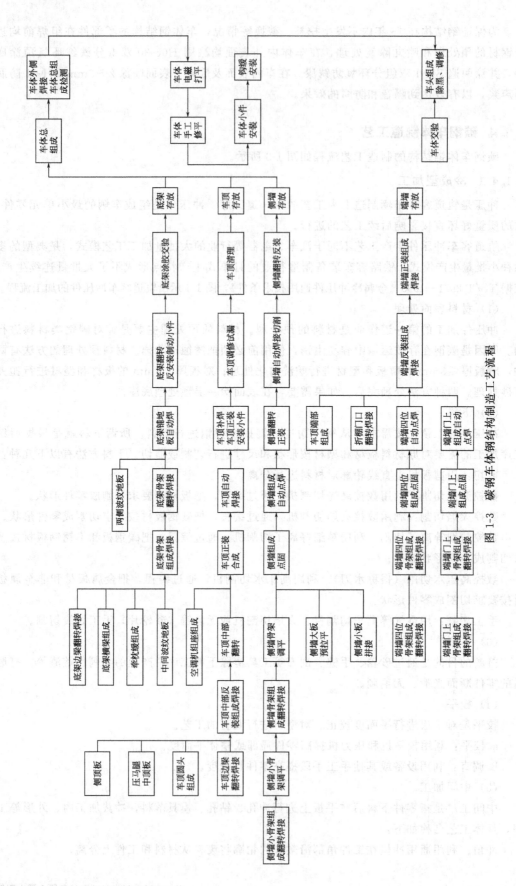

图1-3 碳钢车体钢结构制造工艺流程

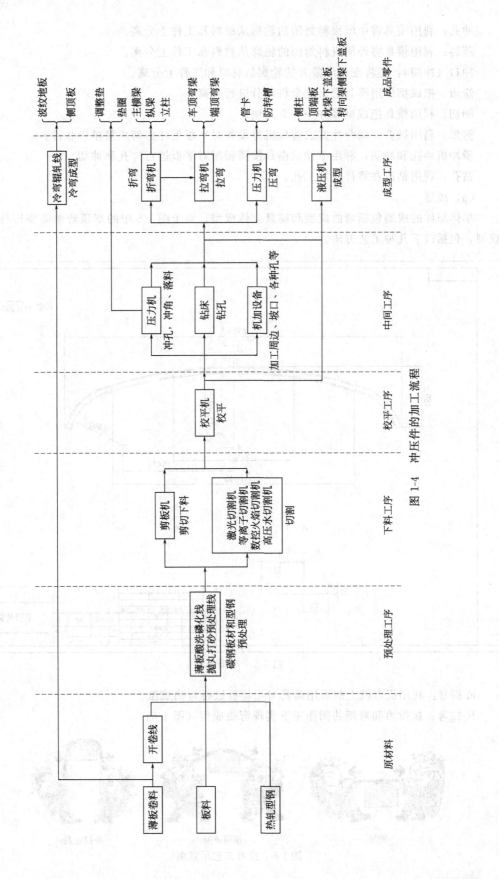

图 1-4 冲压件的加工流程

第1章 车体

冲孔：利用模具将中间废料封闭的轮廓从材料和工件上分离。
落料：利用模具将外周废料封闭的轮廓从材料和工件上分离。
冲口（冲槽）：是将废料沿敞开的轮廓从材料和工件上分离。
修边：把成型件用模具把工艺余料部分进行分离。
剖切：利用模具把成型零件一分为几块。
剪形：利用振剪、联合冲剪或剪板机等设备对平板毛坯剪切成简单形状件。
步冲机冲孔和冲切：利用步冲机模具按照程序对平板进行冲孔和冲切。
钻孔：利用钻床在零件上加工孔。

（6）成型

车体部件的成型包括弯曲成型和模具立体成型。对于图1-5中的车顶弯梁需要进行弯曲成型，包括以下几种工艺方法。

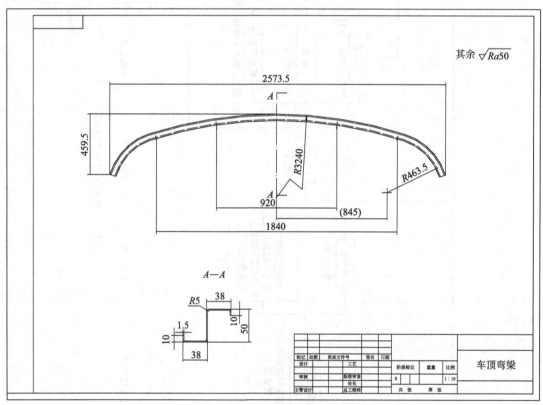

图1-5 车顶弯梁

a. 折弯：利用折弯机上的通用模具对毛坯板进行弯曲成型。

b. 拉弯：在拉力和弯矩共同作用下实现弯曲成型（图1-6）。

图1-6 拉弯工艺示意图

c.模具压弯：利用模具对坯料进行压弯，得到一定断面形状零件。

d.滚弯：在滚弯设备上通过三辊对板料或型材按一定的曲率半径弯曲成型。

e.冷弯：以金属薄板和带卷为原料，并通过多架装配了具有一定形状的成型辊的成型机对坯料逐步进行变形，从而得到一定断面产品的塑性加工方法。

f.卷边：将工序件边缘卷成接近封闭圆形。

模具立体成型方法主要包括：

a.拉深：利用模具把平直毛坯料或工序件变为空心件，或者把空心件进一步改变尺寸。

b.翻孔：沿内孔周围将材料翻成侧立端边。

c.翻边：沿外形曲线周围将材料翻成侧立端边。

d.压筋：利用模具在零件上以筋形式成型（局部起伏）。

e.震锤成型：利用震锤模具进行弯曲和起伏成型。

（7）调修

依据 GB/T 13914—2013《冲压件尺寸公差》、GB/T 13915—2013《冲压件角度公差》、GB/T 13916—2013《冲压件形状和位置未注公差》，对冲压件生产中不合格的局部进行机械和人工调修。

1.1.4.2 焊接

车体钢结构侧墙由侧墙板、上边梁、纵向梁、门柱、侧柱等组成。侧墙板厚度2.5mm，采用对接形式，主要焊接方式为激光焊、垫薄膜滚焊的小板拼接工艺或者手工 MAG 焊接的大板拼接工艺；侧柱采用帽形断面结构，以便于和侧墙板压紧和焊接，上边梁采用槽形断面，侧墙的装配焊接顺序如下：吊装侧墙板→安装上边梁→安装纵向梁、侧柱及门柱→用小车压紧焊接→开窗口→补焊、磨平。

车体钢结构底架由牵引梁组成、枕梁组成、缓冲梁组成、边梁、波纹地板、纵梁和横梁等组成。底架的装配焊接顺序如下：各小部件组成（包括牵引梁组成、枕梁组成、缓冲梁组成等）→一位、二位牵枕缓组成→底架组对→底架弧焊焊接→调修与打平。

车体钢结构车顶由车顶侧板、车顶纵梁、车顶中顶板、车顶弯梁和车顶边梁等组成。车顶侧板及车顶中顶板均为 2.5mm 厚钢板，车顶弯梁采用帽形断面结构，纵梁则采用乙形梁结构，车顶的装配焊接顺序如下：小侧板组成→车顶骨架组成→车顶组成。焊接依据 TB/T 1580—1995《新造机车车辆焊接技术条件》、TB/T 2446—1993《机车车辆耐候钢焊接技术条件》等标准执行。

1.2 不锈钢车体

1.2.1 不锈钢车体结构及零部件功能

不锈钢车体同碳钢车体一样，为整体承载板梁全焊接结构，由承载结构底架、侧墙、车顶、端墙组成，如图1-7所示。各大部件之间通过电弧焊、电阻点焊方法连接。一般车体长度 19～25m，车体宽度 2.5～3m，从轨道至车顶的高度 3.8m。车体组成后，侧墙外面平面度公差不大于 1.5mm/m，端墙外侧平面度80％以上不大于 3mm/m。车体与转向架采用连接装置连接，实现车辆垂向力、纵向力（牵引力和制动力）和横向力的正常传递。

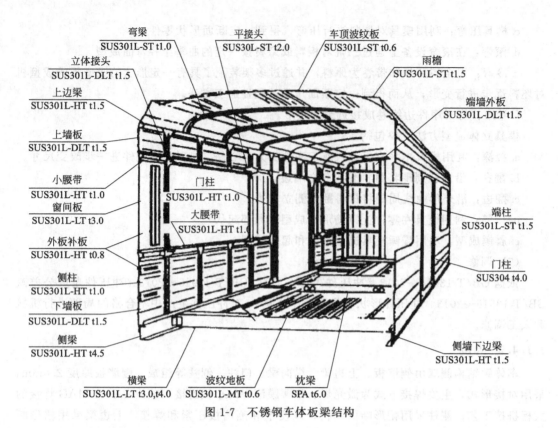

图 1-7 不锈钢车体板梁结构

（1）底架结构

底架为无中梁结构，主要由牵引梁、枕梁、边梁、横梁及波纹地板等组成，如图 1-8 所示。底架两侧为两根不锈钢冷弯型钢边梁，在它们之间布置不锈钢主横梁，在主横梁上部铺设不锈钢波纹地板。牵引梁、枕梁为组焊而成的箱形结构，主横梁是用来承载车下设备和车上设备、乘客的部件，在主横梁腹面上开有位置对称且大小相同的长圆孔或圆孔，底架横梁与边梁断面形式为槽形，横梁立面和边梁立面通过角焊连接，边梁和枕梁为角焊连接方式，纵向梁和枕内横梁立面采用角焊缝焊接形式，纵向梁与边梁翼面为坡口焊接形式。

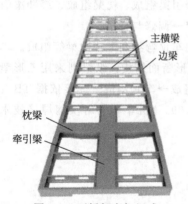

图 1-8 不锈钢底架组成

（2）侧墙结构

侧墙采用板梁结构，侧墙外侧的不锈钢墙板与侧墙内侧的侧墙骨架横梁、立柱之间形成稳定的框架结构，梁、柱之间通过手工 TIG 焊连接，窗间板为平板形式，上、下墙板为双层板结构，外面复合一层带压筋的墙板，既能满足侧墙外观的美观性要求，又能满足侧墙的刚度及承载需求，如图 1-9 所示。

（3）车顶结构

车顶是由两根冷弯型钢的车顶下边梁与拉弯成型的车顶弯梁点焊在一起的，形成框架结构，然后在框架上铺设侧顶板和波纹顶板，板、梁间通过点焊连接，空调机组平台的骨架是由不锈钢纵梁和横梁搭接，采用 MIG 焊焊接而成的，如图 1-10 所示。

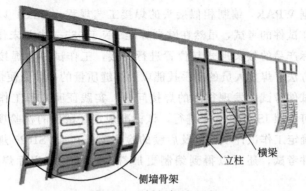

图 1-9　不锈钢侧墙组成

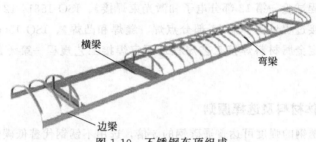

图 1-10　不锈钢车顶组成

(4) 端墙结构

端墙是车体重要的承载结构之一。端墙采用板、梁点焊结构，左、右侧端墙板通过门上横梁、端顶弯梁、端门上部组成连接起来。端墙板点焊立柱和横梁，形成箱型结构，从而加大断面面积、增加端墙强度，如图 1-11 所示。

图 1-11　不锈钢端墙组成

1.2.2　不锈钢车体制造技术要求及标准

车体结构制造技术条件由设计部门提供，然后由工艺部门组织产品制造。在不锈钢车体焊接实施中，应严格按照 EN 15085-4 和 BSEN 1101-3 标准进行。该标准对现场焊接过程进行了严格的定义，指导性很强。焊接工程师应参与产品设计过程，进行技术审查和要求审查。审查项点主要参考国际标准 ISO 3834-2。

根据产品设计图，焊接工程师进行工程化设计。对某些部件，给出现场不同制造工序中的工艺图，列出设计图中的所有焊缝接头形式，编制焊接试验计划。在该焊接试验计划中，要根据不同的材料、厚度、焊接位置、接头形式、焊接方法、焊缝质量等级，确定出相应焊缝的检验方法，提出焊接工艺评定项目，确定各部件工作试件项目，给出各部件焊接所要编制的焊接工艺规程。

焊接工艺评定的主要作用是验证设计及为实现该设计而采用的焊接工艺的可行性。对于不锈钢的焊接，首先由焊接工程师编制预焊接工艺规程（pWPS），按 pWPS 给出的参数进行试件焊接，焊接工艺评定项目以及如何进行焊接工艺评定按照 ISO15614-1 进行。检验通过后给出焊接工艺评定报告，即 WPAR。

焊接工程师根据 WPAR，编制相似接头的焊接工艺规程（WPS）以指导生产。产品试制前对焊工进行工作试件的考试，虽然在欧洲标准 EN 15085-4 中并未作强制要求，但由于工作试件是仿制实际产品的接头形式与位置进行焊接，工作试件为焊接企业提供了检验焊接设计、焊接工艺方法、焊接人员的动手技能以及焊缝质量的一种简便快捷的方法。

通过进行工作试件考试会发现很多的焊接问题，实践证明进行工作试件考试是非常有必要的。工作试件可参照 ISO15613 来进行，该标准规定了试件的检验项目。对于工作试件的应用范围、如何确定工作试件项目以及后续的检测项目在 DVS1621 规程中有更加详细的规定。通过工作试件考试，还可以得到编制更加符合现场产品实际焊接工艺规程的有用信息。

对于不锈钢车体最常用的电阻点焊、激光焊，参照 ISO 15614-11《金属材料焊接程序的规范和鉴定焊接过程试验—第 12 部分电子和激光束焊接》、ISO 15614-12《金属材料焊接程序的规范和鉴定焊接过程试验—第 11 部分点焊、缝焊和凸焊》、ISO 15609-4《金属材料焊接程序的规范和鉴定金属材料焊接工艺规程及评定焊接工艺规程—第 4 部分激光焊》标准执行。

1.2.3 不锈钢车体材料及选择原则

轻量化车体不锈钢的强度可达普通碳钢的 3 倍，选用不锈钢代替低碳钢可减小板厚及降低用量。不锈钢车体的耐腐蚀性好，车体自然损耗少，维修费用低，使用寿命长。因此，不锈钢车辆因其较高的强度、良好防火安全性、优越的轻量化和低维护成本等特点，已成为轨道车辆重要的发展方向之一，广泛应用于中、低速城轨车辆。

（1）材料标准

以轨道车辆安全、可靠、节能、环保为设计基础，综合轨道车辆的运营环境、受载特点、冲击特性、经济因素等应用条件，并结合材料性能数据、实际检测数据，确定车体各部位用材。车体选用的不锈钢材料牌号大部分为 SUS301L 奥氏体不锈钢，其化学成分见表 1-7。SUS301 系不锈钢冷轧加工后可提高抗拉强度，而且压延加工性好。进行冷压延加工时，如将加工量（也称压延率）的范围控制在 5%～20%，可得到抗拉强度由低到高分为 LT、DLT、ST、MT、HT 5 个等级，如表 1-8 所示。

表 1-7 SUS301L 奥氏体不锈钢化学成分

化学成分/%(质量分数)							
C	Si	Mn	P	S	Ni	Cr	N
<0.03	<1.00	<2.00	<0.045	<0.03	6.00～8.00	16.00～18.00	<0.20

表 1-8 SUS301L 奥氏体不锈钢的力学性能

牌号	强度级别代号	规定塑性延伸强度 $R_{p0.2}$/MPa	抗拉强度 R_m/MPa	断后伸长率 A/%
SUS301L	LT	220≥	550≥	≥45
	DLT	345～465	690～865	≥40
	ST	410～530	760～930	≥35
	MT	480～600	820～1000	≥25
	HT	685～800	930～1140	≥20

设计时考虑车体强度及轻量化要求，车体不同部位选用不同力学性能等级、厚度、形式的不锈钢材料。一般情况下，主要受力部位如底架、边梁、横梁、立柱等选用强度级别最高的 HT 材料；要求高强度的部件或压型件，如波纹地板，选用 MT 材料；要求强度较高的构件，如车顶弯梁、拱形梁等，选用 ST 材料；拉伸成型或冲压加工件，如内层筋板等，选用 DLT 材料；不需要强度较高的冲压加工件和需要电弧焊接的构件，如内部骨架，车门内板、外板等，选用 LT 材料。

(2) 材料选择原则

① 侧墙外板　国外最初的不锈钢车体考虑到焊接热应变不应太明显，更为了增加车体纵向、横向的结构刚度，侧墙外板均采用波纹板结构，但这种设计使得在车辆运用维护方面产生诸多不便。随着工艺水平的提高，新型的不锈钢车体外板均采用平外板结构，其内侧通过增设刚性肋板以提高侧墙刚度。

② 侧墙骨架、车顶骨架　骨架结构一般采用 4.0mm 左右的统一厚度。采用此结构时，各梁柱之间的连接平板传递载荷较好，连接板易于统一，减少车体零件的数量。梁柱和连接板一般选用 SUS301L-HT 材料，梁柱板厚为 1.0mm 或 1.2mm，连接板厚为 1.5mm 或 2.0mm；侧墙梁柱采用帽形断面结构，与侧墙板点焊连接成闭口结构，有利于提高结构刚度和承载能力。结构件之间的连接以电阻点焊为基础，在不易实现点焊、要求传递较大载荷又不影响外部美观的部位采用环焊和塞焊连接，这样可以降低焊接热影响作用，提高车体强度。

③ 底架结构　底架中直接承受纵向载荷的部分（即端部底架）目前宜采用 Q235 碳钢结构钢，选取较厚板材，以 MIG 焊接工艺连接，这样能较好地承受较大载荷，且制造工艺成熟，变形控制及组焊质量能得到很好的保证。底架边梁、横梁选用 SUS301L-HT 材料，边梁与端部底架连接采用环焊工艺，可保证连接处传递较高的载荷，底架边梁厚度为 4.0mm 或 4.5mm，底架与侧墙采用电阻点焊连接。

1.2.4 不锈钢车体制造工艺

不锈钢车体部件多、结构复杂，车体焊后不进行表面涂装处理，零件的尺寸精度、表面质量在很大程度上决定了整车质量。与其他车体一样，不锈钢车体先制造各大部件再组装焊接成整车。不锈钢车体制造工艺主要是采用电阻点焊、熔焊方法，以点焊为主，在不能进行点焊的部位采用弧焊。不锈钢车体生产工艺流程为：材料成型—零件下料加工—部件焊接—总组成，如图 1-12 所示。

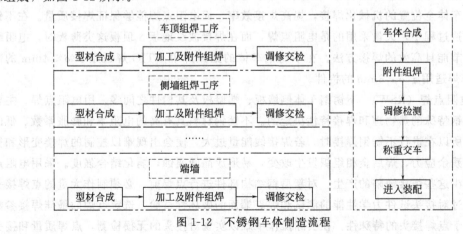

图 1-12　不锈钢车体制造流程

（1）冷成型加工

不锈钢车体钢结构的生产工艺流程如图 1-13 所示。它使用一般规格的不锈钢薄板或卷料，薄板按规定尺寸剪切后再进行轧压，制成底架横梁、侧柱等骨架部件。车体断面带有弧度的侧柱以及车顶弯梁在轧压之后，型材再在拉弯成型机上进行成型加工以达到设计要求的形状。

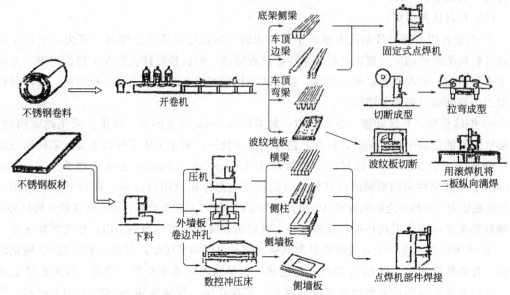

图 1-13　不锈钢材料成型工艺流程

由于原材料钢板的宽度限制，钢结构的侧墙板通常分为上墙板、中墙板和下墙板三部分来制造。车窗周围的中墙板用平整度好的钢板，为防止翘曲不平，侧门之间也多用整张钢板制造，为此需要按设计尺寸定购材料。窗口用数控冲压或激光切割加工。由于薄板容易翘曲变形，其他部分侧墙板以及车顶板、端墙板通常多加工出波纹或压筋以增大刚度。波纹两端亦采用在压床上整体成型的加工方法。

（2）焊接

1）车体焊接方法

不锈钢车体的焊接方法主要采用氩弧焊、电阻点焊、缝焊以及激光焊。氩弧焊和缝焊比较适用于车体全位置的机械化焊接，提高焊接效率，而电阻点焊能够保证焊接质量。在不锈钢车体制造过程中，大量采用的是电阻点焊，而在焊接波纹地板、顶板这类薄板时，电阻缝焊是一种节能且高效的焊接方法。在不锈钢车体的氩弧焊中，TIG 焊适用于 $\delta \leqslant 4mm$ 的薄板，MIG 焊适用于 $\delta \geqslant 3mm$ 的构件。

① 电阻点焊（RSW）　不锈钢车体侧墙板、端墙板及其构件之间多采用电阻点焊，主要是由不锈钢特殊的热物理和焊接特性决定的。不锈钢材料具有高的电阻率和膨胀系数、低的热导率，所以在进行不锈钢焊接时，若焊接线能量过大，便会出现难以控制的焊接变形和很大的焊接残余应力，焊后金相组织发生改变，易形成晶间腐蚀，弱化结合强度。采用电阻点焊可以减少这些焊接缺陷的产生。对新型钢结构部件进行点焊前，必须制作大量的点焊接头试件，通过对接头试件力学性能的测试和焊点端面的破坏性试验，选定点焊的最佳焊接参数范围。由于点焊接头的特殊性，在实际操作中难以实现对接头的无损检测，点焊质量和接头

强度需要通过点焊试件质量来验证。不锈钢点焊焊接性良好，尤其是电阻率高、热导率低，不存在淬硬倾向以及无铁磁性，因而采用普通工频交流点焊机，简单焊接循环即可获得满意的焊接质量。

② 钨极氩弧焊（TIG） 钨极氩弧焊通常采用脉冲 TIG 焊，适合于薄板焊接或底层焊接，很少发生飞溅，能获得外观良好的焊缝，广泛应用于不锈钢地铁车体的镀锌板以及底架波纹地板的焊接。脉冲 TIG 焊由于脉冲的作用使每个焊点获得最佳的焊接热循环，减少了热输入，因而焊缝更加美观。其焊接技术要点为：基值电流维持电弧燃烧，脉冲电流加热熔化焊丝，脉冲频率控制焊接速度，脉冲幅比决定焊点的焊接热循环过程，4 个参数之间要有一个合理的匹配关系。从焊枪顶端伸出的电极长度一般为 4～5mm，在角接头等保护性不好的焊接区域为 2～3mm，在较深区域的开口则为 5～6mm。电弧长度 1～3mm 为宜，过长保护不良，容易出现焊接缺陷。进行底层焊接时，为防止底层焊道氧化，需进行反面保护，完全奥氏体组织的焊接材料容易发生高温裂纹，应将电流、焊接速度等控制得低一点。在焊接送丝过程中，要求后一焊点压住前一焊点直径的 2/3，才能形成高质量的焊缝。

③ 熔化极氩弧焊（MIG、GMIW） 熔化极氩弧焊通常采用脉冲 MIG 焊，其主要特点是电弧功率大、焊接热量集中、热影响区小、生产效率高，多用于不锈钢车体上低合金钢之间或者低合金钢与不锈钢之间的连接。与 TIG 焊相比，脉冲 MIG 焊效率提高约 3～4 倍；与普通 MIG 焊相比，其在同等的热输入下提高电弧的挺度，增加熔深，减少热输入量。例如：在焊接 15mm 厚度的不锈钢板时可不必预热，只需焊接正、反两层即可获得表面光滑、质量优良的焊缝。

④ 激光焊 激光焊是以高功率聚焦的激光束为热源，熔化材料形成焊接接头的高精度、高效率的焊接方法。它采用偏光镜反射激光产生的光束，使其集中在聚焦装置中产生高能量的光束。例如，激光束在聚焦点上的直径为 0.3～0.5mm，可得到超过 $10^6 \sim 10^8 \text{W/cm}^2$ 的强光。如果焦点接近工件，工件表面会产生极高温度，在几毫秒内迅速熔化和蒸发，达到熔化结合的物理变化，起到焊接的作用。激光焊接的光斑直径非常小，所以对零部件的加工和装备的精度要求很高，例如 1mm 的板焊接间隙，错边必须控制在 0.1mm 范围内，所以操作起来难度较大。在使用中，需要通过控制零件的加工精度，优化焊接工装和焊接参数，改进焊接方向，体现激光焊接的精确性。

2）车体焊接工艺

从事不锈钢车体焊接的焊工，要取得按 EN 287-1 进行考试的欧洲焊工资质。从事操作机械化焊接设备或焊接机器人的焊接操作人员，要取得 EN 1418 焊接操作员的资质。

① 底架的焊接 不锈钢车体的底架由耐候钢和不锈钢件组成，外观质量要求相对较低，但对强度要求较高，主要采用氩弧焊。底架组成分为底架骨架和底架铺板 2 道工序。底架骨架配备 1 套底架骨架点焊机，该点焊机配有 2 个焊钳，以适应角铁和主横梁、边梁和主横梁的焊接。底架骨架完成后转运至底架铺板作业，底架铺板须完成正面作业和反面作业，设置了正面作业和反面作业 2 套工装，底架的翻转利用空中翻转器实现。波纹地板和主横梁之间的焊接配备了专用的电阻点焊机。

② 车顶的焊接 车顶由车顶骨架和顶板组焊而成。顶板为波纹不锈钢板，用电阻缝焊将波纹板搭接成整张顶板，然后再进行铺装。车顶中顶板与骨架之间采用电阻点焊或者氩弧焊。出于成本和场地的考虑，车顶骨架采用 2 套车顶工装。车顶骨架工位配备 2 套车顶骨架点焊机，每套点焊机都可以在 2 个工位作业，且可用于车顶总成之后的补点。车顶总成采用

了1套车顶组成自动点焊机系统，配备了2台机器人，分别作业于车顶的一位侧、二位侧。车顶总成之后利用MAG焊和TIG焊进行车顶小件焊接，该工序设置了车顶正面作业工装。为有效利用空间，车顶反面作业工装未固定，当该工装未使用时可存放至其他地方。车顶正、反面作业的交换利用空中翻转器来实现。车顶小件焊接完成之后需进行试漏试验，设置了车顶试漏工装。

③ 侧墙的焊接　侧墙是全车的关键部件，主要采用电阻点焊，不仅要有足够的强度和刚度，而且要平整美观，要求侧墙点焊后外表面不能有凹痕。侧墙组成须经过侧墙骨架、分块侧墙、侧墙合成工序。侧墙骨架完成后利用天车转运至侧墙弧形班组进行骨架和墙板的点焊，完成分块侧墙。侧墙骨架和墙板的点焊采用单面双点焊工艺。单面双点焊胎位为铜台，焊接设备为单面双点点焊机。为保证工作效率，配备铜台和单面双点点焊机各2套。利用天车和过跨轨道实现分块侧墙转移至侧墙合成工序。侧墙合成配备2套工装，分别用于一位侧和二位侧的组焊，头车侧墙和箱车侧墙共用1套工装。由于大部件掉头较为困难，工装方位的布置考虑了侧墙至总组成组对。

④ 端墙、骨架的焊接　骨架是非常重要的定位基准。不锈钢车体的骨架采用不锈钢制造，为保证骨架的平整度，减少焊接变形，采用点焊是最理想的工艺手段。端墙骨架共1个组焊胎位，设备为单面双点点焊机。端墙骨架完成点焊后，再转运至端墙合成工序，利用单面双点点焊机点焊端墙骨架和端墙墙板（设备、工装与分块侧墙点焊一致，数量为1套）。

⑤ 波纹地板的搭接焊　不锈钢车体的车顶板和地板全为滚轧成整车长的波纹板。受板幅的限制在组成车顶板和地板时总会在板间存在长大焊缝。这些缝隙如果采用点焊，那么不仅会造成车顶泄漏，而且会直接影响高速客车的密封性。因此这些长大焊缝必须是连续的。但由于波纹板很薄，一般焊接方法极易烧穿，因此唯有电阻缝焊才能满足要求。电阻缝焊的焊接原理与电阻点焊类似，所不同的是用旋转的盘形电极代替柱状电极，波纹地板的搭接部分在圆盘电极间受压通电，并随圆盘的滚动产生连续的熔核，从而形成连续焊缝。

⑥ 车体总组焊　底架、侧墙、端墙、车顶组成后，便开始总组成作业。总组成采用总组成点焊机，包括端墙与侧墙及车顶组合点焊机、侧墙与车顶组合点焊机、底架与侧墙组合点焊机（迂回焊），一位侧、二位侧同时作业。总组成工作周期较长，为保证工作效率，设置了2个总组成胎位。头车、箱车总组成工装调整后可通用。总组成之后设置了调修、车内小件安装、制动管路安装等工序，并设有相应胎位。不锈钢车体所采用的钢板均较薄，所以能采用电阻点焊工艺的尽量选用点焊。在车体总组装时，侧墙与底架边梁的组焊、侧墙与车顶边梁的组焊、侧墙与外端墙角柱的组焊，均可配置钳式的小型点焊机进行焊接。而有些点焊机无法焊接的部位，还是需要高性能的氩弧焊机进行焊接。各大部件之间多采用长直焊缝连接，易于实现焊接的自动化，部件内各个构件之间也多采用点焊结构，尽最大可能消除角接、对接等焊接变形较大的电弧焊结构。

奥氏体不锈钢的焊接存在焊接接头晶间腐蚀、焊接热裂纹、应力腐蚀开裂等问题。对于晶间腐蚀，主要的预防措施是减少不锈钢中的含碳量，加入钛、铌等稳定元素，可以优先与碳形成碳化物，消耗掉晶界过量的碳，从而避免因为碳化铬析出导致含铬量的下降，进而影响材料的耐蚀性。不锈钢具有较高的焊接热裂纹敏感性，预防措施是严格控制焊缝中的杂质元素的含量，焊接时宜选用较小规范，避免热影响区金属过热和晶粒长大粗化。为防止应力腐蚀，可通过表面处理、电化学处理、退火热处理等方法来降低材料的残余应力。另外，不锈钢车体的合理设计，能够避免应力集中，也能有效地防止应力腐蚀。

1.3 铝合金车体

铝合金车体广泛应用于地铁客车、轻轨客车、有轨电车、城际列车、市域快轨、高速动车组、磁悬浮列车等多种列车中。

1.3.1 铝合金车体结构及零部件功能

铝合金车体最大优点是质量轻、耐腐蚀、外观平整度好、材料可以再生利用、环保等，铝合金车体质量的好坏影响车辆的最终装配质量，同时也影响车辆的行车安全，是车辆的最重要部件之一。铝合金车体分为底架铝结构、端墙铝结构、侧墙铝结构和车顶铝结构四个主要部分：

（1）底架结构

底架结构由铝合金型材组焊的地板铝结构、两根底架边梁、两个枕梁、端梁、牵枕缓及其他小件构成，典型的头车底架组成如图1-14所示。底架作为整个铝合金车体结构的基准部件和关键承载部件，承担着整车的牵引、传动、制动的功能，对其结构强度有着较高的要求，在结构设计和制造过程方面的要求都极为严格。

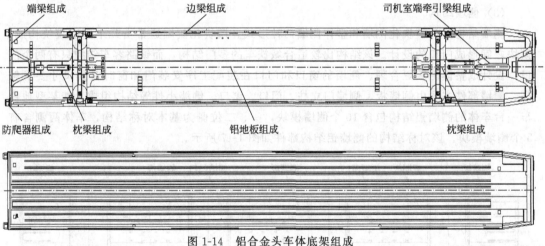

图1-14 铝合金头车体底架组成

高铁车的底架铝结构中不含枕梁、牵引梁，取而代之的是FE端、KK端等结构，其中头车还包括司机室下小地板、端底架等结构。图1-15是典型的底架部件设计示意图。

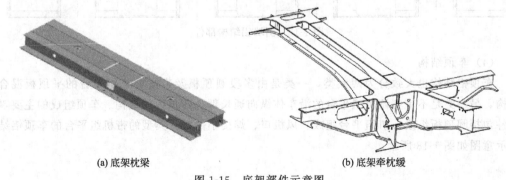

(a) 底架枕梁　　　　　　　　(b) 底架牵枕缓

图1-15 底架部件示意图

(2) 端墙结构

端墙结构一般分为板梁结构和型材结构。端墙铝结构是装配工序中安装贯通道和折棚的基础，因此其平面度尺寸要求较高。端墙铝结构主要包括左、右端墙板，端墙上板，端墙门立柱，焊接小件等，如图 1-16 所示。

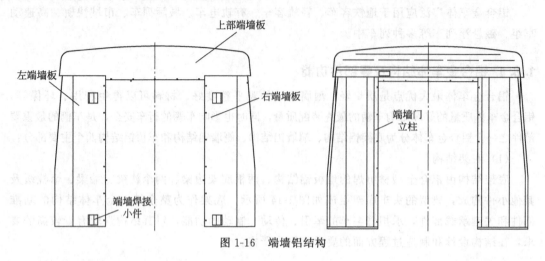

图 1-16　端墙铝结构

(3) 侧墙结构

侧墙结构分为模块化侧墙和整体侧墙两种形式。模块化侧墙通常由几个侧墙模块构成，模块之间形成门口的设计。该结构比较适合城铁车的多门结构，而铁路客车结构只有两个门口，设计成整体侧墙更合理。侧墙的窗口和门口在装配工序安装门和窗时对其尺寸要求较高。侧墙部件主要由侧墙板、侧墙门立柱、门口、窗口、侧墙小件等结构组成。如某型地铁车一台车体的侧墙铝结构包含 10 个侧墙模块，一、二位侧为基本对称结构，车体两侧含有 5 个侧墙模块。该对称结构的侧墙铝结构部件如图 1-17 所示。

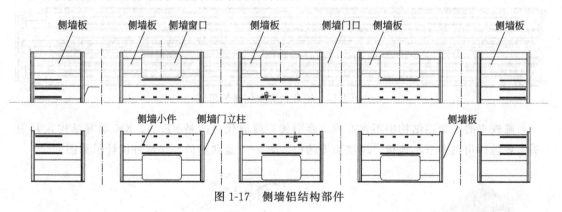

图 1-17　侧墙铝结构部件

(4) 车顶结构

车顶铝结构也大致分为两大类，一类是由多段圆顶板及带空调机组平台的平顶板混合结构，另一类是不带空调机组平台的沿车体纵向通长都是圆顶板的结构。车顶组成的主要零部件包括圆顶板组成、机组平台组成、风机口、焊接小件等。典型的带机组平台的车顶铝结构示意图如图 1-18 所示。

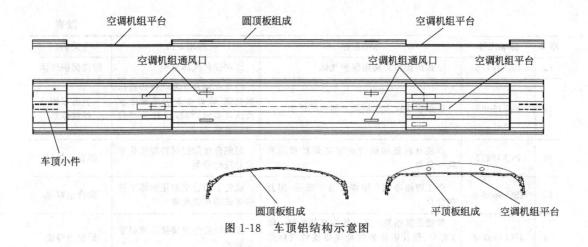

图 1-18 车顶铝结构示意图

1.3.2 铝合金车体制造技术要求及标准

铝合金车体制造的技术要求主要取决于车体各大部件自身的合成公差要求、各大部件之间的合成公差要求以及车体总组成与车辆内饰件装配关系、与车辆携带的设备之间的装配关系，还有车体与转向架之间的装配关系。具体车体制造技术要求主要体现在车体各个部件的技术条件、各个部件的图纸上面。一般来说，以 A 型铝合金地铁车为例，车体总长公差带一般控制在 8mm 左右，如：19880（-2，+6）mm、18667（-2，+6）mm，车宽公差一般控制在理论尺寸（-3，+3）mm 左右。

我国铝合金车体制造主要采用国家标准、铁路行业标准、欧洲标准、国际标准、企业标准等技术标准，其中常用的技术标准清单列于表 1-9。

表 1-9 铝合金车体制造常用技术标准清单

序号	标准代号	标准名称	应用方法	类别
1	ISO/TR 25901	焊接及相关工艺-词汇	焊接术语应用	焊接通用
2	ISO 14731	焊接管理—焊接责任人员的任务和责任	焊接管理	焊接通用
3	ISO 14732	焊接人员—金属材料全机械焊接和自动焊接用电阻焊设备以及熔焊焊接设备操作员的检验	自动焊焊工考试	焊接通用
4	ISO 15613	金属材料焊接工艺规范及资格评定—基于预生产的焊接工艺试验的评定	预生产工艺评定	焊接通用
5	ISO 6947	焊接及相关工艺—焊接位置	焊接位置确定	焊接通用
6	ISO/TR 15608	焊接金属材料分类指南	金属材料分类	焊接通用
7	ISO 15609-1	金属材料焊接工艺规程及评定—焊接工艺规程—第1部分：电弧焊	WPS文件编制	焊接通用
8	ISO 13920	焊接—焊接结构的通用公差—长度和角度尺寸—形状和位置	焊后变形控制	焊接通用
9	ISO 4063	焊接及有关工艺—工艺和参考值的命名	焊接方法分类	焊接通用
10	ISO 2553	焊接及相关工艺—图纸中的符号表示—焊接接头	焊接符号表示法	焊接通用
11	ISO 3834	金属材料熔化焊的质量要求	明确如何选择质量等级和质量要求	熔化焊通用

续表

序号	标准代号	标准名称	应用方法	类别
12	ISO 14175	电弧焊接和切割用保护气体	焊接保护气体分类	焊接保护气体
13	EN 15085	铁路应用轨道车辆及其部件的焊接	轨道车辆及其零部件焊接体系总则、针对企业的质量要求及认证要求、焊接设计生产与检验要求	轨道车辆焊接体系
14	ISO 18273	焊接材料铝和铝合金实芯焊丝和填充丝—分类	对铝合金焊接材料按照化学成分进行分类	铝合金焊材
15	ISO 9606-2	焊工资格考试—熔焊—第2部分:铝及铝合金	规定了铝合金熔化焊工资格考试的相关要求	铝合金焊接
16	ISO 9692-3	焊接及其相关工艺—接头准备推荐—第3部分:铝及铝合金的金属极惰性气体保护焊和钨极惰性气体保护焊	查询铝合金焊接接头坡口准备形式	铝合金焊接
17	ISO 15614-2	金属材料焊接工艺规范及资格评定—焊接工艺性试验—铝和铝合金的弧焊	规定了铸铝件、铝及铝合金焊接工艺评定的相关要求	铝合金焊接
18	ISO/TR 17671-4	焊接—金属材料焊接用推荐—第4部分:铝和铝合金的弧焊	本标准给出了锻铝、铸铝、铸锻铝的手工弧焊、半自动焊、自动熔焊的通用标准	铝合金焊接
19	ISO 25239	搅拌摩擦焊铝	搅拌摩擦焊接的基本词汇、基本接头形式、焊工资格考试、焊接工艺评定、焊缝质量和检验要求	搅拌摩擦焊接铝

需要指出的是,所有国家标准、铁路行业标准、欧洲标准、国际标准、企业标准等技术标准等技术类文件,都会每隔一段时间就进行改版升级,以不断适应新技术、新材料、新工艺、客户新要求等各方面的需要。在选用技术标准时要选用当时最新版本的技术标准,除非某一技术标准在引用其他技术标准年代上或产品客户有特殊需求。

1.3.3 铝合金车体材料及选择原则

(1) 材料标准

铝合金车体制造的主要材料类型为5000系列固溶强化铝合金(Al-Mg系列)、6000系列可热处理强化铝合金(Al-Mg-Si系列)、7000系列可热处理强化铝合金(Al-Zn-Mg系列)以及4000系列铝合金(Al-Si系列)。常用材料的技术标准清单见表1-10。

表1-10 铝合金车体制造常用材料技术标准清单

序号	标准代号	标准名称	应用方法	类别
1	EN 573	铝和铝合金	查询铝合金的编号标识、锻制铝及铝合金化学成分和形式	铝合金材料
2	BS EN 515	铝及铝合金—锻制产品—回火规定	铝及铝合金热处理	铝合金材料
3	EN 485-2	铝和铝合金—带材、薄板和板材—第2部分:力学性能	板材力学性能	铝合金材料
4	EN 754-2	铝和铝合金—冷拉棒和管—第2部分:力学性能	棒、管力学性能	铝合金材料

续表

序号	标准代号	标准名称	应用方法	类别
5	EN 755	铝和铝合金—挤压圆材/棒材、管材和型材	查询铝和铝合金挤压圆材/棒材、管材和型材的力学性能，尺寸和外形公差；铝和铝合金型材尺寸和外形公差	铝合金材料
6	TB/T 3260—2011	动车组用铝及铝合金	铝合金材料的化学成分、焊接性能、力学性能、包装、运输、贮存等，板材及带材、棒材和管材、型材的技术要求、试验方法、检验规则和标记及包装、运输、贮存等	铝合金材料

（2）化学成分及性能

铝合金车体常用材料的化学成分及力学性能见表 1-11 和表 1-12（表中数据来自 TB/T 3260.1—2011）。

表 1-11　6005A-T6 铝合金的化学成分（质量分数%）及力学性能

Mg	Si	Cu	Fe	Mn	Cr	Zn	Al
0.4～0.7	0.5～0.9	0.3	0.35	0.5	0.3	0.2	余量
抗拉强度/MPa		屈服强度/MPa		断后伸长率/%		显微硬度 HBW	
260～270		215～225		8～10		85～90	

表 1-12　5083-H111 铝合金的化学成分（质量分数%）及力学性能

Mg	Si	Cu	Fe	Mn	Cr	Zn	Al
4.0～4.9	0.4	0.1	0.4	0.4～1.0	0.05～0.25	0.25	其余
抗拉强度/MPa		屈服强度/MPa		断后伸长率/%		显微硬度 HBW	
260～270		100～110		12		70	

（3）铝合金焊接性及工艺特点

焊接性分为工艺焊接性和使用焊接性，其中工艺焊接性是指在一定的焊接工艺条件下，能否获得优质、无缺陷的焊接接头的能力，使用焊接性是指焊接接头或焊接结构满足使用性能的程度。

铝及铝合金的焊接性可分为三个等级，即焊接性好（A）、焊接性尚好（B）、焊接性不良（C）。

Al-Mg 系合金（5000 系）耐腐蚀性好，称为防锈铝，强度较高（各系铝合金中的中等强度水平），低温力学性能好，加工性及焊接性好。Al-Mg 系合金属于共晶型合金，在退火状态下，Al-Mg 系合金的屈服强度不高，仅为合金抗拉强度的半值。由于 Mg 在 Al 中的溶解度大，固溶体稳定性高，Mg 在 Al 中的扩散速度低，合金固溶淬火加时效处理的作用不大，故不能热处理强化，但其变形强化后的屈服强度增长明显，抗拉强度极限也有所提高。Al-Mg 系合金焊接时的热裂纹倾向与 Mg 含量有关，降低 Al-Mg 系合金热裂纹倾向的正确途径是提高合金内的 Mg 含量，远离其热裂纹倾向高的 Mg 含量范围。退火状态 Al-Mg 合金焊接接头强度系数一般不低于 0.9，但变形强化状态 Al-Mg 系合金热影响区发生再结晶而软化，其焊接接头强度与退火状态焊接时的接头强度相近。Al-Mg 系合金焊接时易生成焊缝气孔，退火状态 Al-Mg 系合金及其焊接接头具有良好的耐腐蚀性能，但当 Mg 含量过高且呈变形强化状态时，合金及其焊接接头的耐腐蚀性能降低且对应力腐蚀敏感。Al-Mg 合金低温力学性能良好，但其焊接接头的焊缝区铸态组织有氢致低温脆化倾向，焊缝的低温冲击韧度明显低于母材的低温冲击韧度。为消除变形强化效应或消除残余内应力，可对合金及焊接接头进行完全退火或不完全退火。基于这些焊接性，Al-Mg 系合金应用到铝合金车体的部件很普遍，常用的合金牌号包括：5083-H111、5083-O、A5083S-H112，几乎涵盖高铁、城轨车的各个部件。应用 Al-Mg 系合金板材的有牵引梁、各种加强筋、补强板、防转槽等。

Al-Mg-Si 系合金（6000 系）属于可热处理强化铝合金，强度处于中等水平，耐腐蚀性及加工性优良，可通过压力机挤压成各种截面形状的型材，焊接性较好。在铝合金车体制造领域，Al-Mg-Si 系合金常用的牌号及热处理状态有 6005A-T6、6082-T6、6063-T5、6063S-T1、6N01S-T5 等，合金的主要强化相为金属间化合物 Mg_2Si。Al-Mg-Si 系合金具有一定的热裂纹倾向，合金及其焊接接头在固溶及自然时效状态下具有很好的耐腐蚀性，无晶间腐蚀及应力腐蚀开裂倾向。人工时效状态则可能有晶间腐蚀倾向。基于以上特点，铝合金车体用 Al-Mg-Si 系合金经常以薄壁变截面挤压型材的形式与 Al-Mg 合金板材联用于各种铝车体结构件，其中变截面薄壁型材包括闭式铝型材和开式铝型材，如图 1-19 所示。

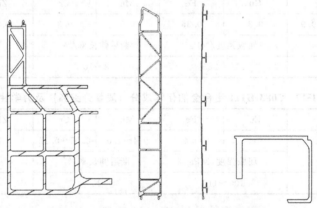

图 1-19　典型闭式型材和开式型材示意图

Al-Zn-Mg 系合金（7000 系）强度居中等水平，合金塑性及加工性好，可在冷、热状态下成型，可挤压成不同截面的型材，低温力学性能好，焊接性好，耐一般腐蚀的性能好，但对应力腐蚀敏感。Al-Zn-Mg 系合金的焊接性有两个特点，一是具有一定的热裂纹倾向，因此在铝合金车体焊接时宜选配含 Mg 量高的 Al-Mg 合金焊丝作为填充材料，典型的焊丝牌号有 5087、5183、5356；二是合金焊接时具有自淬效应，亦称自淬合金，其固溶处理时允许淬火速度较低，焊后空气冷却速度足以使热影响区实现淬火。焊接过程相当于焊接接头的固溶处理过程，焊后存放过程相当于其自然时效过程，焊接接头经三个月的存放，其强度系数可达 0.9～0.95。

国内典型的铝合金车体用 Al-Zn-Mg 系合金牌号有：7005、7020、7N01S、7A05 等。典型部件有铝合金车体底架用主横梁、纵梁、补强板、门框等。

1.3.4　铝合金车体制造工艺

铝合金车体的制造过程为：铝合金板材冲压下料成型和型材成型，铝合金型材机加工下料、加工，车体大部件（端墙铝结构、侧墙铝结构、牵枕缓、底架铝结构、车顶铝结构）分别组对焊接、调修、加工、检测，以底架为定位基准进行车体总组成，完成焊接、调修、焊缝打磨及最终交检。

在铝合金车体制造工艺方法中，型材断面尺寸公差需要综合考虑焊接收缩量和部件的技术条件中的公差要求；板材下料和型材加工需要考虑焊接工艺放长量，长大型材加工需要注意型材进料的朝向，加工工艺与焊接工艺需要充分协调配合，根据部件尺寸公差要求确定加工预留量；部件组焊需要预先策划组焊工装夹具的结构形式，确定定位基准以及焊接反变形的预制，对于长直焊缝要优先考虑采用自动化焊接的方案；部件焊接及加工所使用的特殊工具、刀具要依据图纸提前准备；对于精度要求较高的尺寸控制，在工艺策划时考虑采用样板控制或整体加工；根据部件的结构特点，部件的运输及吊运方案也需要提前周密策划。现有车体结构形式多种多样，虽然整体结构大同小异，但每一种型号的铝合金车体产品都有其特有的技术标准和生产制造工艺流程。

(1) 下料

铝合金车体原材料形式主要包括铝合金封闭式型材、开式型材、板材、管材、棒材，部分材料还包括铝包铁型材，其中铝地板、车顶板、侧顶板等闭式型材沿型材挤压方向常带有通长的滑槽。原材料进厂后，下料是第一步工艺过程，包括型材的机加工下料，板材的高压水切割下料、激光切割下料、剪切下料等。

(2) 机械加工

部件焊接完成后的机械加工，主要有滑槽加工、外形加工、门口加工、窗口加工、铣平面的加工、孔加工等。

① 大部件滑槽加工　大部件组焊后滑槽主要位于型材表面，为避免后续装配干涉，很多位置的滑槽需要以机械加工的方式去除。滑槽加工的主要形式为滑槽截断，滑槽底部残余高度距型材表面留 2~3mm，用手动工具进行打磨至型材表面，如图 1-20 所示。

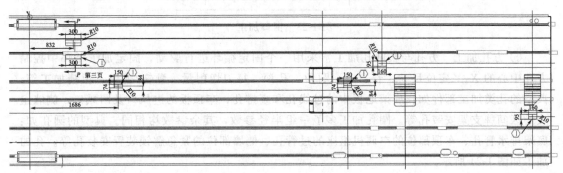

图 1-20　滑槽加工

② 部件外形加工　外形加工主要为 2D 曲线加工，加工的主要方式为直线插补和圆弧插补，加工时常采用半补偿的方式沿曲线路径完成加工，如图 1-21 所示。

③ 门口加工　铝车体侧墙门口加工主要在侧墙加工工序中进行，门口加工后底部要保留宽度 150~200mm 的工艺梁，后续手工去除，从而保证侧墙整体加工后可顺利吊离工位；边梁门口加工主要位于底架边梁处，门口可在底架边梁单件完成加工，也可在底架合成后进行加工，但合成之后加工一般需要二次翻转，具体因工艺制造方法而定，如图 1-22 所示。

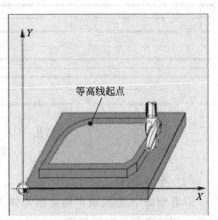

图 1-21　外形加工

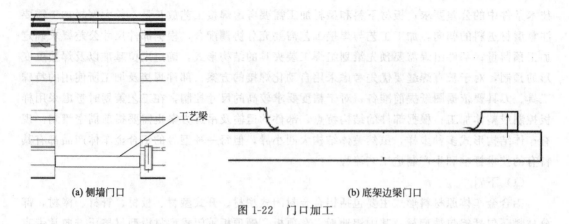

图 1-22 门口加工

④ 窗口加工　由于侧墙组焊时带预制挠度，窗口加工要保证窗口的分布沿侧墙的挠度而变化，窗口加工采用大刀开孔、小刀下料的方式，从而保证了侧墙窗口的加工效率，如图 1-23 所示。

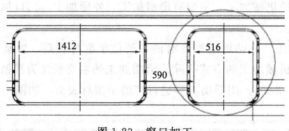

图 1-23 窗口加工

⑤ 方孔加工　方孔与长圆孔加工常采用一个固定循环进行驱动，固定加工循环中控制方孔中心的 X/Y 定位尺寸、长、宽、圆角、孔深、每刀切削量、顺铣/逆铣、粗精加工等。典型的孔类加工部件如：底架地板中的过线孔和废排孔，车顶板的进风口及回风口，侧墙组成的区间牌支架安装孔等。圆孔加工多了一组半径参数，其余参数均相同。典型的圆孔如：底架排水管孔、车顶部位的空调机组座的过管孔、侧墙部位的紧急解锁装置安装孔等。孔的加工如图 1-24 所示。

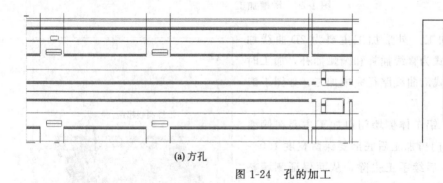

图 1-24 孔的加工

（3）车体组焊

以典型的 A 型城轨车铝合金车体为例，车体总体制造工艺流程包括司机室组焊、端墙组焊、侧墙组焊、底架组焊和车顶组焊，然后进行车体组成组焊。

① 组焊工艺技术

a. TIG焊：TIG焊又称钨极惰性气体保护电弧焊，属于最早的气体保护电弧焊技术，焊接时将高熔点的钨极与焊件分别作为不同的电极，两电极周围及电极之间通过采用惰性气体机械隔离外部空气而实现焊接区域的有效保护，防止焊接接头产生气孔、夹杂及裂纹等缺陷。从目前来看，TIG焊在铝合金车体焊接中的应用以铝合金薄板的手工焊接为主，惰性保护气体通常为高纯氩气，其焊接质量较高，能够很好地满足动车组车体的装配精度要求，但由于焊接效率较低、焊接成本高、焊前清理也较为麻烦，因此实际应用相对较少。

b. MIG焊：MIG焊又称熔化极惰性气体保护电弧焊。与TIG焊相比，MIG焊采用熔化极铝合金焊丝作为填充材料，焊接时采用的电流密度较高，能有效解决TIG焊接能量不足、无法焊接厚度较大铝合金焊件的问题，适用于主要的车体焊接部件，包括动车厢地板、侧墙、车顶、端墙薄板等。随着动车组列车制造规模的不断扩大，高速动车组铝合金车体制造采用自动MIG焊技术，通过龙门式IGM机械手、悬臂式ESAB专机等自动焊设备来完成车顶板、平顶板、地板等大部件的焊接施工，有效提升了焊接效率。

c. 搅拌摩擦焊：搅拌摩擦焊是一种新型的节能环保焊接技术，焊接时将特殊搅拌头插入焊件的焊接部位并进行高速旋转，使焊件接触面因快速摩擦而产生热量，在热量不断累积的情况下，一旦焊件接触面温度达到了焊接温度的要求，即可利用铝合金高温强度低的特点，通过搅拌头的搅拌作用将焊缝两侧金属焊合为一个整体，因此搅拌摩擦焊属于固相连接。与其他熔化焊技术相比，搅拌摩擦焊技术在焊接过程中无需添加焊丝和保护气体，几乎不会出现熔化、烟尘、飞溅与弧光，具有优异的环保效果。

d. 激光焊：激光焊利用高功率激光作为热源，通过快速加热熔化焊件后再冷却凝固，从而实现材料的冶金连接。与其他焊接技术相比，激光焊技术的焊接速度快、变形程度与热影响区均比较小，同时还具有较大的焊缝深宽比与能量密度，虽然对焊前装配精度要求较高，但十分适合于铝合金车体的焊接施工，尤其是在复合铝合金板的焊接上，更是有着其他焊接技术所不具备的良好效果。例如上海浦东线高速磁悬浮列车的铝合金车体焊接就采用了激光焊技术。

e. 点焊：点焊是指焊接时利用柱状电极，在两块搭接工件接触面之间形成焊点的焊接方法。点焊时，先加压使工件紧密接触，随后接通电流，在电阻热的作用下工件接触处熔化，冷却后形成焊点。点焊主要用于厚度4mm下的薄板构件、冲压件焊接，特别适合汽车车身和车厢、飞机机身的焊接；但不能焊接有密封要求的容器。点焊应用在铝合金轨道客车上的工况较少，国内在重庆单轨车的端墙结构上有一定应用。

② 组焊工艺流程

a. 端墙组焊工艺流程。端墙组焊工艺流程为搅拌摩擦焊组焊上部、左右端墙板；端墙板加工；在端墙组焊夹具上进行端墙正、反装组焊；端墙调修；端墙整体加工，加工丝套安装孔，见图1-25~图1-28。

b. 侧墙组焊工艺流程。整体侧墙工艺过程为依次组对侧墙上边梁及各侧墙板型材，第一块与工装定位靠紧并进行紧固压紧，按照侧墙板焊接组对要求及图纸尺寸要求依次组对其余侧墙板型材并压紧定位，见图1-29；对组对后的窗口、门口尺寸进行检查，符合组对要求后进行点固；对接焊缝两端要求焊接引弧板，如图1-30所示；按照焊接文件中规定的焊接顺序进行侧墙板焊缝的焊接；对侧墙平面度进行调修；拉铆窗立柱及门口补强板等小件，见图1-31。

图 1-25 搅拌摩擦焊组焊端墙板

图 1-26 端墙板加工

图 1-27 端墙正反装组焊

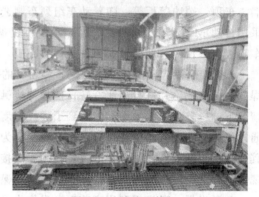
图 1-28 端墙整体加工

图 1-29 侧墙型材组对

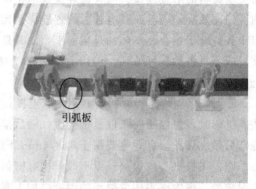
图 1-30 定位加紧与引弧板

分块侧墙工艺过程是依次组对各侧墙板型材，第一块与工装定位靠紧并进行紧固压紧；按照侧墙板焊接组对要求及图纸尺寸要求依次组对其余侧墙板型材并压紧定位；对组对后的侧墙板宽度及弧度进行检查。按照点固要求正反面均进行点固；按照焊接文件中规定的焊接顺序进行侧墙板焊缝的焊接；用弧度样板检查侧墙外侧弧度并在需要的情况下对侧墙弧度进行调修；加工窗口及侧墙板外轮廓尺寸，此处注意侧墙宽度加工尺寸；组对门立柱并压紧点固；焊接门立柱。侧墙焊前点固见图 1-32。

c. 底架组焊工艺流程。铝合金地铁底架制造工艺流程为工件准备、料件打磨、底架正装组焊、底架反装组焊、底架机械加工、底架反装小件组焊、底架正装小件组焊、底架调修交检。

图 1-31 窗柱拉铆

图 1-32 侧墙焊前点固

Ⅰ.料件打磨：打磨底架各个部件焊接区域。将枕梁落入底架正装组焊夹具上，利用工装上的压紧装置，压紧一位枕梁，见图 1-33。利用相同的方法吊运、组对二位枕梁。枕梁组对完毕后，对两个枕梁的尺寸进行检验，两枕梁中心距离需给出一定的工艺放长量，两枕梁对角线长度差值要得到一定控制。

Ⅱ.底架正装组焊。吊一位牵引梁落入底架正装组焊夹具上与枕梁组对，用工装夹具上的车钩座定位销固定牵引梁，同时利用工装上的高度方向定位块调整牵引梁的高度，使牵引梁上盖板与枕梁上盖板水平。利用工装推动装置将牵引梁由枕外向枕内推动，调整车钩座外平面到枕梁中心的距离，保证车钩座外平面到枕梁中心的距离合理，见图 1-34。检测车钩座面中心到枕梁两端的对角线差，使对角线差值处于合理范围。必要时可以在牵引梁与枕梁之间的对接焊缝底部施加焊接背板，有助于焊缝熔深充分。利用相同的方法组对二位牵引梁。

图 1-33 组对枕梁

图 1-34 组对牵引梁

将两根底架边梁吊运并组装至底架正装组焊夹具上，利用底架正装组焊夹具上的拉线装置，拉底架纵向中心线。调整底架边梁到纵向中心线的距离对称度。边梁位置固定好以后，用锁紧装置将边梁锁紧，见图 1-35。

将端梁吊运并安装至底架正装组焊夹具上，调整端梁位置到两侧边梁内侧面距离相等，同时保证端梁与底架边梁靠严。用水平尺检验端梁的垂直度与水平度，调整工装的顶紧装置，保证端梁的垂直度和水平度，保证端梁内侧与牵引梁上盖板靠严，用锁紧装置将端梁锁紧。点固枕梁、牵引梁、边梁、端梁，见图 1-36。

点固各个部件的典型位置并产生固定作用后，依次焊接枕梁与边梁、牵引梁与边梁、端梁与边梁、端梁与牵引梁、牵引梁与枕梁。焊接完毕后按图纸要求对需要探伤的焊缝进行探伤，探伤合格后进行下一工序。

图1-35　固定边梁

图1-36　点固端梁与边梁

将地板吊运至底架正装组焊夹具上，利用无反弹锤和木方调整地板位置，保证地板与边梁的搭接焊缝宽度均匀一致，同时地板端头与端梁的距离宽度一致，见图1-37。

为有效保证地板与牵引梁上盖板贴合可选用一定配重的工装夹具对与枕梁上盖板相连的地板施加向下的约束，点固并依次焊接地板与边梁焊缝，地板与牵引梁、枕梁、边梁焊缝，见图1-38。

图1-37　无反弹锤压紧与点固地板

图1-38　地板焊接

Ⅲ．底架反装组焊。利用枕梁中心为基准，将底架落入底架反装组焊夹具上，用工装上的拉紧装置将底架预拉紧。此时也可以在牵引梁上施加工艺配重，起到向下的压紧约束作用，使底架反装工装定位装置与枕梁贴紧、靠严。将工装上的拉紧装置依次拉紧，使工装的定位装置与底架靠严，将工艺配重吊起。使用相同的方法将另一端的底架锁紧、固定。使用铝板、胶带等辅助材料对枕梁螺纹孔和地板上开的盲孔进行保护，以防止在焊接过程中铝屑进入。对底架反装点固段焊缝进行修磨，并依次焊接地板与边梁、端梁、牵引梁、枕梁焊缝，牵引梁与端梁、枕梁焊缝，见图1-39。

Ⅳ．底架机加工。底架反装焊接完成后，

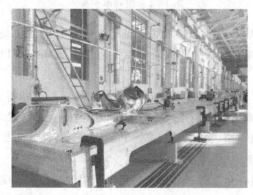
图1-39　底架反装焊接

转序到机加工夹具上，按机加工程序进行机械加工。

Ⅴ．底架小件组焊。按照图纸划线组对底架反装小件，点固并焊接反装小件；划线组对底架正装小件，点固并焊接正装小件。

Ⅵ．底架调修交检。按照检测表中各项进行检测，对不符合的位置进行火焰调修或者机械调修。

根据铝合金焊接技术的经验总结及铝合金车体焊接变形规律，对车体总组装焊接制定了焊接工艺流程：车体预组→焊前尺寸调整→焊前清理→自动焊接→焊后打磨。通过上述的焊接工艺流程可以看出，要控制铝合金车体焊接质量及整体几何尺寸满足技术要求，减小车体的焊后调修量，必须加强过程控制，通过在预组及焊前尺寸调整过程中对铝合金车体几何尺寸进行预变形控制，减小车体焊接变形，提高焊接质量。

1.4 车体质量检验

车体结构质量检验依据车体检验标准分为两类。第一类依据产品制造标准制定的质量检验标准。这一类标准又根据需要分成两种，第一种是为满足轨道车辆制造技术要求和实现其性能的产品标准，例如，车体结构的几何尺寸公差中关于车体挠度的标准；第二种是为了满足制造质量引用的质量检验标准，例如各种焊接标准中的质量要求。第二类检验标准是为了满足产品制造过程顺利进行制定的工件或者工序标准。工件标准是指对于单件从制造工序转至组装工序时的交检标准。工序标准包括单件和装配体在制造过程中的转序标准，例如车体钢结构的几何尺寸公差（非未注公差）中的某些条款。

1.4.1 产品外形形位公差检测

车体及其零部件的形位公差检测的典型检测项一般都会在产品图纸及车体铝结构技术条件中给出。典型的检测尺寸包括车体总长、总宽、总高、车体内高、门宽、门高、门对角线长度之差、枕梁间距、底架边梁直线度、车辆半宽对称性、各典型部件平面度，鼓形侧墙还包括侧墙弧度等。加工类部件质量检测主要就是形位公差。这几类检测主要应用的标准为ISO 13920、ISO 2768、GB/T 12817—2021《铁道客车通用技术条件》、GB/T 12818—2021《铁路客车组装后的检查与试验规则》等，具体验收级别取决于设计的要求。图纸中对于形位公差的定义采用 ISO 1101。对于加工件或焊接后经机加工形成的长度尺寸和角度尺寸，如没有进行单独标注公差，则自由公差采用 ISO 2768 标准。设备方法如无特别的要求，一般长度及角度公差等级选用 ISO 2768-1 的 m 级，而形位公差选用 ISO 2768-2 的 k 级。

① 尺寸检验　在车体产品制造过程中，涉及长度、宽度、高度等尺寸检验，这些检验一般采用常规的测量仪器，例如卷尺、高度尺、直角尺。但最好选用数字仪器，会更加准确和方便，例如激光测距仪，可非常方便地测量任意空间尺寸。

② 轮廓检验　部件的轮廓检验一般采用样板测量，样板按理论尺寸制造，根据样板与轮廓的间隙判断部件轮廓尺寸偏差。图 1-40 是车顶轮廓样板检测车顶形状公差的示意图。

③ 形位公差检验　车体产品的平面度、平行度、扭曲度、长宽高综合尺寸公差一般用经纬仪进行测量，该种测量方法准确、迅速、实用。

图 1-40 样板检测示意

1.4.2 焊缝质量检测

车体焊接缺欠的常见问题均包含在不同焊接工艺方法的对应标准中，弧焊焊接缺欠分为焊缝形状及尺寸不符合要求、咬边、焊瘤、凹坑与弧坑、下塌与烧穿、热裂纹与冷裂纹、气孔、夹渣、未焊透、未熔合等，参照 GB/T 6417.1—2005（ISO 6520-1）《金属熔化焊接头缺欠分类及说明》。EN ISO 5817 规定了钢及镍基合金等金属焊接不同等级焊接缺欠的极限值。电阻点焊产生的缺欠有裂纹，缩孔，板缝间有金属溢出（内部飞溅），核心偏移，焊点压痕过深及表面过热，表面局部烧穿、溢出、表面飞溅，焊点表面环形裂纹，焊点表面粘损、焊点表面发黑。

铝合金车体绝大多数产品焊接技术标准执行的是 EN 15085 系列标准，其中 EN 15085-3 中给出了各种焊缝等级对应的质量检测级别、种类以及铝合金焊接缺欠验收分级标准。ISO 10042《焊接—铝及铝合金弧焊接头—缺欠质量分级》中规定了铝及铝合金弧焊接头的缺欠质量分级标准；ISO 25239-5《搅拌摩擦焊—铝—第 5 部分：质量和检验要求》中规定了搅拌摩擦焊焊缝质量和检验要求。

铝合金车体及部件焊缝常用的检测方法有以下几种：外观检测（VT）、低倍检测、射线检测（RT）、超声检测（UT）、渗透检测（PT）、密封检测（LT）、金相检验和力学性能检测等。

① 外观检验　按照 ISO 17637 标准《焊缝的外观检查—熔化焊接头的外观检验》规定，这种检验方法以肉眼观察为主，有时也可用低倍放大镜观察，观察方法如图 1-41 所示。视线与被检物体的夹角不能低于 30°，环境照度不低于 350lx，一般 500lx 较合理。

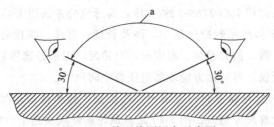

图 1-41 外观检测视角示意图

外观检验的主要检测缺陷为咬边、表面气孔、表面裂纹、焊脚不对称、余高过大、电弧擦伤、熔深过大等缺陷，检查范围为100%焊缝，这种检验通常叫VT检验，焊缝缺陷验收限值可参考ISO 10042。

② 低倍检测 焊缝低倍检测是破坏性检测方法的一种。低倍检测主要检测焊缝形状、尺寸、熔深、内部气孔、夹杂、未熔合、任意部分的多重缺陷、裂纹等各种缺陷。检测方法是沿焊缝横截面截取一小块焊缝接头，对截面进行研磨，制成低倍组织检测试样，进行化学腐蚀焊缝表面后用低倍放大镜观察焊缝形貌，判断焊缝质量是否合格。ISO 17639中明确了金属材料焊缝宏观和微观试样制备、试验程序及目的。

③ X射线检验 X射线检验是检测焊缝内部质量的重要方法，它能确定焊缝内部的气孔、夹渣、未焊透、内部裂纹的位置等，但直径在0.2mm以下的显微气孔、显微裂纹和微小的未焊透等缺陷则不易用X射线探伤法探测到。根据X射线探伤法摄制、显影后的底片黑度，评定产品的质量等级。对于探伤不合格的焊缝应进行质量分析，找出原因并制订出措施后方可返修，返修后必须重新做探伤检验。从事焊接无损检测的人员，要求具备一定的工作经验并通过EN 473标准要求的资质考试，其检测工艺标准为EN 1435，检测评定标准为EN 12517或ISO 10675-2。

④ 超声波探伤检验 与X射线探伤法相比，采用超声波探伤技术具有下列优点：

a. 不需要如X射线探伤的贴片、冲洗底片等工序，因而缩短了检验时间；

b. 对探测微裂纹和未焊透缺陷比X射线探伤法灵敏；

c. 探测距离比X射线探伤法要大；

d. 经济安全。

用超声波法探伤检验时，要求焊缝两侧必须光滑清洁。在阳光下操作时，观察示波屏的回声脉冲比较困难，用这种方法判断焊缝缺陷的可靠性和准确性与操作者的技术水平、工作经验有很大关系。铝及铝合金焊缝中缺陷的方向大多与焊缝表面垂直，因此，探伤时利用带角度的探头将超声波从基体金属的表面以横波形式射入焊缝。检测的标准为ISO 17640，此外EN 12062定义了金属材料焊缝无损检测的一般原则。

⑤ 接头力学性能检测 检测焊缝力学性能可用于评定焊接接头的强度、塑性及检验缺陷对力学性能的影响。根据产品、客户的不同，力学性能试样数量、尺寸及检验方法需参考相应的国家标准、欧洲标准、国际标准等中的有关规定，具体验收条件需参考具体应用标准的要求。

⑥ 渗透检测 制造完成的车体部件应按图样规定的项目和要求进行渗透检测，其目的是检查焊缝表面的缺欠是否满足标准要求。根据焊接结构的工作条件和结构强度的不同，渗透试验可分为以下几种。

淋雨试验：TB/T 1802—2016《铁道车辆水密性试验方法》规定了车体结构的淋雨试验，其检验原理是模仿一定量级的降雨强度进行喷雨试验。考虑到未来产品运行时的速度，还要求对某些位置进行斜向淋雨试验。考虑到满足淋雨时长能充分近似或者超过自然降雨，对于落水面积、散水叠加量等均有数值要求。

气密性试验：气密性试验主要用以检验某些管子及小型容器的密闭性。试验时通入经过滤并符合要求的洁净空气。试验压力取用产品技术条件中规定的数值，一般略高于设计压力，加压时应缓慢升压，达到规定的试验压力后，在焊缝密封部位涂以肥皂水进行检验。小型容器也可浸入水中检验是否有气泡产生。

常压容器气密性检测方法有盛水试验，它是在容器中盛满水，保持一定时间后，查看是否有渗漏现象。煤油渗漏，它是将被检验焊缝的一面清理干净，然后涂上白粉浆晾干，在焊缝的另一面涂上煤油，使表面得到足够的浸润，经半小时后，检查白粉上是否有油渍。如果煤油渗过缝隙而使涂白粉的焊缝表面上呈现黑色斑纹，即可确定焊缝中缺陷的位置。检测工艺标准常用 EN 571，检测评定标准为 EN 1289。ISO 23277《焊接的无损检测试验—焊缝的渗透检测—验收等级》中也明确了渗透探伤验收等级。

⑦ 金相检验 在推广焊接新工艺、采用新的焊接材料及制造重要的焊接结构时，为掌握焊接接头各区的组织情况，应对焊缝、热影响区进行金相检验。这种方法用以检查 X 射线探伤法所不能发现的显微气孔、氧化物夹杂及微裂缝等缺陷。金相检验时首先在焊接试板上截取试样，经加工、打磨、抛光后，将试样放入相应的腐蚀剂腐蚀，然后在金相显微镜下观察，检查显微气孔、微裂纹、夹渣、未焊透等缺陷及测定热影响区宽度，经高倍放大后可在显微镜下观察焊缝及热影响区的晶粒大小、晶粒边界夹杂物的种类及组织特性。

⑧ 硬度试验 硬度试验主要用来测定铝合金焊接热影响区的宽度。ISO 9015-1 定义了金属材料焊接的破坏性试验硬度试验第 1 部分：弧焊接头的硬度试验方法。ISO 9015-2 定义了金属材料焊接的破坏性试验硬度试验第 2 部分：焊接件的显微硬度试验方法。

思考题

[1] 轨道客车主要由哪些部件组成？简述各部件的主要功能。
[2] 简述动车转向架与拖车转向架主要功能的区别与联系。
[3] 碳钢车体钢结构由哪几个主要部件组成？
[4] 简述底架钢结构的组成部分。
[5] 请列举 2~3 种碳钢车体一般采用材料的标准及牌号。
[6] 说明碳钢车体采用材料预处理工艺的原因。
[7] 简述冲压零件弯曲成型工艺方法分类。
[8] 车体钢结构广泛采用冷轧型材的目的是什么？
[9] 简述不锈钢车体底架结构形式及主要部件。
[10] 简述不锈钢车体不同部位的材料选用依据。
[11] 不锈钢车体的焊接主要采用哪些焊接方法？
[12] 简述不锈钢车体焊接的主要问题及预防措施。
[13] 不锈钢车体焊接最常用的电阻点焊和激光焊，目前分别参照什么标准进行焊接工艺评定？
[14] 简要回答目前铝合金车体主要应用于哪些类型的轨道客车中。
[15] 简要说明我国制造轨道客车铝合金车体主要的材料类型。
[16] 铝合金车体底架结构由哪些部件组成？
[17] 简述铝合金车体制造主要包括哪些工艺过程。
[18] 简述铝合金车体及其零部件常用的焊接方法。
[19] 铝合金车体及部件焊缝常用的检测方法主要包括哪几种？

参考文献

[1] 大连铁道学院，北方交通大学.车辆制造与修理工艺学［M］.北京：人民铁道出版社，1980.

[2] 杨春利，林三宝.电弧焊基础［M］.哈尔滨：哈尔滨工业大学出版社，2007.

[3] 侯英玮.材料成型工艺［M］.北京：中国铁道出版社，2002.

[4] 赵熹华.压力焊［M］.北京：机械工业出版社，1989.

[5] 周振丰，张文钺.焊接冶金与金属焊接性［M］.北京：机械工业出版社，1988.

[6] 中国机械工程学会焊接学会.焊接手册（第三卷）［M］.北京：机械工业出版社，2008.

[7] 康兴东，任玉鑫，高超，等.铁路客车车体结构材料的演变与展望［J］.铁道机车车辆，2019，39（02）：119-124.

[8] 马洪光，阎锋，邓海.轨道客车车体结构材料选择分析［J］.铁道机车车辆，2015，35（04）：54-58，62.

[9] 黄治轶，焦壮志，蔡继峰，等.不锈钢薄板搭接MAG电弧点焊工艺的实践研讨［J］.电焊机，2019，49（05）：108-111.

[10] 姚曙光，许平.轻型不锈钢车体结构研究［J］.城市轨道交通研究，2004（05）：82-84.

[11] 姚曙光，田红旗.高速不锈钢车体结构设计［J］.铁道科学与工程学报，2008（01）：72-75，86.

[12] 赵明花，刘玉民.城市轨道车辆不锈钢车体的研发［J］.城市轨道交通研究，2004（01）：76-80.

[13] 内田博行，高魁源.日本不锈钢车辆技术［J］.国外铁道车辆，2001（04）：1-4.

[14] 姚明哲，杨志勇，马秋红，等.不锈钢轨道车辆的特点［J］.装备机械，2015（03）：10-13.

[15] 王春生，王洪潇，李英明，等.不锈钢电阻点焊在线超声检测信号特征研究［J］.电焊机，2021，51（09）：68-74，118-119.

[16] 郭猛，张勇，袁海堃.不锈钢车体等离子-MAG复合焊工艺优化［J］.城市轨道交通研究，2018（02）.

[17] 王洪潇，史春元，王春生，等.基于响应面法的不锈钢车体激光焊接工艺参数优化［J］.焊接学报，2010，31（10）：69-72，116.

[18] 王洪潇，王春生，何广忠，等.激光焊接技术在轨道交通车辆中的应用［J］.城市轨道交通研究，2020，23（04）：85-88.

[19] 王洪潇，何广忠，王春生，等.高端不锈钢轨道车辆激光叠焊技术开发与应用［J］.电焊机，2021，51（10）：31-36，152-153.

[20] 王元良，周有龙，胡久富，等.运载工具的铝合金选材与焊接［J］.中国有色金属学报，2001（S2）：1-5.

[21] 王元良，陈辉.高速列车铝合金焊接的发展趋势［J］.电焊机，2010，40（10）：9-16.

[22] 王炎金.铝合金车体焊接工艺［M］.北京：机械工业出版社，2009.

[23] 张海沧，尹维，黄飞，等.高速列车车体铝合金双丝焊接头组织与性能 [J].长春工业大学学报（自然科学版），2010，31（02）：197-201.

[24] 吴志明，李金龙，彭章祝.轨道交通车体用铝合金材料及其焊接技术 [J].金属加工（热加工），2021（02）：5-10.

[25] 彭蝶，张连华，韩晓辉，等.轨道交通制造焊接技术应用现状及发展趋势 [J].金属加工（热加工），2020（08）：6-9，13.

[26] 葛少平，赵丽玲，田新莉.铝合金车体制造工艺及焊接难点控制 [J].焊接技术，2021，50（04）：88-91.

[27] 陈树君，董海洋，张海沧，等.铝合金T形接头双侧脉冲MIG单道焊接工艺 [J].焊接，2021（08）：1-6，28，62.

第 2 章 转向架构架

学习导引：本章介绍转向架的结构特点、构架技术要求、材料选择原则、制造工艺流程及质量检验方法。

学习本章的目的，是使学生了解转向架的基本类型、功能作用、构架结构特点、技术要求；理解转向架构架用钢的化学成分特点、力学性能要求；掌握转向架构架生产从下料、塑性成型、焊接、机械加工到涂装等主要工艺过程；了解转向架构架无损检验的基本方法。

2.1 转向架及其功能

2.1.1 转向架的基本组成和作用

转向架是轨道车辆的走行部件，是车辆上最重要的部件之一。由于车辆的用途、运行条件及历史传承等因素的不同，使得转向架的类型繁多，结构各异。但其基本作用和基本组成部分是相同的。一般转向架可以分为以下几个组成部分：轮对轴箱装置、弹性悬挂装置、构架组成、基础制动装置等。CW6000 系动车转向架示于图 2-1。构架是转向架的基础，它把转向架各零、部件组成一个整体，所以它不仅仅承受、传递各种作用力及载荷，而且它的结构、形状和尺寸大小都应满足各零、部件的结构、形状及组装的要求。构架的基本作用就是支承车体，承受并传递从车体至轮对之间或从轮轨至车体之间的各种载荷及作用力，保证车辆安全、可靠运行。

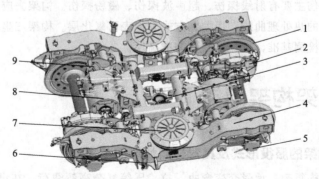

图 2-1 CW6000 系动车转向架
1—轮对装置；2—齿轮箱；3—牵引装置；4—构架组成；
5—轴箱装置；6—高度阀杆；7—空气弹簧；8—牵引电机；9—制动夹钳装置等

2.1.2 转向架分类

由于车辆的用途、运行条件、制造维修方法和成本等因素的影响,对转向架的性能、结构、参数和采用的材料及工艺等的要求不同,因而出现了多种形式的转向架。它们的主要区别包括构架组成结构形式、轮对支承方式、轴箱定位方式、基础制动装置的类型与安装方式、驱动装置的类型与安装、弹簧悬挂系统的结构与参数、垂向载荷的传递方式等方面。

根据不同用途和结构特点等,铁路车辆转向架有多种分类方法。按车辆品种分有:普速客车、高速动车、城际车、地铁和轻轨车及特种车(单轨车、直线电机、磁悬浮车、低地板车等)转向架等;按照轨距分有:米轨、标准轨、宽轨转向架等;按照动力分有:动车、拖车转向架等;按照制造工艺分有:焊接、铸造转向架等。现在铸造转向架仅用于铁路货车,本书不予介绍。除特种车转向架外,焊接转向架结构基本相同、功能相似、配置相似,制造工艺基本相近。

2.1.3 转向架构架制造工艺基本流程

焊接构架作为转向架的一个承载部件,其制造过程涉及冲压、机加工、焊接、探伤、涂装等工艺,具有专业涉及广而复杂的特点。同时,构架是车辆转向架运行安全的核心部件,具有极高的制造精度要求和质量等级要求,质量控制程序严格,整体制造过程中运用的工艺资源和工艺方法多种多样。

典型焊接转向架构架的制造工艺流程为:料件预处理;下料折弯及成型;零部件机加工;侧梁、横梁及构架组焊和调修;探伤;焊缝修磨;构架抛丸和去应力处理;构架组成机加工;构架防腐涂装等。

冲压件下料需要考虑焊接工艺加长量、下料折弯与加工工序间相互的限制和影响。零件和构架等大部件加工要根据结构、形状、尺寸精度、形位公差选择相应的加工设备、加工刀具,配备相应的加工夹具,其中大部件还需要使用划线机确定是否有加工余量。侧梁、横梁、构架组对焊接要重点控制尺寸和焊接质量,主要依据 EN 15085 标准要求,尺寸控制主要保证组对精度及控制焊接变形,必要时制作反变形;焊接质量主要通过工艺评定、过程控制及后续检查来保证,目前主要使用的焊接方法有熔化极气体保护焊、钨极氩弧焊及手工电弧焊,熔化极气体保护焊又分为手工焊接及机械手焊接。调修分冷调修和热调修,冷调修主要是利用设备调修的方式;热调修主要是局部加热的方式。焊缝打磨主要是保证圆滑过渡,减小应力集中。探伤主要有射线探伤、超声波探伤、磁粉探伤。构架去应力退火需要根据材料和结构选择相应的热处理曲线,用抛丸方式去掉表面氧化层。构架三坐标测量需要研究确定最佳的坐标系和检测基准,以保证测量的准确性。

2.2 转向架构架用钢

2.2.1 转向架构架的服役形式及其对材料性能的要求

焊接转向架结构复杂,承受交变弯曲、拉、压等复杂高频载荷,在设计合理的前提下,低应力疲劳断裂将是其最主要的失效形式,因此转向架构架材料必须具有良好的强度。我国幅员辽阔,北方冬天的气温可以降到−40℃以下,因此低温韧性是除了强度以外的另一个主要考察对象。由于转向架采用框架结构，材料需要冲压和焊接，因此可焊性和屈强比是材料最重要的工艺性能。此外，转向架直接面对大气和雨水的侵蚀，因此材料的耐候性是必要的考察指标。总之，转向架构架材料的选择要考虑以下几点：屈服强度高、具有良好的低温冲击韧性、具有一定的耐大气腐蚀性能、冷弯及冲压性能良好、可焊性良好、成本与价格合理。

2.2.2 转向架构架用钢

我国最早使用Q235钢作为转向架焊接构架材料，但其强度偏低（屈服强度245MPa），不能满足轻量化的要求；S、P含量过高，冲击韧性和疲劳性能低；耐候性差，只能适用于140km/h以下的运行速度。20世纪90年代中期以来，随着列车速度的提高，国内开始采用屈服强度为345MPa的16MnR作为转向架构架的主流材料。16MnR属于16Mn系列钢种，采用Mn合金化既可以提高钢的强度，也可以提高钢的耐大气腐蚀性。16MnR在20℃时冲击韧性的指标为>31J。在客车速度为160km/h以下时能基本满足使用要求。由于该钢的冲击韧性规定过松，且没有详细的检验项目，一般钢厂将其列入普碳钢系列进行生产，因此有害元素S、P含量以及夹杂物、晶粒度等关键控制项目均不能满足铁路客车提速的要求。因此尽管16MnR屈服强度上去了，但关乎钢材内在质量的塑性和韧性指标没有可靠保证。为此后续发布的国家标准中，对碳素结构钢的有害元素含量进行了分类，并规定了相应的塑性和低温韧性指标。例如GB/T 1591—2018中Q355钢分A、B、C、D、E等级别，其S、P元素含量逐次降低，低温韧性依次升高。

从国外的情况看，欧洲普遍采用耐候钢S355J2G1W或低合金高强度S355J2G3C钢，日本采用SM490C钢，也大体属于16Mn系，屈服强度约355MPa。从合金标准成分，特别是S、P含量来看，与国内的标准几乎相同，多为<0.035%（质量分数）。标准规定的强度与国内相同，只是标准规定冲击韧性在0℃或−20℃进行试验，冲击韧性值多数大于40J，见表2-1。我国引进高速动车组技术以后，高速转向架用钢普遍采用S355J2G1W或S355J2G3C钢，部分采用日本SM490C钢；城轨转向架则采用了S275J2G3W、S275J2G3等钢种，相应标准为EN 10155、BS EN 10025、BS EN 10149等。

表2-1 国内外转向架材料的标准成分（%质量分数）及其力学性能

钢号	C	Si	Mn	P	S	R_m/MPa	$R_{p0.2}$/MPa	A/%	T/℃	KV/J
16MnR	<0.2	0.2~0.55	1.2~1.6	<0.035	<0.03	510~640	345	21	20	>31
Q355C	<0.2	≤0.50	0.9~1.65	<0.030	<0.030	470~630	355	T③	0	>27
Q355D	<0.2	≤0.50	0.9~1.65	<0.030	<0.025	470~630	355	T	−20	>27
Q355EN	<0.18	≤0.50	0.9~1.65	<0.025	<0.020	470~630	355	T	−40	>20
SM400A	<0.23	≥2.5	<0.035	<0.035		400~510	245	18		
SM400B	<0.2	<0.35	0.6~1.4	<0.035	<0.035	400~510	245	18	0	>27
SM400C	<0.18		<1.4	<0.035	<0.035	400~510	245	18		>27
SM490A	<0.2	<0.55	<1.6	<0.035	<0.035	490~610	325	17		
SM490B	<0.18	<0.55	<1.6	<0.035	<0.035	490~610	325	17		>27
SM490C	<0.18	<0.55	<1.6	<0.035	<0.035	490~610	325	17	0	>47
SM490CW①	<0.18	0.15~0.65	≤1.40	<0.035	<0.035	510~630	355	T	15	>47

续表

钢号	C	Si	Mn	P	S	R_m/MPa	$R_{p0.2}$/MPa	A/%		T/℃	KV/J
S355J2	<0.2	<0.55	<1.6	<0.035	<0.035	490~630	355	L[④]	22	-20	>40
								T	20		
S355J2	<0.2	<0.55	<1.6	<0.035	<0.035	490~630	355	L	22	-20	>40
								T	20		
S355J2W[②]	<0.16	≤0.50	0.50~1.50	<0.035	<0.035	510~630	355	L	22	-20	>27
S275J2	<0.18		<1.5	<0.035	<0.035	410~560	275	L	22	-20	>27
								T	20		

① Cu：0.30~0.50，Cr：0.40~0.80，Ni：≤0.65。
② Cu：0.25~0.55，Cr：0.45~0.75，Ni：0.05~0.30。
③ T 表示钢板横向。
④ L 表示钢板纵向。

由于质量控制较好，钢材实际性能可远高于标准规定的指标。表 2-2 给出了几种母材的实际测试性能，其中 SM490C 为日本进口材料。从中可以看到，各种钢的强度均能满足标准要求，但冲击韧性的实际测量值却相差悬殊。SM490C 的标准规定为 47J（0℃），实际测量值大于 160J，高出 4 倍，16MnR 的标准为 31J（20℃），实际测量值为 39J，与 SM490C 相比相差 4 倍。因此要高度关注钢材的实际性能。

表 2-2 几种试验母材的力学性能和冲击功（V 形）

牌号	规格/mm	R_{eH}/MPa	R_m/MPa	A/%	KV/J						
					20℃	0℃	-5℃	-25℃	-40℃	-45℃	-60℃
16Mnq	10	443	591	28	—	86	—	57		32	
	16	400	579	28		71		50		12	
	20	377	553	30		58		29		15	
	24	422	558	30		126		67		36	
SM490C	32	375	532	28		239		176		143	
	40	395	544	30		164		133		90	
16MnR	14	395	555	24	39						
	16	425	565	24	51						
16Mn	16	395	520	26	95						

目前高速转向架构架不同部位型材的形状不同，选用的钢材也有所不同。例如横梁管等管类件用材料，为非合金结构钢 S355J2H＋N 无缝钢管（EN 10210），常用规格（外径×壁厚）为 193.7mm×22.2mm、193.7mm×30mm、339.7mm×25mm 等，屈服强度为 355MPa，-20℃条件下最小冲击功为 27J，正火状态下供货。侧梁上、下盖板和内、外侧板等板类用材料，为增强型耐大气腐蚀结构钢 S355J2W＋N，常用板厚规格有 12mm、14mm、16mm、18mm 等，屈服强度为 355MPa，-20℃条件下最小冲击功为 27J，正火轧制状态下供货（EN 10025-5）。连接座、定位座等不规则连接类的重要受力件用材料采用 Q345E（GB/T 1591—2018）的锻件。构架的其他板类及管座类件用材料为 Q235C（GB/T 700—2006）。

随着转向架构架性能要求的提高，对材料的检验项目也相应增加。通常对来料进行如下的检验：化学成分；常规力学性能；低温冲击韧性，韧-脆转变温度；折弯试验；宏观缺陷检验；金相检验（带状组织、晶粒度）；夹杂物分级检验。

2.3 冲压成型

2.3.1 转向架构架冲压件典型结构

（1）定义及分类

冲压是一种建立在金属塑性变形理论的基础上，利用模具和冲压设备对金属板材进行下料和成型加工，以获得所需要的零件形状和尺寸的制造工艺。冲压件则是利用冲压工艺对金属板材进行下料成型加工得到的零件。冲压件相比其他加工工艺得到的零件质量轻，有足够的强度和刚度，还可以根据不同用途、使用不同材料加工成各种形状和尺寸的零件，以满足使用要求。

轨道车辆冲压件的分类方法有材料和形状两种。按材料分类有：碳钢冲压件、不锈钢冲压件、铝合金冲压件。按形状分类为：平冲压件和成型冲压件。成型冲压件主要是弯曲件和拉延成型件。转向架构架冲压件一般使用碳钢材料制造，主要以碳钢平冲压件和弯曲件为主。

（2）构架冲压件的典型结构

轨道客车主要应用焊接结构的转向架。这种转向架主要是用钢板冲压件组焊而成的。图2-2所示为某一城铁车型转向架构架，冲压件形状上以平板冲压件和弯曲成型冲压件为主，所用主要材料是板厚5mm以上的低合金高强度钢。某城铁车转向架构架典型冲压件如表2-3所示。

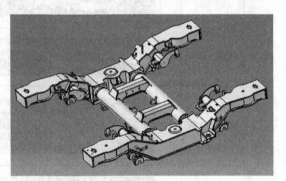

图2-2 城铁车转向架构架

表2-3 某城铁车构架典型冲压件

类型	零件名称	简图	材料	加工方法
平冲压件	封板		板厚40mm S355J2W	数控火焰切割下料 机械加工
平冲压件	制动吊座		板厚80mm S355J2W	数控火焰切割下料 机械加工

续表

类型	零件名称	简图	材料	加工方法
平冲压件	吊座		板厚 100mm S355J2W	数控火焰切割下料 机械加工
	牵引拉杆座		板厚 80mm S355J2W	数控火焰切割下料 机械加工
弯曲成型件	侧梁下盖板		板厚 16mm S355J2W	激光切割下料 机械加工 折弯成型
	侧梁上盖板		板厚 16mm S355J2W	激光切割下料 机械加工 折弯成型或模具压成型
	侧梁侧立板		板厚 14mm S355J2W	激光切割下料 机械加工 折弯成型
	纵梁下盖板		板厚 12mm S355J2W	激光切割 折弯成型
	纵梁上盖板		板厚 12mm S355J2W	激光切割下料 机械加工 折弯成型
	小纵梁下盖板		板厚 12mm S355J2W	激光切割下料 折弯成型

2.3.2 构架冲压件制造工艺流程

(1) 生产特点

冲压是制造转向架构架的第一道工序。冲压件是组成转向架构架的最小组成部分,冲压质量的好坏直接影响大部件的质量。轨道客车转向架由于多数客户个性化的需求,形成不了大批量连续生产,是典型的多品种、小批量生产模式,涵盖多种冲压加工方法。考虑成本等因素,不能投入大量的设备和工装,所以一般采用柔性化的通用模具和设备进行加工,同时需要大量的手工调修工序辅助生产。构架需要中、厚板下料件较多,大部分板厚是8mm以上,材料有Q235C、Q345R、S355等系列钢板。采用数控激光切割机、数控精细等离子切割机和数控火焰切割机等切割下料方法,切割质量好、效率高。成型件形状简单,以弯曲成型为主,根据产量合理选用模具成型或折弯机成型。

(2) 工艺流程

从原材料开始,转向架构架冲压件的加工工艺流程如图2-3所示。各工序的加工内容及方法、使用设备如表2-4所示。

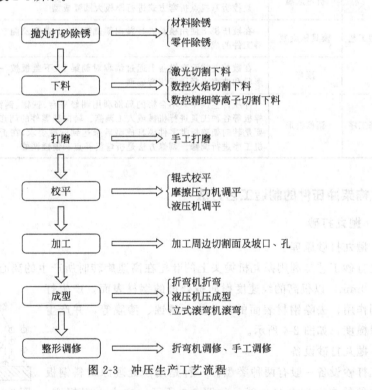

图2-3 冲压生产工艺流程

表2-4 构架冲压件加工内容及方法

序号	工序名称		加工内容及方法	使用装备
1	材料的表面处理	打砂除锈	通过抛丸打砂设备及相关工具对钢板进行抛丸打砂,清除碳钢表面的锈和杂质	抛丸打砂线
2	下料工艺	激光切割机切割下料	切割板厚22mm以下的碳钢板。通过编程可切割任意形状。切割下料后大部分可直接使用	激光切割机
		数控火焰切割机切割下料	用于切割板厚18~200mm厚的碳钢板。通过编程可切割任意形状的零件。切割下料后的件需要机械加工	数控火焰切割机

续表

序号	工序名称		加工内容及方法	使用装备
2	下料工艺	数控精细等离子切割机切割下料	用于切割板厚 3~40mm 以内的碳钢板。利用精细等离子切割机通过编程，按要求进行切割成不同形状零件。优点是速度快，效率高。缺点是有切割斜度，需要二次精加工	数控精细等离子切割机
3	打磨工艺	砂轮打磨	碳钢板切割件的切割面有毛刺和熔渣，使用前需要打磨掉。一般情况下，通过采用砂轮、手锉、刮刀等工具进行人工清除	风动(电动)砂轮机
4	校平工艺	辊式校平	由于原材料平度一般要求较低，零件下料后直接使用时平度达不到要求，需要进行精密校平处理。一般采用辊式校平机校平板料	校平机
4	校平工艺	压力机调平	长度短，不能使用校平机校平的板料一般使用摩擦压力机镦平。对于板厚大于校平机校平能力的工件，通过小型液压机的三点点压调平	摩擦压力机、液压机
5	中间加工工序	机械加工	中间加工工序包括零件下料后使用机加设备进行余量精加工和坡口加工、钻孔等	数控铣床、钻床等
6	成型工艺	折弯成型	数控折弯机对转向架零件的直线弯曲成型；数控折弯机点折弯方式进行厚板大圆弧成型	数控折弯机
6	成型工艺	模具压成型	在液压机上使用模具进行转向架侧梁上、下盖板及侧立板等工件的成型	液压机
6	成型工艺	滚弯	在数控立式滚弯设备上通过编程对侧梁上、下盖板按一定形状和曲率半径进行滚弯成型	数控立式滚弯机
7	调修工序	调修整形	冲压件生产中对不合格的局部利用调修平台、铁锤、铜锤、样板等各种工具进行机械或人工调修。转向架零件的调修主要是转向架盖板类零件模具成型后未达到标准要求，在折弯机工序进行调修。调修方法是折弯机补点和铜锤调修	数控折弯机铜锤

2.3.3 构架冲压件的制造工艺方法

2.3.3.1 抛丸打砂

（1）抛丸打砂原理

抛丸打砂工艺是利用抛丸机抛头上的叶轮在高速旋转时所产生的离心力，把磨料（钢丸 $\phi 0.8 \sim 1.0$ mm）以很高的线速度射向被处理的钢材表面，产生打击和磨削作用，去除钢材表面的氧化皮、锈蚀、漆膜等，并产生一定的粗糙度，如图 2-4 所示。

（2）抛丸打砂设备

抛丸打砂设备一般有两种类型。一种是用于处理原材料钢板和大尺寸件的自动抛丸打砂线，如图 2-5 所示。它由上料辊道、抛丸室、清理室、喷气室、烘干室、下料辊道组成，设备总长约

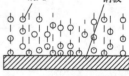

图 2-4 钢丸喷射示意图

60m，运送速度 0.5~5m/min，可清理的材料幅面为 22mm×2000mm×15000mm。另一种是用于小件打砂处理的生产线，如图 2-6 所示，小型打砂线由上料辊道、抛丸室、清理室、下料辊道组成，设备总长约 20m，运送速度 0.5~5m/min，可清理的材料幅面为 22mm×1000mm×4000mm。

（3）抛丸打砂工艺

机械自动化抛丸打砂工艺流程如下。

(a) 上料辊道　　　　　　(b) 抛丸室和清理室　　　　　(c) 下料辊道

图 2-5　自动化抛丸预处理线

图 2-6　小型零件抛丸预处理线

① 材料要求　a.抛丸工艺仅适用于厚度≥4mm 的碳钢锈蚀料件及带漆料件，包括碳钢型材；b.各种钢板原材料、零部件表面锈蚀程度为 A 或 B 级，各种型钢材的表面锈蚀程度可达到 C 级；c.小型零部件（长度≤1200mm）或成型料件（高度≤200mm）需放入钢制网栏内进行抛丸。

② 抛丸前准备　a.检查来料状态（包括：料厚、定尺、炉号、材质及腐蚀程度、是否带漆）；b.检查设备状态、设定各项参数，保证设备内钢丸（钢丸 $\phi 0.8 \sim 1.0$ mm）充足；c.准备好天车设备、各类工装、吊具。

③ 抛丸打砂　a.在上料输送系统上吊装、装载各种待处理的板材、型材或零部件；b.启动辊道输送系统传送板材料件；c.板材、料件经辊道传送至抛丸室内，抛丸机自动开始工作抛打钢板或料件表面；d.抛丸后的板材、型材、料件经辊道传送至下料输送系统（经过预涂底漆喷漆室）后卸料；e.表面未达到对比块要求的钢板或料件应重新（反复）抛打，以达到质量要求。抛丸合格的料件需要对材质、炉号等进行喷码处理（或使用记号笔写清），严防混料。

④ 抛丸后的分类处理　a.不涂预涂底漆的件，如果抛丸后表面生锈，需要重新进行抛丸处理；b.要求涂预涂底漆的钢板或料件，在抛丸预处理生产线抛丸后可立即由辊道进入预涂底漆喷漆室进行预涂底漆喷涂。

(4) 常见质量问题及处理方法

抛丸喷砂后，钢板或料件表面质量使用对比样块进行检查。抛丸外观清洁度由对比块进行检测，对比块的外观按照 GB/T 8923.1—2011 中的 Sa2.5 级以上来确定。抛丸完毕不涂预涂底漆的钢板及料件在储存及进入下工序时，表面不得有油污、锈蚀、灰尘。图 2-7 是零件打砂前后的状态对比，表 2-5 为抛丸喷砂处理常见质量问题及处理方法。

图 2-7 零件打砂处理前后对比

表 2-5 抛丸喷砂处理常见质量问题及处理方法

序号	问题	处理方法
1	板材过度腐蚀,已超出标准	更换板材
2	打砂力过大,零件尖角打磨顿	尖角处进行预先保护
3	薄板打砂后变形	进行打砂处理板厚要≥4mm; 适当减小抛投旋转速度来减小打砂力
4	选择砂粒直径过大,表面打出坑	更换直径小的砂粒

2.3.3.2 下料

(1) 激光切割下料

1) 激光切割的原理

激光切割利用聚焦后的高能激光束对工件表面进行辐照,使得辐照区的材料迅速熔化、气化或分解,同时借助同轴高压辅助气体吹走残渣,形成切缝。激光切割可分为气化切割、熔化切割、氧气助熔切割和导向断裂切割四类。激光氧气助熔切割是以激光为热源,伴以氧气等活性气体,使在切割过程中板材本身发生剧烈氧化反应,局部放出大量热以达到快速切割效果,主要用于碳钢板等金属材料的切割。与传统制造工艺相比,激光氧气助熔切割采用的是热效应且无外力参与,使其具有热变形小、热影响区小、切缝小、切口粗糙度较好、基本无倾角等其他切割工艺不可比拟的技术优势,从而有效保证了切割质量。

激光切割是一种高速度、非接触、变形小的下料加工方法,非常适合大批量且连续的加工过程。鉴于激光切割加工几何外形尺寸精确、切割时留量小、速度快、效率高等优点,在转向架工件的下料加工中激光切割主要用于切割板厚小于 22mm 以下的钢板。对于切割面表面粗糙度要求大于 $Ra25\mu m$ 的工件可以切割后直接使用,小于 $Ra25\mu m$ 的工件切割时需要留机械加工余量。板厚小于 6mm 的钢板切割后直接使用。

2) 激光切割设备

① 激光切割机的分类 激光切割常用的设备是光纤激光切割机和 CO_2 激光切割机。从工作台特点分为交换双工作台式和固定工作台式,分别如图 2-8 和图 2-9 所示。

② 激光切割机设备的技术参数 使用激光切割设备的技术参数为激光功率 6000W,固定工作台大小 3m×10m,切割精度 ±0.15mm,最大切割厚度为碳钢 22mm,不锈钢 12mm。

3) 数控激光切割工艺

构架冲压件的切割主要以碳钢中厚板为主,激光切割件最大切割厚度为 22mm,主要切割二维平面件。激光切割工艺的出现实现了中厚板件的精密切割,如图 2-10 所示,替代了此厚度范围内的数控等离子切割和数控火焰切割。

图 2-8　交换双工作台式激光切割机　　图 2-9　固定工作台式龙门大台面激光切割机

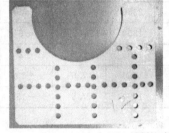

(a) 切割断面　　　　　　　(b) 切割件外形

图 2-10　数控激光切割件断面和外形

激光切割工艺过程如下。

① 图纸及程序准备　产品图纸分两种：一种是平面冲压件，一种是成型件。平面冲压件可以直接转化成切割程序进行切割，成型件则需要进行展开成平面下料件，并且再对一些部位进行工艺化处理（如：留成型所需加工余量等），再转化成切割程序，如图 2-11 所示。

由于激光切割机可以切割任意形状的件，为了节省材料，需要进行各种零件的混合排料切割。现在已有一些专用排料软件用于数控切割件的自动化排料，无需人工排料。专用软件排料速度快，剩料少，并且可实现所有数控切割机不同系统软件间的通用，图 2-12 为激光切割件排料图。

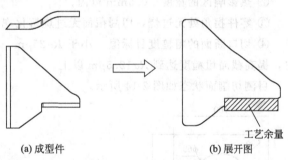

(a) 成型件　　　(b) 展开图

图 2-11　零件展开图

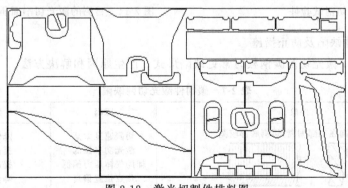

图 2-12　激光切割件排料图

② 材料准备　激光切割机原则上可以切割表面油漆或镀锌件，但是对切割质量及设备有一定的影响，所以最好通过抛丸打砂清理钢板。

③ 切割参数的选择及切割试验　保证激光切割质量的关键因素是选择恰当的切割参数，包括切割功率、切割速度、焦距及焦点位置、辅助气体压力、喷嘴直径和喷嘴距板面距离、占空比等。表2-6是部分碳钢板的切割参数。此外每日切割前应按图2-13进行切割试验，对规范参数进行微调。

表2-6　LMXⅦ30-TF6000激光切割参数

序号	板厚/mm	辅助气体	气体压力/bar[①]	激光功率/kW	切割速度/(m/min)	焦点距离/mm	焦点位/mm	喷嘴直径/mm	喷嘴距板面距离/mm	占空比/%
1	8	氧气	0.75	2100	2350	7.5	−2	2	1	35
2	10	氧气	0.75	2100	1800	7.5	−2	2	1	35
3	12	氧气	0.75	2350	1400	7.5	−2	2	1	36
4	14	氧气	0.43	4700	1150	7.5	−20	2	2	40
5	16	氧气	0.43	4500	1050	7.5	−15	2	2	40

① $1bar=10^5 Pa$。

4) 激光切割件的质量标准

对于常规板材而言，激光切割具有精度高、热影响区小、切割表面平滑光洁的特点，其质量指标为：

① 切缝宽度　常规板材的切缝在0.1~1.0mm范围内，属于窄缝切割；

② 热影响区的宽度　0.5mm以内；

③ 零件拐角处无过烧，切割截面无过烧熔化现象；

④ 切口断面的粗糙度目标值　小于$Ra25\mu m$，可通过适当的打磨方法清除毛刺和氧化皮，提高截面粗糙度达到$Ra12.5\mu m$以上。

目测切割面状态如图2-14所示。

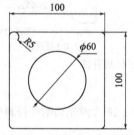

图2-13　激光切割试验件

图2-14　目测的激光切割面质量

5) 常见质量缺陷及防止措施

表2-7列出了激光切割碳钢板时常见缺陷形式、产生原因和解决方法。

表2-7　碳钢件激光切割缺陷

现象	原因	解决方法
切痕方向在底部偏离，切割底部较宽	切割速度太高 激光功率偏低 辅助气体压力偏低 焦点位置偏高	降低切割速度 提高激光功率 提高气体压力 降低焦点位置

续表

现象	原因	解决方法
切缝底部两侧有类似熔渣的毛刺，水珠形状，容易去除 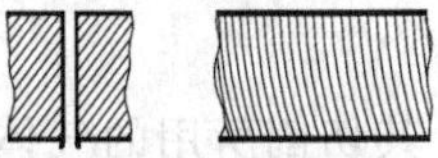	切割速度偏高 气压偏低 焦点位置偏高	调整切割速度 提高气体压力
割缝底部两侧的熔渣粘在一起 	焦点位置偏高	降低焦点位置
割缝底部两侧的熔渣很难清除 	切割速度太高 辅助气体压力偏低 焦点位置偏高 气体内有杂质	降低速度 提高气体压力 调整焦点位置 使用符合纯度要求的气体
仅在割缝底部的一侧有毛刺 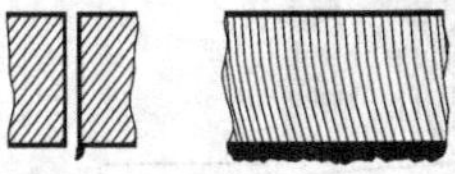	喷嘴中心不好 喷嘴孔不圆	调整喷嘴中心 更换喷嘴
有蓝色的等离子气体产生，工件不能割透 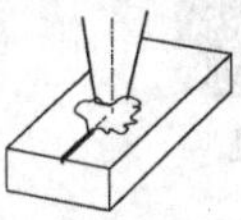	辅助气体接错 切割速度太高 功率太低	使用需要的辅助气体 降低切割速度 提高功率
切割面不规则 	气体压力偏高 喷嘴损坏 喷嘴直径太大	降低气体压力 更换喷嘴 更换合适直径的喷嘴
没有毛刺，切痕向后倾斜，切缝底部窄 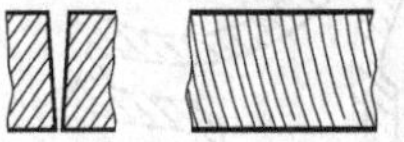	切割速度太高	降低切割速度
切割面上有蚀坑 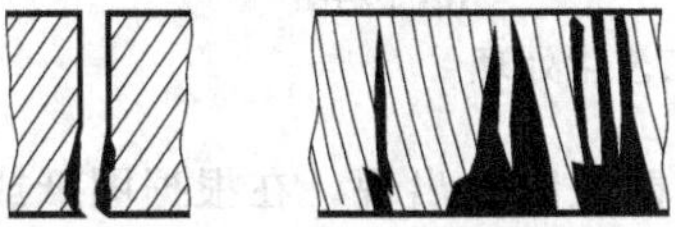	气体压力太大 切割速度偏低 焦点位置较高 材料表面锈蚀 材料过热 材料中有杂质	降低气体压力 提高切割速度 降低焦点位置 使用好的材料 材料冷却
切割面十分粗糙 	焦点位置偏低 气体压力较高 切割速度太低 材料过热	提高焦点位置 降低气体压力 提高切割速度 材料冷却

(2) 数控火焰切割下料

1) 数控火焰切割原理

火焰切割是指利用可燃气体＋氧气燃烧火焰以及氧气与金属反应燃烧产生的热量进行切割的一种热切割工艺。加热火焰以及燃烧过程中释放出的热量使切割氧与金属不断燃烧，产生的氧化物与一些混合的熔化金属被切割氧火焰所产生的动能吹散，从而形成连续的切口。数控火焰切割则是把上述切割过程通过一些机械传动结构和控制程序对切割轨迹进行控制，进而切割出所需形状零件的气割方法。数控火焰切割主要用于中厚碳钢板的切割，适用于切割形状复杂的零件。由于切割薄板变形大，数控火焰切割主要用于切割20mm以上不适合激光切割的工件；在有精细等离子切割设备的情况下，主要切割板厚40mm以上碳钢板。

2) 数控火焰切割设备

图2-15所示为某型号数控火焰切割设备及结构组成。其切割所用的气体为氧-丙烷；有效切割宽度为3200mm；有效切割长度为24000mm；切割最大速度为6000mm/min；切割厚度范围为6~200mm；割炬高度调整范围为≤200mm；直线定位精度为0.2mm/10000mm；重复定位精度为0.3mm/10000mm。

图2-15 大型龙门式数控火焰切割机

3) 数控火焰切割工艺

① 图纸及程序准备　数控火焰切割图纸准备时要注意切割边预留加工量，如图2-16所示。

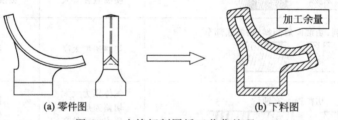

图2-16 火焰切割图纸工艺化处理

为了保证数控火焰切割零件的断面精度，避免切割缺陷的出现，在根据图纸或展开工艺图进行数控火焰切割编程时，应考虑引弧工艺凸台位置选择和处理方法。如图2-17所示，引弧工艺凸台，应选在留有加工量处，由后续的加工工序完成，对于不再加工的零件，选在尖角处，切割后打磨清除，也可选在焊接引弧板处，焊接完成后清除。

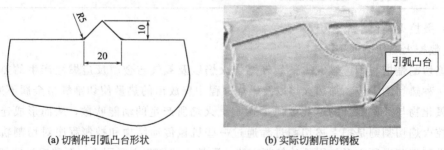

图2-17 火焰切割凸台设计

a. 切割零件图中尖角的处理。如图 2-18 所示，数控火焰切割过程中，零件的棱角（指没有圆弧过渡）处易出现切割缺陷，必须对切割图纸进行圆角化处理，采用圆弧过渡方式完成，根据不同情况选择过渡的圆角半径为 $R1 \sim R2$。

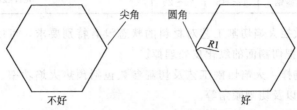

图 2-18 火焰切割棱角圆角化处理

b. 引弧模式。因切割穿孔引弧过程中容易产生切割缺陷，需要从废料处穿孔引入切割线。模式有以下两种：直接从废料处穿孔引弧，适用于料厚≤90mm 的切割引弧；特厚板锁扣方式从板材边缘引弧，适用于料厚>90mm 的切割引弧。图 2-19 所示为引弧模式。

(a) 直接穿孔引弧　　　　　　(b) 锁扣方式引弧

图 2-19 火焰切割引弧模式

c. 厚板切割过程中实现不间断切割的方法。图 2-20 示出了不间断切割路径，可以保证切割线不间断，以及有一边为共边切割。此方法的优点是共边切割省料和节省切割时间。

d. 火焰切割下料留量原则。对于粗糙度值小于 $Ra50\mu m$ 的零件，留加工量切割，加工量大小如表 2-8 所示，粗糙度值大于等于 $Ra50\mu m$，直接切割。

图 2-20 火焰切割厚板不断弧共边切割路径

表 2-8　火焰切割下料加工余量

序号	板厚/mm	外形尺寸/mm		
		≤1000	<1000～≤2000	<2000～≤4000
		留量大小 B_z/mm		
1	8～20	3.5	3.5	3.5
2	<20～50	5	5.5	6.5
3	<50～100	8	9	9.5
4	<100～200	12	12.5	13

e. 零件间距设置原则。零件间距设置最小间距原则如表 2-9 所示。

表 2-9　火焰切割零件最小间距设置

机床	料厚 δ/mm	切割材质	边距/mm	间距/mm	切割最小孔径/mm	备注
氧乙炔	≤30	碳钢	10～12	15～20	φ50	切割有孔零件时，允许在易出现缺陷处留工艺尖
	>30	碳钢	12～15	20～25		

② 材料准备　数控火焰切割工艺对材料的状态没有特别要求，可以直接切割。切割后零件进行打砂处理，把切割面的氧化皮处理掉。

③ 切割参数的选择　火焰切割工艺及切割参数包括预热火焰功率、氧气压力、切割速度、割嘴到工件距离以及切割倾角等。

a. 预热火焰。气割时一般应选用中性焰或轻微的氧化焰。根据工件厚度、割嘴种类和质量要求选用预热火焰。预热火焰的功率要随着板厚增大而加大，氧-乙炔预热火焰的功率与板厚的关系见表 2-10。

表 2-10　氧-乙炔预热火焰的功率与板厚的关系

板厚/mm	3～25	25～50	50～100	100～200	200～300
火焰功率(乙炔消耗量)/(L/min)	4～8.3	9.2～12.5	12.5～16.7	16.7～20	20～21.7

b. 切割氧压力。切割氧压力取决于割嘴类型和工件厚度。切割氧压力过大，易使切口变宽、粗糙；压力过小，使切割过程缓慢，易造成黏渣。在实际切割工作中，最佳切割氧压力可用试放"风线"的办法来确定。当风线最清晰、长度最长时，切割氧压力即为合适值，可获得最佳切割效果。切割氧气压力推荐值见表 2-11。

表 2-11　火焰切割氧气压力的推荐值

工件厚度/mm	3～12	12～30	30～50	50～100	100～150	150～200	200～300
切割氧压力/MPa	0.4～0.5	0.5～0.6	0.5～0.7	0.6～0.8	0.8～1.2	1.0～1.4	1.0～1.4

c. 切割速度。切割速度与割嘴形式有关，并一般随工件厚度增大而减慢。切割速度必须与切口内金属的氧化速度相适应。切割速度太慢会使切口上缘熔化；太快则后拖量过大，甚至割不透。在切割操作中，当火花呈垂直或稍偏向前方排出时，即为正常切割速度。切割速度可参照表 2-12。

表 2-12　数控火焰切割速度参数

材料厚度/mm	18～25	30～50	60～80	90～100	100～150	160～200
切割速度/(mm/min)	440～350	300～250	240～180	160～120	110～80	80～50

d. 割嘴到工件表面的距离。根据工件厚度及预热火焰长度来确定割嘴到工件表面的距离。割嘴过近会使切口上线发生熔塌及增炭，飞溅时易堵塞割嘴，甚至引起回火。割嘴过远，热损失增加，且预热火焰对切口前缘的加热作用减弱，预热不充分，切割氧流动能下降，使排渣困难，影响切割质量；同时进入切口的氧纯度也降低，导致后拖量和切口宽度增大，在切割薄板场合还会使切割速度降低。预热火焰焰心一般应离开工件表面 2mm 以上，割嘴到工件表面的距离参照表 2-13。

表 2-13　火焰割嘴到工件表面的推荐距离

材料厚度/mm	3～10	10～25	25～50	50～100	100～200	200～300	>300
割嘴到工间距离/mm	2～3	3～4	3～5	4～6	5～8	7～10	8～12

e. 火焰切割倾角。割嘴与割件间的切割倾角直接影响切割速度和后拖量。切割倾角的大小主要根据工件厚度而定,工件厚度在30mm以下时,后倾角为20°～30°；工件厚度大于30mm时起割时为5°～10°的前倾角,割透后割嘴垂直于工件,结束时5°～10°的后倾角。图2-21所示为切割倾角示意图。

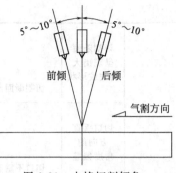

图 2-21　火焰切割倾角

4) 火焰切割常见质量问题

在实际生产过程中,火焰切割质量缺陷有如下几种：边缘缺陷,切割断面缺陷,挂渣、裂纹等,见表2-14所示。

表 2-14　数控火焰切割缺陷

上边缘切割质量缺陷	上边缘塌边	边缘熔化过快,造成圆角塌边	切割速度太慢,预热火焰太强； 割嘴与工件之间的高度太高或太低；使用的割嘴号太大,火焰中的氧气过剩
	水滴状熔豆串	在切割的上边缘形成一串水滴状的熔豆	钢板表面锈蚀或有氧化皮； 割嘴与钢板之间的高度太小,预热火焰太强； 割嘴与钢板之间的高度太大
	上边缘塌边并呈现房檐状	在切口上边缘,形成房檐状的凸出塌边	预热火焰太强； 割嘴与钢板之间的高度太低； 切割速度太慢,割嘴与工件之间的高度太大,使用的割嘴号偏大,预热火焰中氧气过剩
	切割断面的上边缘有挂渣	切口上边缘凹陷并有挂渣	割嘴与工件之间的高度太大,切割氧压力太高； 预热火焰太强
切割断面凹凸不平,即平面度差	切割断面上边缘下方,有凹形缺陷	在接受切割断面上边缘处有凹陷,同时上边缘有不同程度的熔化塌边	切割氧压力太高； 割嘴与工件之间的高度太大；割嘴有杂物堵塞,使风线受到干扰变形
	割缝从上向下收缩	割缝上宽下窄	切割氧压力太高； 割嘴与工件之间的高度太大；割嘴有杂物堵塞,使风线受到干扰变形
	割缝上窄下宽	割缝上窄下宽,成喇叭状	切割速度太快,切割氧压力太高； 割嘴号偏大,使切割氧流量太大
	切割断面凹陷	在整个切割断面上,尤其中间部位有凹陷	切割速度太快； 使用的割嘴太小,切割压力太低,割嘴堵塞或损坏； 切割氧压力过高,风线受阻变坏

			续表
切割断面凹凸不平，即平面度差	切割断面呈现出大的波纹形状	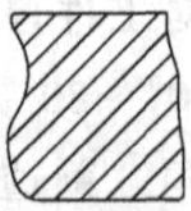 切割断面凸凹不平，呈现较大的波纹形状	切割速度太快； 切割氧压力太低，割嘴堵塞或损坏，使风线变坏； 使用的割嘴号太大
	切口垂直方向的角度偏差	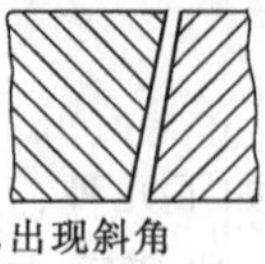 切口不垂直，出现斜角	割炬与工件面不垂直； 风线不正
	切口下边缘成圆角	 切口下边缘有不同程度的熔化，成圆角状	割嘴堵塞或者损坏，使风线变坏； 切割速度太快，切割氧压力太高
	切口下部凹陷且下边缘成圆角	 接近下边缘处凹陷并且下边缘熔化成圆角	切割速度太快，割嘴堵塞或者损坏，风线受阻变坏
切割断面的粗糙度缺陷	切割断面后拖量过大	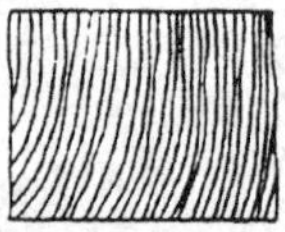 切割断面割纹向后偏移很大，同时随着偏移量的大小而出现不同程度的凹陷	切割速度太快； 使用的割嘴太小，切割氧流量太小，切割氧压力太低； 割嘴与工件的高度太大
	在切割断面上半部分，出现割纹超前量	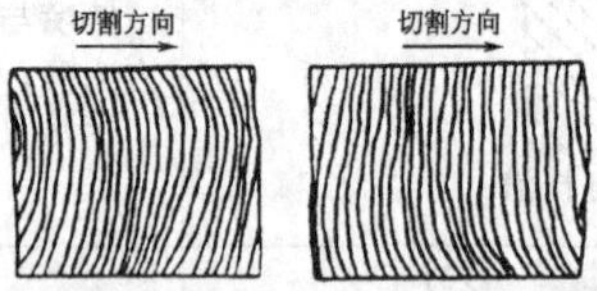 在切割断面上半部分，出现割纹超前量	割炬与切割方向不垂直，割嘴堵塞或损坏； 风线受阻变坏
	在切割断面下半部分，出现割纹超前量	在靠近切割断面下边缘处出现割纹超前量太大	割嘴堵塞或损坏，风线受阻变坏； 割炬不垂直或割嘴有问题，使风线不正、倾斜

(3) 精细等离子切割下料

1) 精细等离子切割原理

精细等离子切割利用高能量的等离子弧和高速的等离子流，将熔化的金属从割口中吹走，形成连续割口。精细数控等离子切割有表面质量好、速度快等优点，主要用于碳钢板、不锈钢的切割。其缺点是等离子切割时产生毒烟和粉尘；等离子弧会灼伤眼睛；切割噪声会有损听力；切割45mm以上的钢板比较困难；板厚方向会产生1.5°的斜度。

精细等离子切割特点：精细等离子切割优点是板厚40mm以内有一定的速度优势，适合切割板厚3～40mm以内的零件；相比数控火焰切割，其热影响区小。但是因为在切割面斜度较大，一般留加工量切割。有激光切割设备时，精细等离子切割18～40mm板厚的零件。

2）精细等离子切割设备

精细等离子切割装备实物切割现场如图 2-22 所示。其离子切割技术规格如下：切割工作区域 $\geqslant 3000\text{mm} \times 9000\text{mm}$；碳钢切割厚度 $\leqslant 40\text{mm}$；定位精度 $\pm 0.1\text{mm}$；重复定位精度 $\pm 0.05\text{mm}$。

3）精细等离子切割工艺

① 图纸及程序准备。精细等离子切割编程基本上同数控火焰切割机类似。

图 2-22　龙门式精细等离子切割机

a. 精细等离子切割只能切割平板件。所以根据设计图编制平板件切割程序，按展开图编制成型件切割程序。

b. 精细等离子切割机编程注意事项：

Ⅰ. 编程时起弧、收弧点的位置选择和处理。编程时注意起弧点的位置选在废料上，通过打孔和引入线切入零件轮廓线。根据板厚和材料选择好切割起弧位置和引入线的长度。对于一般冲压件内、外轮廓起弧，按图 2-23、图 2-24 方式起弧引入。图 2-23 方式外轮廓容易引起切割缺陷，缺陷形式为少肉（即出现大小不一的凹陷），为此，最好按图 2-24 方式引入，留工艺凸台，最终切割打磨。对圆弧轮廓件也是如此。

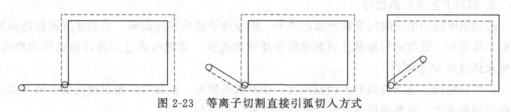

图 2-23　等离子切割直接引弧切入方式

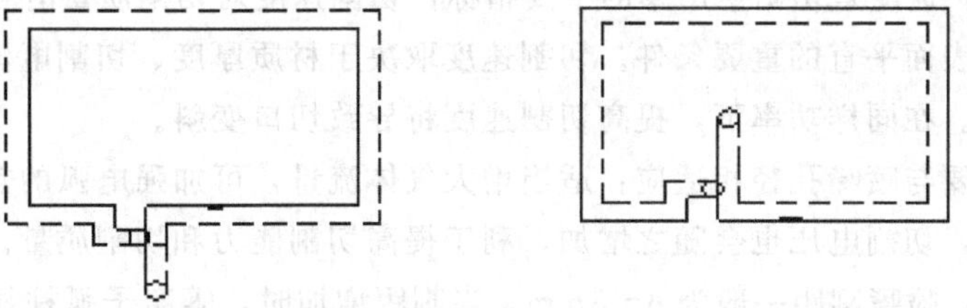

图 2-24　等离子切割留工艺凸台起弧切入方式

Ⅱ. 拐角的处理。熔化切割方式对拐角处切割时容易形成圆弧钝边，允许工艺上增加 $\leqslant R1 \sim R2$ 的圆角过渡。

Ⅲ. 切割件的槽、孔的最小尺寸与板厚有关，一般按图 2-25 所示方案执行。

Ⅳ. 间距设置。精细等离子切割时由于切割弧柱的直径、切割速度、切割板厚的影响，零件之间留的间距与其他切割方式不同，见表 2-15。

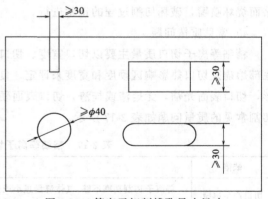

图 2-25　等离子切割槽孔最小尺寸

表 2-15 精细等离子切割边距、间距及最小孔径

机床	料厚 δ/mm	切割材质	边距/mm	间距/mm	切割最小孔径/mm	备注
精细等离子	$\delta \leq 10$	碳钢	8~10	18~20	$\phi 40$	切割有孔零件时,允许在易出现缺陷处留工艺尖
	$12 \leq \delta \leq 16$	碳钢	8~10	20~25		

Ⅴ.加工余量。粗糙度值小于等于 $Ra25\mu m$,留加工量切割,加工余量大小见表 2-16。粗糙度值大于 $Ra25\mu m$,直接切割到设计尺寸。

表 2-16 数控等离子切割预留加工余量

序号	板厚 t/mm	外形尺寸/mm		
		≤ 1000	<1000~≤ 2000	<2000~≤ 4000
		留量大小 B_z/mm		
1	$2 \leq t \leq 10$	4.5	4.5	4.5
2	$10 < t \leq 20$	5	5.5	6.5
3	$20 < t \leq 30$	6.5	7	8

② 材料准备。为了稳定电弧,精细等离子切割钢板最好预先将钢板打砂处理。

③ 切割工艺参数的选择

a.切割电流和电压决定等离子弧的功率,随等离子弧功率的提高,切割速度和切割厚度均可相应增加。通常根据板厚及切割速度选择切割电流。切割电流过大易烧损电极和喷嘴,产生双弧形成 V 形割口。

b.切割电压:电压提高利于切割厚板,切割效果较好,虽然可以通过提高电流增加切割厚度及切割速度,但单纯增加电流会使弧柱变粗,切口加宽。

c.切割速度:速度是切割生产率的主要指标,切割速度对切割质量有较大影响,合适的切割速度是切口表面平直的重要条件。切割速度取决于材质厚度、切割电流、气体种类及流量、喷嘴结构等。在同样功率下,提高切割速度将导致切口变斜。

d.气体流量要与喷嘴孔径相适应:适当增大气体流量,可加强电弧的热压缩效应,使等离子弧更加集中,切割电压也会随之增加,利于提高切割能力和切割质量。

e.喷嘴割距:喷嘴割距一般为 6~8mm。当割距增加时,等离子弧柱显露在空间的长度增加,导致有效热量减少,还增加了出现双弧的可能性。当距离过小时,喷嘴与工件间易短路而烧坏喷嘴,破坏切割过程的正常进行。

4) 常见质量问题

精细等离子切口质量主要以切口宽度、切口垂直度、切口表面粗糙度、切纹深度、切口底部熔瘤及切口热影响区硬度和宽度来评定。良好切口的标准是宽度要窄,切口横断面呈矩形,切口表面光洁,无熔渣或挂渣,切口表面硬度应不妨碍切割后的机械加工。精细等离子切割常见的质量问题如表 2-17 所示。

表 2-17 精细等离子切割常见质量问题

缺陷	产生原因
切口产生熔瘤	等离子切割功率不够,气体流量过小或过大,切割速度过慢,切割薄板时窄边导热慢,电极偏心或割炬在切口中有偏斜,在切口的一侧就出现熔瘤
切口太宽	电流太大,气体流量不够,电弧压缩不好,喷嘴孔径太大,喷嘴高度过大

续表

缺陷	产生原因
切割面不光洁	工件表面有油脂、污垢或锈蚀等,气体流量过小,切割速度不均匀或喷嘴高度上下波动
割不透	等离子弧功率不够,切割速度太快,气体流量太大,喷嘴高度过大

2.3.3.3 打磨

打磨是指去除产品工件表面的毛刺、熔渣、氧化皮等缺陷,使之光滑,便于继续加工或达到成品要求。切割件的毛刺和熔渣如图2-26所示。

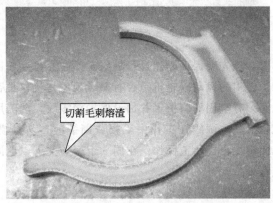

图 2-26 等离子切割件熔渣、毛刺

(1) 打磨工具和工装

① 打磨工具 打磨工具通常有普通锉刀、刮刀、砂纸、安装千叶片或者圆形砂轮片的风动（电动）打磨工具等。由于转向架构架零件都是些厚板切割下料件,毛刺和熔渣比较多,大都采用砂轮机打磨。如图2-27所示为风动砂轮机和砂轮片。

(a) 风动砂轮机

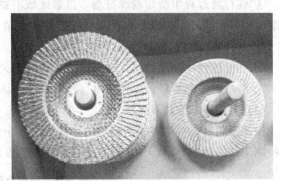
(b) 砂轮片

图 2-27 风动砂轮机及砂轮片

② 打磨工装 使用工装的目的是安全和环保。图2-28所示为打磨工作台,打磨平台两端安置活动台虎钳,位置可调,平台上有磁力吸盘。打磨过程中90%以上的粉尘都被吸尘处理装置吸走。

(2) 打磨方法

打磨熔渣毛刺一般使用手持式砂轮机。手持式砂轮机按动力来源分为风动砂轮机和电动砂轮机,打磨片则有砂轮片和千叶片两种,一般选择80目打磨片。在使用手持式砂轮机

图 2-28 打磨工作台

进行熔渣毛刺打磨操作时,首先要保证操作过程的安全问题。打磨前需要检查周边除尘设备和打磨工具是否有故障,使用的风动砂轮机是否有漏风现象,接口是否牢固,防护罩是否完整。手持式电动砂轮机必须有牢固的防护罩并加设保护接零线,或配用漏电保护器,并遵守电动手砂轮安全操作规程。如电源线在工作中受损或断裂时,勿触摸导线,应马上拔出插头。勿将手持式砂轮机固定在台虎钳上操作。在同一个区域两人以上同时施工时,不准相对方向作业,以防止发生意外。

打磨过程具体操作要求如下。

① 工作时必须戴好防护口罩(或防护面罩)及防护眼镜。

② 工作前,应检查打磨工具有无损坏,安全防护装置是否完好,通风除尘装置是否有效。零件固定装置是否完好。

③ 打磨时,应先启动吸尘装置,把零件放置在打磨工作台上并固定,然后使用手持式风动(电动)砂轮机开始打磨操作。

④ 在打磨过程中沿切割线打磨,打磨区域不要过大,尽可能限制在毛刺周边小的区域。打磨时不得用力过猛,以防伤及母材和工件的棱角。

⑤ 在打磨操作时要随时注意周边环境,严禁有人站在砂轮机正面,以防砂轮片破裂伤人。

⑥ 作业过程中如果砂轮片被卡住,必须马上关闭机器。

⑦ 打磨工作完毕后,应切断电(风)源,确认砂轮停转后,方可离开岗位。

(3) 毛刺检测方法及要求

检测毛刺时,首先将去毛刺后的工件清洗干净并吹干,内部毛刺在必要时可剖开,根据被检测工件的性能要求、外观等方面选择适宜的方法。毛刺的检测方法如表 2-18 所示。

表 2-18 毛刺检测方法

名称	方法步骤	应用范围
手感法	用手抚摸去除毛刺部分,凭手感来决定,如果有挂碰感觉(挡手),认为毛刺还没有完全清除	适应于一般要求不高的产品
目测法	内部毛刺可剖开,用肉眼观察	适应于外观和内部有一定精度要求产品

2.3.3.4 校平

材料因轧制的残余应力或后续加工过程引起变形,吊装、运输、存放不当也会引起变形,使用前应对材料进行校平。校平原理是通过施加外力或加热作用(热胀冷缩),使材料的较短部分纤维伸长或较长部分纤维缩短，最后使各层纤维的长度趋近相等。

校平方法有以下几种：根据校平时是否加热分为冷校平和热校平；根据校平时作用力的来源与性质分为手工校平、机械校平和火焰校平等。现在常用的是机械式冷校平。钢板的机械冷校平工艺有三种：校平机辊式校平、液压机三点校平、摩擦压力机校平。

(1) 校平机辊式校平

1) 校平工艺原理

板材弯曲分为平面（二维）弯曲和空间（三维）弯曲，如图2-29所示。

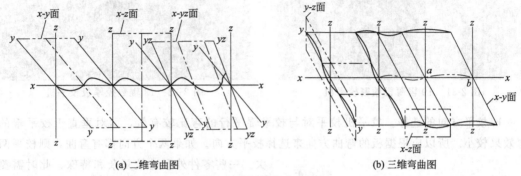

(a) 二维弯曲图　　　　　(b) 三维弯曲图

图 2-29　板材弯曲的类型

板材辊式校平原理是使金属板在上下交错排布的一组校平辊作用下产生反复的交变塑性变形，使之内部的金属纤维拉长，达到平整状态，如图2-30所示。

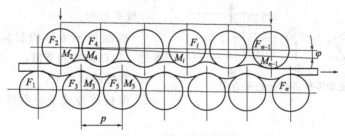

图 2-30　板材辊式校平原理

2) 校平设备

冲压件的校平设备，按工件的厚薄分别采用薄板校平机和厚板校平机两种设备。

薄板校平机如图2-31所示。该设备为19辊精密校正，校平板厚0.5～8mm，校直辊的调节准确性±0.01mm。校平的平面度为0.5mm/m²。厚板校平机外形图如图2-32所示，该机为13辊精密校正，校平板厚6～22mm，矫平的平面度为0.5mm/m²。

3) 辊式校平工艺

① 校平板材规则　校平机对校平的板材和形状的要求如下：

a.材料的力学性能，材料的屈服强度不能超过设备能承受的极限；

b.材料的最小长度：材料长度至少能跨3个下辊；

c.材料外形避免出现内凹尖角等应力集中点，容易产生裂纹；

d.校平机校平板厚跨度小于10mm。

② 校平操作守则

a.根据材料厚度，选择校平机进、出口侧的数值。对于不同材料、不同形状的零件，进、出口侧的数值将会不同。屈服强度高、截面大的零件，进口侧调节值应大一些。一般情况下入口侧调节值为小于板厚，出口侧调节值等于板厚。

图 2-31 19 辊薄板精密校平机

图 2-32 13 辊数控厚板校平机

b. 校平方向的选择。校平机校平对与校平辊平行的弯比较有效，而对垂直于校平辊的弯效果较小。所以应根据板的弯曲方向来选择校平方向。如果两个方向都有弯曲，则校平两次。一些零件外形比较复杂和特殊，此时需要在满足长度和宽度尺寸的前提下选择校平方向。原则是校平不能破坏零件的几何形状尺寸。图 2-33 所示为部分复杂零件的优选校平方向。

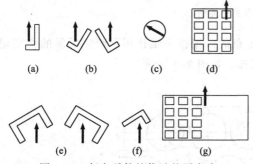

图 2-33 复杂零件的优选校平方向

c. 校平过程。

Ⅰ. 根据校平零件的材料、厚度和形状，选择进、出口侧的调节值；

Ⅱ. 首件的试校平；

Ⅲ. 根据首件校平检测结果，修正进、出口侧的调节值；

Ⅳ. 二次试校平、检测、修正，经过数次调整，确定最终的进、出口侧的数值。

Ⅴ. 进行批量校平生产。

4) 辊式校平质量标准及检测要求

零件校平质量标准参照表 2-19。对校平零件的平面度要进行 100% 检测。通过检测，将超出标准的不合格零件进行二次或多次校平处理，直到零件平面度达到要求为止。

表 2-19 校平标准

基本尺寸/mm	钢板厚度/mm		
	≤3	>3~8	>8~18
	极限偏差/mm		
≤500	1.0	1.0	1.0
>500~1000	1.5	1.5	1.5
>1000~1500	2.0	2.0	2.0
>1500~2500	2.5	2.5	2.5
>2500~4000	3.0	3.0	3.0

5）校平过程质量问题及解决方法

厚板零件校平时,零件的端部或尖角易出现压痕,校平时通过调整辊子开口度及进料口设置来缓解压痕程度,压痕允许极限偏差为板材厚度公差的下偏差。校平过程中因校平辊上粘有杂质,对板料表面产生压痕,必须及时清理校平辊。对于零件宽度方向的波浪弯,校平时调整辊子开口度及进料口设置,先将零件滚出弧形后,返回再进行校平。

(2) 液压机三点校平

对超过一定板厚的工件,采用辊式校平无法实现,此时应采用压力机三点校正方法进行校平,如图 2-34 所示。

液压机点压校平方法效率较低,但是非常有效,对于减小后续工序的加工量有很好的作用。为了避免设备的压力吨位不足问题,实现小吨位调平厚板,可以预先切割成一定宽度条料,进行单方向的弯曲调平,大大减少调修工作量并提高工作效率。

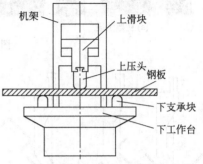

图 2-34 校直液压机校平厚板示意图

(3) 摩擦压力机校平

零件尺寸较小的板材、型材件,在冲压过程中也存在变形,但由于件小,无法用校平机校平,此时可以利用摩擦压力机的锤击效果强制进行镦平。图 2-35 为摩擦压力机校正的三种常见方式:多层薄板重叠校平、厚板镦平和加工艺垫铁校平。多层薄板重叠在一起校平适合于薄板,把变形件摞在一起放在摩擦压力机平模上锤击镦平。厚板镦平是把厚板件直接放在摩擦压力机平模上锤击镦平。对于一些面积较大件局部不平,在不平处放工艺垫铁局部镦平。

(a) 多层薄板重叠在一起校平　　(b) 厚板镦平　　(c) 加工艺垫铁

图 2-35 摩擦压力机校平的三种方式

2.3.3.5 成型

(1) 折弯成型

1) 折弯成型原理

折弯是利用折弯机上的模具把金属板材弯成一定角度的方法,如图 2-36 所示。折弯主要完成直线弯曲,一个行程折成一道弯,可对回弹量进行最佳控制。轨道客车生产中 90% 以上的成型是折弯成型。

折弯工艺的优点:主要用于板材的直线弯曲成型,模具结构简单,使用通用模具弯曲成型任意角度,柔性好,成本低;折弯成型过程中弯曲角度和回弹容易控制,仅依靠滑块行程可以最大限度地控制成型角度和回弹量。缺点是一次只成型一个弯,效率低。图 2-37 所示为典型折弯成型件断面及折弯示意图。

(a) 初始阶段　　　　　　　　(b) 弯曲阶段　　　　　　　　(c) 终了阶段

图 2-36　折弯的三个阶段

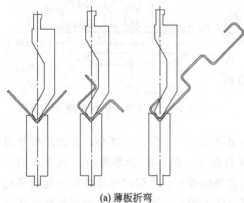 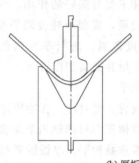 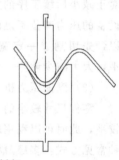

(a) 薄板折弯　　　　　　　　　　　　　　　　(b) 厚板折弯

图 2-37　薄板和厚板的折弯成型件断面示意图

2) 折弯成型设备和模具

① 折弯成型设备　折弯成型工艺所用设备为数控折弯机。图 2-38 中的数控折弯机主要参数：工程压力为 320t，工作台长度为 3200mm，装模高度为 600mm，滑块行程为 170mm。

图 2-38　数控折弯机

② 折弯成型模具　折弯成型模具结构有多种，上模（凸模）为单弧式，下模（凹模）分为单槽式和多槽式，如图 2-39 所示。

3) 折弯成型工艺

① 折弯件的工艺性分析

a. 折弯半径要求。折弯件的弯曲半径不能小于所选材料的最小弯曲半径，否则折弯件会产生裂纹而报废。轨道客车常用材料折弯半径推荐值参见表2-20。

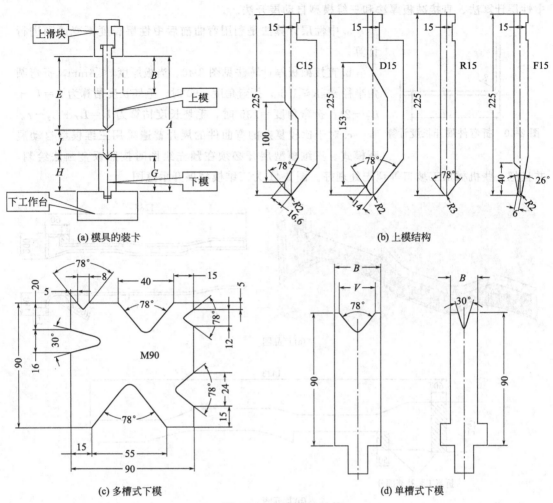

图 2-39 折弯模具结构

表 2-20 轨道客车常用材料的最小弯曲半径　　　　　　　　　　　　　　　　　　　mm

材料牌号	弯曲方向	板厚/mm											
		>3 ≤4	>4 ≤5	>5 ≤6	>6 ≤7	>7 ≤8	>8 ≤10	>10 ≤12	>12 ≤14	>14 ≤16	>16 ≤18	>18 ≤20	>20 ≤25	>25 ≤30
Q235	t	5	6	8	10	12	16	20	25	28	36	40	50	60
	l	6	8	10	12	16	20	25	28	32	40	45	55	70
Q275 S275	t	5	8	10	12	16	20	25	28	32	40	45	55	70
	l	6	10	12	16	20	25	32	36	40	45	50	60	75
Q345 S355	t	6	8	10	12	16	20	25	32	36	45	50	65	80
	l	8	10	12	16	20	25	32	36	40	50	63	75	90

注：t 表示垂直于轧制方向弯曲，l 表示平行于轧制方向弯曲；以上数据适合于90度角的弯曲。

b. 折弯件的工艺性补偿。折弯件的工艺补偿包含以下两种情况：弯曲件立边高度不足，不能搭上下模两个支点，不能弯曲，需要加高立边；弯曲件形状复杂，左右不对称，弯曲线在曲线上，直角弯曲会产生旁弯等缺陷，需要预先补齐缺肉部分，弯曲后再加工。

② 展开尺寸计算和展开图的绘制　轨道客车冲压件折弯坯料展开计算方法分为三种，中性层计算法、直接减板厚法和三维模型自动展开法。

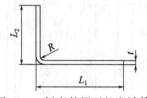

图 2-40　折弯件展开长度计算

a. 中性层计算法是利用弯曲前后中性层长度不变原则进行计算。

b. 直接减板厚计算法见图 2-40。当板厚度 $t \leqslant 6\mathrm{mm}$，折弯圆角半径 $t \leqslant R \leqslant 1.5t$，折弯角度 $=90°$ 时，毛坯长度估算为 $L=L_1+L_2-2t$；折弯角度 $=135°$ 时，毛坯长度估算为 $L=L_1+L_2-t$。

c. 对于比较复杂的弯曲件的展开普遍采用三维模型自动展开模式。三维模型展开必须在预先绘图时按照钣金画法绘制，并且把一些机械加工坡口等预先处理好。图 2-41 为三维模型展开示意图。

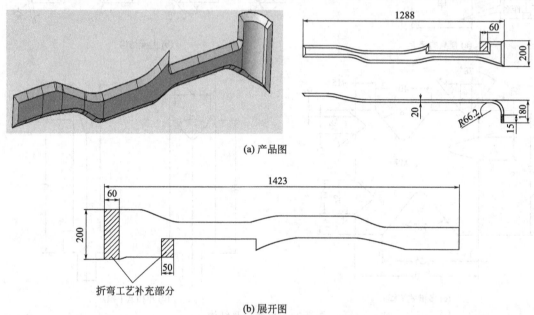

图 2-41　折弯件三维模型展开示意图

③ 折弯设备和折弯模具

a. 折弯设备。折弯设备主要根据折弯力来选择，折弯力计算方法如下：

$$P=1.42LTS^2/(1000V) \tag{2-1}$$

式中，P 为折弯力，kN；L 为折弯件长度，mm；T 为抗拉强度，N/mm²；S 为板厚，mm；V 为模具槽宽度，mm，一般取 8~10 倍板厚。

图 2-42 为折弯力计算及最小翻边高度示意图。折弯最小翻边高度 B 与折弯角度有一定关系，参见表 2-21。折弯圆角半径 R 取为 $5V/32$。

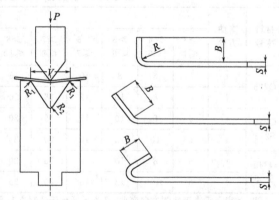

图 2-42　折弯力计算及最小翻边高度示意图

表 2-21　折弯弯曲角度与最小翻边高度的关系

折弯弯曲角度	最小翻边高度 B/mm
165°	0.58V
135°	0.60V
120°	0.62V
90°	0.65V
60°	0.80V
45°	1.00V
30°	1.30V

b. 折弯模具。

Ⅰ. 折弯上模的选择。折弯上模的选择主要考虑折弯件的弯曲半径和折弯过程中是否存在干涉。如图 2-43(a) 中的半径 R 与零件弯曲半径一致，考虑到回弹，角度 α 应小于零件的弯曲角度。如图 2-43(b) 和 2-43(c) 则需考虑折弯时零件是否与模具干涉。

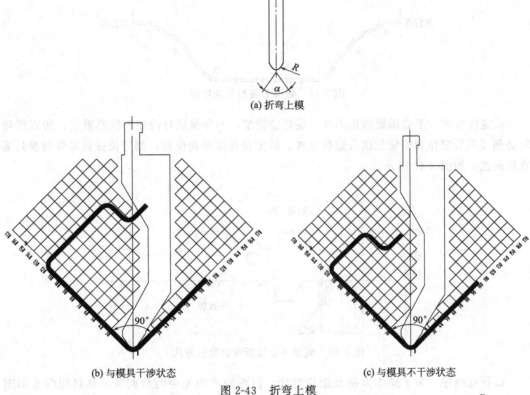

(a) 折弯上模

(b) 与模具干涉状态　　　　　　　(c) 与模具不干涉状态

图 2-43　折弯上模

Ⅱ. 折弯下模的选择。折弯下模的选择考虑板厚与下模 V 口尺寸的关系，一般情况下 V 口宽度为板厚的 8～10 倍，并且应考虑到回弹角度 α 应小于零件的弯曲角度，如图 2-44 所示为折弯下模。

4) 构架冲压件生产实例

① 构架侧梁下盖板折弯成型　图 2-45 所示为侧梁下盖板，材料为 12mm 厚的 S355J2G3 钢板。

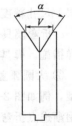

图 2-44　折弯下模

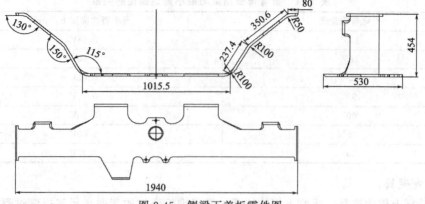

图 2-45 侧梁下盖板零件图

侧梁下盖板制造工艺流程为钢板表面喷砂除锈→激光切割下料→打磨毛刺→加工坡口→折弯成型。定位方式、折弯顺序和折弯模具是三个主要因素。图 2-46 中的数字表示折弯顺序，折弯时定位点在两端。

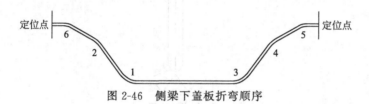

图 2-46 侧梁下盖板折弯顺序

a. 定位方式　下盖板属细长类件，端定位较窄，不易保证弯曲线与模具垂直，所以折弯时必须采用后定位和侧定位组合定位方式。后定位保证弯曲位置，侧定位保证零件与模具垂直往前送，如图 2-47 所示。

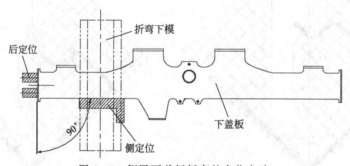

图 2-47 侧梁下盖板折弯的定位方法

b. 折弯顺序　为了操作方便及定位准确，折弯顺序为先中间后两侧。坯料用激光切割下料，尺寸精度较高，分别用两端定位，累计误差较小。

c. 折弯模具　折弯成型的回弹量通过控制折弯机滑块行程来保证，模具上没有采取控制回弹措施。模具结构如图 2-48 所示。

② 大圆弧盖板的折弯成型　由于压力机闭合高度的限制，一些大圆弧盖板无法用模具成型，例如图 2-49 的构架侧梁上盖板，其成型圆弧半径为 $R214$mm 和 $R350$mm。此时可以采用渐进点折弯成型。选用的模具是小圆弧模具，通过多次折弯，成型大圆弧。若直接做大圆弧折弯模具，上模尺寸太大，质量重，上模装卡困难，所以采用小圆弧模具多次折弯法来

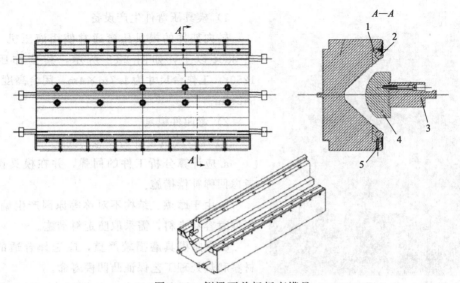

图 2-48 侧梁下盖板折弯模具

1—压柱座；2—闸胎柱；3—上闸胎座；4—上闸胎；5—下闸胎

实现，即把大圆弧分解成几个小段，使用小模具分段成型。图 2-50 为使用的 $R150\text{mm}$ 上凸模，下模 V 槽宽度为 300mm。图 2-51 为上盖板的展开图，双点划线位置为折弯点，$R214\text{mm}$ 点压 5 次完成，$R350\text{mm}$ 点压 7 次完成。

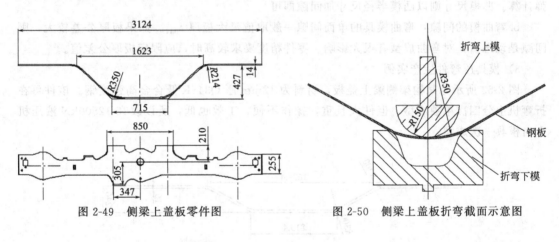

图 2-49 侧梁上盖板零件图　　　　图 2-50 侧梁上盖板折弯截面示意图

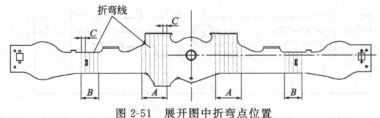

图 2-51 展开图中折弯点位置

（2）模具成型

与折弯方法比较，模具成型效率高，一次成型，并且还能保证质量，用于转向架构架冲压件中的侧梁上、下盖板成型。

1) 模具压弯件生产设备

转向架的模具压弯通常使用液压机,其规格800t以上,如图2-52所示,其公称压力为1250t,工作台尺寸为1.7m×4m,闭合高度375~645mm。

2) 弯曲件模具

① 压弯模具设计需注意的问题

a. 应计算分析工件的回弹,并在模具设计上考虑回弹补偿措施。

b. 由于摩擦、结构不对称等原因产生偏心力,压型时容易走料,需采取防走料措施。

c. 弯曲模具磨损较严重,应选择合适的模具材料和热处理工艺保证凸凹模寿命。

d. 模具结构应简单、价格适中。对盖板类大型件模具的材料、加工等应基于低成本选择,可适当增加一些调修工序作为补充工艺。

图2-52 模具压弯用液压机

② 弯曲模具工作部分设计

a. 凸模和凹模的结构参数:回弹量取决于凸模圆角半径 R_T 和成型角度,首先要进行回弹计算。凹模尺寸则以凸模半径尺寸加间隙即可。

b. 弯曲模的间隙:弯曲模具的单面间隙一般取值最大板厚 t_{max}。如果板厚公差较大,则间隙是动态值,对弯曲成型有很大影响。零件精度要求较高时,应限定板厚公差值。

3) 模具压弯件生产实例

图2-53所示为某构架侧梁上盖板,材料为12mm厚Q345R低合金高强度钢。该件可在折弯机上分四次单独成型,但件大且重,操作不便,工效也低,所以改在12500kN液压机上由模具一次成型。

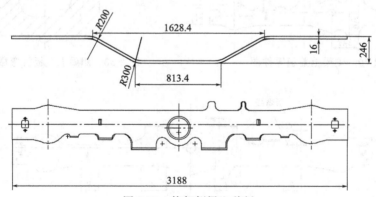

图2-53 构架侧梁上盖板

工艺过程为:精细等离子切割下料—校平—加工外形和坡口—模具压型—调修。该件的压型模具结构如图2-54所示。

由于原材料力学性能波动和板厚公差等的影响,此类件经模具压弯后形状产生波动,需增加后续调修工序。通常采用折弯机点压调修与工装调修相结合的调修方法。原则上先将折

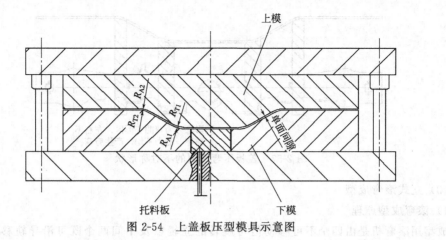

图 2-54 上盖板压型模具示意图

弯模具制成负角,在调修工装上放大角度相对方便。此类件宽度方向应尽可能对称,否则模具压型后会产生侧弯,对侧弯需要热调。

4)常见质量问题

盖板类零件模具压型常见质量问题是回弹、材料跑偏、旁弯等。

① 回弹 钢板模具弯曲成型始终伴随着回弹。一般在模具设计时在结构上给予一定的补偿,通过补偿能做到消化大部分回弹量。但是由于钢板制造过程中各种因素的影响,材料的板厚、力学性能有一定的偏差,产生的回弹量不同,解决措施是增加调修工序。图 2-55 所示为盖板外形检测出回弹引起的间隙。

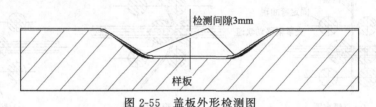

图 2-55 盖板外形检测图

② 材料跑偏 压型过程中材料跑偏导致压型件对称度超差,零件不能使用。产生原因是压型过程中模具没有预先夹紧材料,材料无限制下跑偏。解决措施是改进模具结构,利用液压垫进行托料,与上模先接触预先夹紧状态下弯曲成型,如图 2-56 所示。

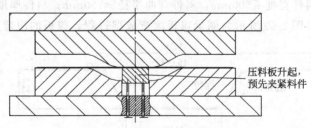

图 2-56 改进后的压弯模具

③ 旁弯 侧梁上、下盖板模具压型时产生旁弯的原因是料件弯曲线两侧形状不对称,如图 2-57 所示,压型时两侧变形量不同,松开后弯曲线产生偏移。解决措施是:压型时根据毛坯料的外形模具上限制材料变形;预先在毛坯料上进行形状对称化处理,成型后多余料加工掉。

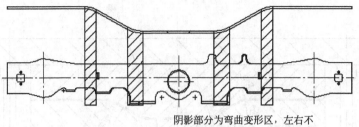

阴影部分为弯曲变形区，左右不对称，受力不均，产生旁弯

图 2-57　盖板压弯两侧的不对称形状

(3) 立式滚弯成型

1) 滚弯成型原理

成型用滚弯机是由四个不可移动但可旋转的立辊以及中间两个既可沿导轨移动又可旋转的立辊组成的。如图 2-58 所示，中间两个立辊的作用是将坯料夹紧后，通过程序控制其沿导轨左右移动，当料件接触固定立辊后继续移动，料件开始变形，当达到需要的变形量后，通过程序控制四个立辊旋转，从而使变形的区域扩大，即变形的弧长变长，弯曲成需要的圆弧。通过程序多次进行夹紧辊的左右移动，最终将坯料弯曲成为需要的形状。

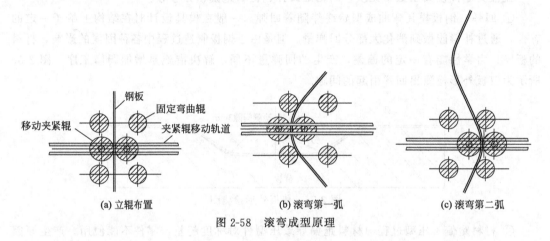

图 2-58　滚弯成型原理

2) 滚弯工艺及成型实例

立式滚弯应用于转向架构架侧梁上、下盖板的成型，使用 PPB 100-16 立式液压滚板机，设备加工范围为：料件宽度≤500mm；料件弯曲半径≥150mm；料件厚度≤18mm。图 2-59 为侧梁盖板示意图，图 2-60 所示为侧梁盖板滚弯成型过程。盖板的滚弯成型分为两次，先

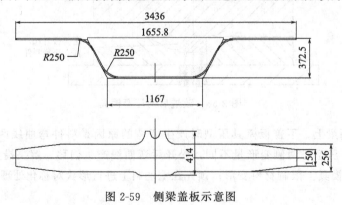

图 2-59　侧梁盖板示意图

成型左边的 S 形，再成型右边的 S 形，成型开始时的端点定位很关键。

滚弯成型方法的优点是不需模具，根据图纸形状编程即可。缺点是因设备精度、板厚公差的影响，容易产生旁弯，调试难度大。

3）常见质量问题

① 尺寸偏差 板与辊子打滑造成尺寸偏差。为此需要对辊表面进行喷丸处理，增加摩擦力。

② 产生旁弯 由于立辊平行度问题和工件左右不对称，在工件滚弯成型时容易产生旁弯。此时需要对工件旁弯进行火焰调修。

图 2-60 侧梁盖板滚弯成型

(4) 三种弯曲成型方法的比较

实际生产中要根据零件的形状、生产批量、设备资源等条件选择弯曲工艺方法。表 2-22 说明了三种弯曲成型方法的适应范围及优缺点。

表 2-22 三种弯曲成型方法比较

项目	模具压型	折弯机折弯成型	滚板机滚弯
适用范围	1）产量比较大的件，适合模具成型； 2）其他方法无法成型的件采用模具压型	1）适合小圆弧直线弯曲件的成型； 2）适合小批量试验件的生产	适合大圆弧件的弯曲成型
优点	1）一次成型，生产效率高； 2）质量好	1）通用模具成型，投资小； 2）质量好	1）效率较高； 2）模具投资小、成本低
缺点	1）模具投资成本较大； 2）试模比较困难，调试用料较多	1）一次仅成型一个弯，效率较低； 2）对工人的技能要求较高； 3）人工操作，劳动强度大	1）编程困难，调试用料较多； 2）容易产生旁弯，需要调修

2.4 转向架构架组焊

2.4.1 转向架构架焊接制造的原则

2.4.1.1 质量标准体系

转向架制造企业必须通过 ISO 9000 质量管理体系认证，等同国内标准 GB/T 19000—2016；转向架构架作为铁路客车上的部件，必须满足 ISO 22163 国际铁路行业质量管理体系认证的要求。构架焊接采用的熔化焊方法，必须满足 ISO 3834 金属材料熔化焊的质量要求。企业要具备生产制造资格认证标准，即 EN 15085《轨道应用—轨道车辆及其零部件的焊接》，等同 GB/T 25343—2010。焊缝符号表示法、焊接及相关工艺推荐的焊接坡口、焊接术语、焊接及相关工艺方法代号、焊接及相关工艺金属材料中几何缺陷的分类、技术制图焊缝符号的尺寸、比例及简化表示法等，应当参考有关的国家和国际标准。焊接设备与工装标准有电焊机通用技术条件、电焊机型号编制方法、弧焊设备安全要求、焊接操作机、焊接变位机、焊接滚轮架等。焊工培训与考试标准有 GB/T 15169—2003《钢熔化焊焊工技能评定》、GB/T 19805—2005《焊接操作工技能评定》、ISO 9606-1《焊工资格考试—熔化焊—第 1 部分：钢材》或 EN 287《焊工资格考试—熔焊》、ISO 14732《焊接人员—金属材料机械及自动焊接焊工和电阻焊焊工的考试》或 EN 1418《焊接人员—金属材料机械与自动焊接熔焊焊工和电阻焊焊工的考试》等。焊接安全与卫生标准有 GB 9448—1999《焊接与切割安全》、GB/T 12801—2008《生产过程安全卫生要求总则》等。

2.4.1.2 工艺分析原则

在工艺准备阶段，通过对产品图纸及技术条件的分析，初步制定出整个焊接部件的工艺方案。工艺分析过程中要优先考虑公司自身现有成熟的工艺方法及生产制造资源，确保产品质量，以达到最大的经济性及生产效率。重点要注意以下几点。

① 材质的可焊性，指在一定的焊接工艺条件下能否获得优良焊接接头的性能。材质的可焊性主要取决于其碳当量，碳当量越小其可焊性越好，一般含碳量小于 0.25%（质量分数）的碳钢和低合金钢都具有良好的可焊性。

② 结构的可焊到性，指在一定工艺条件下，根据焊接结构的大小、形状和位置，焊接操作空间能否实现焊接的可能性。为保证焊接质量，必须考虑焊接时有焊枪或焊条的操作空间、合理的焊接角度和位置，同时考虑焊接坡口结构对焊丝、焊条能否送到焊缝根部位置等情况。

③ 焊接接头的合理性。焊接接头形式、坡口尺寸大小、板厚及板厚差等是否符合相关标准并满足具体焊接的需要。

④ 选择正确的焊接顺序，指在一定的焊接工艺条件下，为减小重要结构的焊接内应力和确保关键尺寸的精度及焊缝质量，所选用的焊接先后顺序。一般情况应先进行高应力焊缝的焊接，减小焊缝的内部拘束，保证焊缝的安全可靠；再考虑减小焊接变形。在有内外结构焊缝时，应先内部焊缝、后外部焊缝。

⑤ 焊接变形的反变形量及焊接收缩的放长量。由于受材料、结构和工艺等因素的影响，工件在焊接过程中受到不均衡的加热和冷却，产生一定量的角变形和纵向收缩等变形，从而影响到焊接结构的稳定性和尺寸精度。为此要考虑反变形措施，适量给出角变形的反变形量和收缩的放长量，以弥补结构的缺失。

⑥ 焊接方法及装备的选用。在工艺分析过程中必须要从产品质量、生产效率及制造成本等方面综合考虑，选用合理的焊接方法及装备。

2.4.1.3 焊接工艺制定原则

(1) 制定工艺流程

通过对产品图纸的工艺分析，根据焊接结构及采用的焊接方法、设备工装等情况，合理安排各部件的组焊顺序，制定出整个制造过程的先后工序，同时给出每个工序的具体工作内容。判断工艺流程合理与否，第一要确保焊接结构的质量要求，第二要实现组焊操作的方便性，第三要满足组装焊接的效率和成本目标。

(2) 确定工艺基准

选择工艺基准主要参照以下几个原则：两点定线、三点定面（过长、过大的面可适当增加基准作为参考），尽量不要过定位。工艺基准的选择要遵循上下工序基准统一的原则，以最大程度降低累计误差。工件定位位置要尽量选取在工序间尺寸不变或变化较小的部位，以保证多道工序重复定位的精度，减少累计公差。对于上下工序间无法实现预留尺寸稳定的工艺基准时，可通过额外增加工艺块的方式作为尺寸定位的基准。

（3）制定焊接工艺规程

在焊接生产前，根据焊接结构的材质、板厚、接头及焊接位置等具体情况，判定是否要制定焊接工艺规程（WPS）。若以前制定过相关的焊接工艺规程并认证范围涵盖现产品的材料组别、焊接方法、焊接材料、板厚、接头、焊接位置等，则不需要重新制定焊接工艺规程。否则必须按照 ISO15609-1《金属材料焊接工艺规程及评定—焊接工艺规程—第1部分：电弧焊》标准制定新的焊接工艺规程。

根据焊接原理、焊接技术基础知识和焊接制造经验，制订预焊接工艺规程（pWPS）。预焊接工艺规程内容包括：母材种类、焊接方法、接头设计、焊接位置、接头制备、焊接技能、背面清根、衬垫、焊接材料、焊接电流电压参数及种类、焊接速度、预热温度、道间温度、预热维持温度、焊后热处理、保护气体等。

完成预焊接工艺规程的制订后必须按相应标准要求对其进行评定。评定内容包括：ISO 15610《金属材料焊接工艺规程及评定—基于考核焊材的评定》；ISO 15611《金属材料焊接工艺规程及评定—基于焊接经验的评定》；ISO 15612《金属材料焊接工艺规程及评定—基于标准焊接规程的评定》；ISO 15613《金属材料焊接工艺规程及评定—基于预生产焊接试验的评定》；ISO 15614-1《金属材料焊接工艺规程及评定—焊接工艺评定试验—第1部分：钢的弧焊和气焊、镍及镍合金的弧焊》。生产单位或具备认证资格的机构对上述内容评定合格后出具焊接工艺评定报告（WPQR）。

生产单位根据预焊接工艺规程和焊接工艺评定报告制定正式的焊接工艺规程（WPS）。若主要的制造条件出现变更时，必须重新进行评定。

2.4.2 转向架构架焊接方法、焊缝接头分类及焊接材料

2.4.2.1 焊接方法

转向架构架焊接主要采用熔焊，它利用局部加热使连接处的母材金属熔化，再加入（或不加入）填充金属形成焊缝。

构架焊接常用的方法有熔化极氧化性混合气体保护电弧（MAG）焊、二氧化碳气体保护电弧（CO_2）焊、钨极氩弧（TIG）焊、手工（焊条）电弧焊、药芯焊丝气体保护电弧焊（FCAW）等。MAG焊、CO_2焊目前在转向架构架焊接中普遍采用，对焊接质量要求高时采用MAG焊。TIG焊一般用于焊缝表面质量要求较高时的重熔。手工电弧焊主要用于临时点固或修补等场合。FCAW主要是用于改善焊缝质量，目前逐渐开始推广。

（1）焊条电弧焊

焊条电弧焊是药皮焊条电弧焊的简称，是用手工操纵焊条进行焊接的电弧焊方法，常称手工电弧焊。它利用焊条与工件之间的电弧热熔化焊条端部和工件局部，在焊条端部迅速熔化的金属以细小熔滴经弧柱过渡到工件已经局部熔化的金属中，并与之融合在一起形成熔池，随着电弧向前移动，熔池的液态金属逐步冷却结晶而形成焊缝。焊接过程中，焊条芯是焊接电弧的一个极，并作为填充金属熔化后成为焊缝的组成部分；焊条的药皮经电弧高温分解和熔化而生成气体和熔渣，对金属熔滴和熔池起防止大气污染的保护作用和冶金反应作用；某些药皮加入金属粉末为焊缝提供附加的填充金属。图2-61为手工电弧焊示意图。

1）焊条电弧焊工艺特点

a. 焊条电弧焊设备简单，操作灵活方便，适应性强，可焊到性好，不受场地和焊接位置的限制，在焊条能达到的地方一般都能施焊。

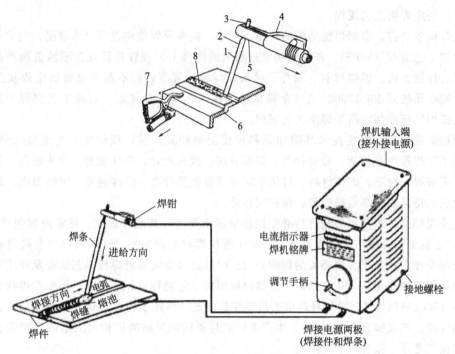

图 2-61 手工电弧焊示意图

1—焊条；2—药皮；3—焊条夹持端；4—绝缘手把；5—焊钳；6—焊件；7—接地夹头；8—焊缝

b. 可焊金属材料范围广。除难熔或极易氧化的金属外，大部分工业用的金属材料均能焊接。

c. 待焊接头装配要求较低，但对焊工操作要求高。焊接质量在一定程度上取决于焊工的操作水平。

d. 劳动条件差，劳动强度大，职业病发病率较高，熔敷速度慢，生产率低，难以实现机械化及自动化。所用焊条直径为 1.6~5mm，长度在 200~450mm 之间，焊接电流一般在 500A 以下。每焊完一根焊条，必须更换焊条，残留一截焊条头未被利用，焊后还必须清渣。

2）焊条电弧焊技术要领

焊条电弧焊由焊接电源、焊接电缆、焊钳、焊条、焊件、电弧构成回路，焊接时采用焊条和工件接触引燃电弧，然后提起焊条并保持一定的距离，在焊接电源提供合适的电弧电压和焊接电流的条件下，电弧稳定燃烧产生高温，焊条和焊件局部被加热到熔化状态。焊条端部熔化的金属和被熔化的焊件金属熔合在一起，形成熔池。在焊接过程中，电弧随焊条不断向前移动，熔池也随之移动，熔池中的液态金属逐步冷却结晶之后便形成了焊缝，两焊件即被焊接在一起。焊条的焊芯熔化后以熔滴的形式向熔池过渡，同时焊条药皮产生一定量的气体和液态熔渣。产生的气体充满在电弧和熔池周围，隔绝空气，起保护作用。液态熔渣密度比液态金属密度小，浮在熔池表面，从而起到保护熔池的作用。熔池内金属冷却凝固时熔渣随之凝固，形成焊渣覆盖在焊缝表面，防止高温的焊缝金属被氧化，且可降低焊缝的冷却速度。在焊接中，液态金属与液态熔渣和气体间进行脱氧、去硫、去磷、去氢和渗合金元素等复杂的冶金反应，可使焊缝金属获得合适的化学成分和组织。

a. 引弧。焊条电弧焊常采用划擦法和直击法引弧。划擦法引弧是将焊条末端对准焊件，手腕扭转一下，使焊条端部在焊件表面上轻轻划擦，然后扭平手腕，并将焊条提起。当电弧引燃后,便将弧长保持在与该焊条直径相适应的范围内。为避免焊件表面被引弧时擦伤,必须在焊缝前端的坡口内划擦引弧。直击法是将焊条的末端对准焊件,手腕下降,轻轻碰一下焊件,随后将焊条提起。等电弧产生后,迅速放下手腕,且使弧长保持在与该焊条直径相适应的范围内。此方法不易掌握,但却是一种理想的引弧方法,焊接淬硬倾向较大的钢材时,最好选用直击法。

b. 基本运条方法。焊接过程中,焊条有三个基本方向的运动:焊条需向熔池方向运动,以维持所要求的电弧长度;焊条横向摆动,以获得一定宽度的焊缝;焊条沿焊接方向移动,以使熔池金属形成焊缝。横向摆动是运条的关键动作,操作时需根据工件材质、焊缝的空间位置、熔池情况灵活使用。横向摆动是为了对焊件输入足够的热量,利于熔渣上浮和气体逸出,并获得一定宽度的焊缝,其摆动范围根据焊件厚度、焊条直径、坡口形式和焊道层次等确定。

c. 收弧的方法。收弧不仅是熄弧,还要填满弧坑,以防止在焊缝末端形成凹陷的弧坑、减弱焊缝接头的强度和产生应力集中,导致弧坑裂纹。常见的收弧方法有画圈收弧法、反复熄弧收弧法、回焊收弧法三种。划圈收弧法是当焊条移到焊缝的终点时,利用手腕动作使焊条末端作圆周运动,直到填满弧坑后再熄灭电弧。此法适用于厚板焊接,对于薄板焊接易烧穿。反复熄弧收弧法是当焊条移动到焊缝末端时,反复在弧坑处熄弧—引弧—熄弧多次,直至填满弧坑。此法适用于薄板焊接或大电流焊接,碱性焊条不宜采用,否则容易出现气孔。回焊收弧法是当焊条移动到焊缝末端时即停止,但不熄弧,适当改变焊条角度。

(2) 钨极氩弧 (TIG) 焊

钨极氩弧焊是使用熔点很高的纯钨或钨合金(钍钨、铈钨)作为不熔化电极的氩气保护焊,故也称不熔化极氩弧焊(或非熔化极氩弧焊)。在惰性气体的保护下,利用钨电极与工件之间产生的电弧热熔化母材和填充(或不填充)焊丝的焊接方法称钨极惰性气体保护焊,简称 TIG 焊。惰性保护气体可采用氩、氦及氩—氦混合气体,最常用的惰性气体是氩气。图 2-62 为手工钨极氩弧焊示意图。

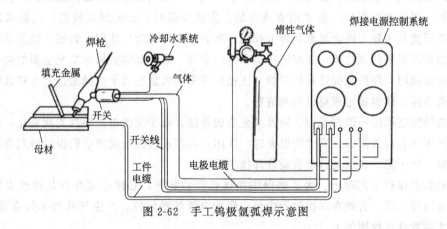

图 2-62 手工钨极氩弧焊示意图

TIG 焊有手工焊、半自动焊和自动焊三种操作方式。手工焊时,焊炬的运动和焊丝的送进由焊工左右手同时操作;半自动焊时,焊炬由手工操作、焊丝由专门的送丝机构等速地自动输送;自动焊时,分别由行走机构、送丝机构完成焊炬的运动和焊丝的送进。手工 TIG 焊宜用于结构、形状较复杂的焊接和难以接近的部位或间断的短焊缝焊接;自动 TIG 焊适于焊接长焊缝,包括纵缝、环缝和曲线焊缝。

1) 钨极氩弧焊工艺特点

a.在惰性气体保护下焊接，无须使用焊剂就可以焊接几乎所有的金属，特别适于焊接化学活性强和形成高熔点氧化物的铝、镁及其合金。

b.焊接工艺性好。明弧，能观察电弧及熔池；电弧燃烧稳定，无飞溅，焊后无须去渣，焊缝成型美观；能进行全位置焊接，是实现单面焊背面成型的理想焊接方法。

c.能进行脉冲焊接，减少焊接热输入，更适于薄板或对热敏感材料的焊接。

d.熔深浅。熔敷速度慢，焊接生产率低。

e.钨极载电流能力有限，过大的焊接电流会引起钨极熔化和蒸发，其微粒可能进入熔池，造成对焊缝金属的污染。

f.焊接时需采取防风措施。

g.惰性气体较贵，生产成本较高。

h.TIG焊可用直流电源或交流电源。采用直流电时可焊接碳钢、低合金钢、不锈钢、耐热耐蚀合金、钛及其合金、镍及其合金以及铜及其合金等。采用交流电时，可焊接铝及铝合金、镁合金等。

2) 钨极氩弧焊技术要领

钨极氩弧焊焊接时一般均需另外加入填充焊丝，但有时在焊接薄件或焊缝表面重熔时不加填充焊丝。为防止钨极的熔化和烧损，焊接电流不宜过大，电弧功率受到限制，焊缝熔深较浅，焊接生产率低，因此钨极氩弧焊主要用于薄件（焊件厚度小于6mm）焊接和提高焊缝表面质量的重熔。钨极氩弧焊设备包括主电路系统、焊炬、供气系统、冷却系统和控制系统等。

a.钨极氩弧焊的电流种类选择。钨极氩弧焊有直流钨极氩弧焊和交流钨极氩弧焊两种。电流种类和极性选择主要取决于被焊接材料。

直流钨极氩弧焊因电流没有极性变化，电弧稳定性好而被广泛应用。直流正接时，阳极区产生的热量大，温度高，有利于提高生产率。同时，因阴极区温度比阳极区低，有利于钨极的保护，因此在生产中一般采用直流正接。直流反接时，正极温度较高，钨极易发生烧损。直流反接有去除工件金属氧化膜的作用，称为"阴极破碎"作用。如铝、镁及其合金表面有一层熔点很高的氧化膜，焊接时覆盖在熔池表面，阻碍基体金属与填充金属的熔合。当采用直流反接时，焊件表面受到从钨极（正极）飞来的大量正离子流的撞击，可将致密难熔的氧化膜击碎，使焊接过程得以顺利进行。

交流钨极氩弧焊一般用于铝、镁及其合金的焊接。由于交流电的极性周期变化，在负极性半周波中（焊件为阴极）有"阴极破碎"作用，而在正极性半周波中钨极可得到冷却，两者可兼顾，对于铝、镁及其合金有最佳焊接效果。

b.钨极氩弧焊工艺制定。为了确保钨极氩弧焊的质量，必须去除焊件与焊丝表面的氧化膜、油污等杂质，否则在焊接过程中将会影响电弧的稳定性，产生气孔和未熔合等缺陷。焊接工艺参数选择原则如下：

Ⅰ.钨极直径。钨极直径主要根据焊件厚度选取；选用的电流种类和极性、钨极电流许用值也对钨极直径有影响。如钨极直径选择不当，将造成电弧不稳、钨极烧损和焊缝夹钨现象。

Ⅱ.焊接电流。根据钨极直径选择合适的焊接电流。

Ⅲ.氩气流量。氩气流量主要根据钨极直径和喷嘴直径来选取，通常为3～20L/min。

Ⅳ. 焊接速度。氩气保护层是柔性的，当遇到侧向风力或焊接速度过快时，则氩气气流会产生弯曲而偏离熔池，影响气体保护效果，也会影响焊缝成型，因此应选择合适的焊接速度。

Ⅴ. 其他因素。主要指喷嘴形状与直径、喷嘴至焊件的距离、钨极伸出长度、填充焊丝直径等，对气体保护效果和焊接过程有一定影响。通常喷嘴直径在 5~20mm 内，喷嘴至焊件的距离不超过 15mm，钨极伸出喷嘴长度为 3~4mm，填充焊丝直径根据焊件厚度选择。

(3) 熔化极氧化性混合气体保护电弧焊

熔化极氧化性混合气体保护电弧焊（metal active gas arc welding），简称 MAG 焊，使用的保护气体是由惰性气体和少量氧化性气体（如 O_2、CO_2 或其混合气体等）混合而成的。加入少量氧化性气体的目的是进一步提高电弧稳定性，改善焊缝成型和降低电弧辐射强度等。这种方法常用于黑色金属材料的焊接。通常使用（80%~82%）Ar+（20%~18%）CO_2 的混合气体，由于混合气体中氩气占的比例较大，故常称为富氩混合气体保护焊。

通过软管束，将保护气体、焊接电流和作为焊接填充材料的焊丝送入焊炬。送丝机构通过焊炬导电嘴的滑动接触面将焊接电流传输到焊炬中正在移动着的焊丝上。在焊丝与工件之间可见的燃烧电弧供给焊丝熔化和工件所需要的能量，焊丝熔化成熔滴状。图 2-63 为熔化极气体保护焊焊接设备示意图。焊接碳钢、低合金钢和高合金钢时，通过导电嘴直接传输到离电弧很近的部位，可使焊丝具有较高的电流承载能力，从而提高了熔敷率。

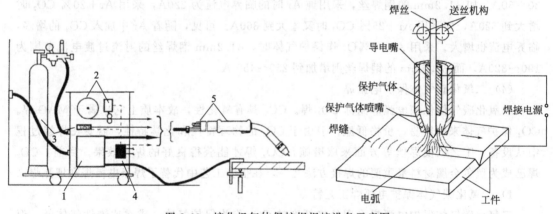

图 2-63 熔化极气体保护焊焊接设备示意图
1—焊接电源；2—送丝装置；3—供气装置；4—控制箱；5—焊枪

1) 熔化极氧化性混合气体保护电弧焊工艺特点

采用活性混合气体作为保护气体具有下列特点：提高熔滴过渡的稳定性；稳定阴极斑点，提高电弧燃烧的稳定性；改善焊缝熔深形状及外观成型；增大电弧的热功率；控制焊缝的冶金质量，减少焊接缺陷；降低焊接成本；MAG 焊可采用短路过渡（焊丝端部产生的熔滴与熔池直接接触过渡）、喷射过渡（熔滴呈细小颗粒并以喷射状态快速通过电弧空间向熔池过渡的形式）和脉冲喷射过渡（通过脉冲电流控制的喷射过渡形式）进行焊接，能获得稳定的焊接工艺性能和良好的焊接接头，可用于各种位置的焊接，尤其适用于碳钢、合金钢和不锈钢等黑色金属材料的焊接。

熔化极气体保护电弧焊与焊条电弧焊相比，熔化极气体保护电弧焊的主要优点是：焊接效率高，因为连续送丝、没有更换焊条工序，焊道之间无须清渣，节省时间，通过焊丝的电流强度大,因而提高了熔敷速度;可以获得含氢量比焊条电弧焊低的焊缝金属;在相同电流下,熔深比焊条电弧焊的大;焊接厚板时,可以用较低的焊接电流和较快的焊接速度,其焊接变形小;烟雾少,可以减轻对通风的要求。其缺点是:受环境制约,为了确保焊接区获得良好的气体保护,在室外操作需有防风装置;半自动焊炬比焊条电弧焊钳重,不轻便、操作灵活性较差,对于狭小空间内的接头,焊炬不易接近;设备较复杂,对使用和维护要求较高。

2)熔化极氧化性混合气体保护电弧焊技术要领

MAG 焊常用的保护气体是 $Ar+O_2$ 或 $Ar+CO_2$ 混合气体。Ar 中加入 O_2、CO_2 的比例不同,对电弧及焊缝成型等的影响也不同。使用纯氩作为保护气体焊接碳钢和低合金钢,由于阴极斑点不稳,影响电弧的稳定性。当加入 $20\%CO_2$ 时电弧最稳定,焊缝表面最光洁;随着 CO_2 的增加,电弧稳定性变差,电弧稳定性直接影响焊缝外观成型。在电流一定时,随着 CO_2 的增加,熔深增大,焊缝的横截面形状由纯氩的指状熔深向圆弧状熔深变化。$Ar+20\%CO_2$ 混合气体的焊缝成型最好,因此这个配比应用得最多。

低碳钢和低合金钢 MAG 焊中比较实用的熔滴过渡形式有短路过渡、脉冲射流过渡、射流过渡。MAG 焊最常用的熔滴过渡形式是射流过渡。电流较小时为大滴过渡,只有当焊接电流超过临界电流时才能实现射流过渡,此时的焊接过程比较稳定。混合气体的成分和焊丝直径均影响临界电流的大小。通常,为了实现稳定的射流过渡,焊接电流应比临界电流大 30~50A。如 $\phi 1.2mm$ 的钢焊丝,采用纯 Ar 时的临界电流为 220A,采用 $Ar+20\%CO_2$ 时增大到 320A,而采用 $Ar+25\%CO_2$ 时又增大到 360A。可见,随着 Ar 中加入 CO_2 的增多,临界电流也增大。采用 $Ar+5\%O_2$ 作保护气体时,$\phi 1.2mm$ 钢焊丝的射流过渡电流范围为 190~320A,而 $\phi 1.6mm$ 的钢焊丝则增加到 250~450A。

(4)二氧化碳气体保护电弧焊

二氧化碳气体保护电弧焊简称 CO_2 焊。CO_2 具有氧化性,故本质上它也属于 MAG 焊。CO_2 保护气体来源容易,价格低廉。但由于 CO_2 的物理特性和化学特性,需要在焊接过程中从设备、工艺以及焊丝等方面采取措施,CO_2 焊才能获得良好的焊接效果。目前,CO_2 焊已成为黑色金属材料最重要的焊接方法之一,在很多工艺中代替了焊条电弧焊和埋弧焊。

1)二氧化碳气体保护电弧焊工艺特点

二氧化碳气体保护电弧焊采用价格低廉的 CO_2 作为保护气体,成本比惰性气体低,但难以实现射流过渡。

用粗丝(直径 $\phi 1.6mm$)焊接时,可以使用较大的焊接电流,实现射流过渡。电流密度可高达 100~300A/mm,焊丝的熔敷系数可达到 15~26g/(A·h)。母材的熔深也很大,可以不开或开小坡口。另外,焊后焊缝上没有熔渣,节省了清渣时间,提高了焊接生产率。

用细丝(直径 $\phi 1.2mm$)焊接时,可使用较小的电流,熔滴过渡为短路过渡方式。这时对工件间断加热,电弧稳定,热量集中,焊接热输入小,适于薄板焊接,焊件变形小。CO_2 气体保护焊的焊缝扩散氢含量低,焊接低合金钢时,不易产生冷裂纹,也不易产生气孔。

CO_2 气体保护焊是一种高效节能的焊接方法。但 CO_2 气体保护焊的飞溅偏大、焊缝成型不够美观。CO_2 气体保护焊应正确地选择操作方法和焊接参数,做好焊前准备,才能获得质量优良的焊缝。

2)二氧化碳气体保护电弧焊技术要领

a. 焊炬角度。焊炬后倾角度保持在 10°~20°。焊炬倾角不同,电弧作用力方向也不同,焊道形状和熔深会发生变化。倾角过大时，在电弧的作用下把熔化金属挤向前方，焊缝宽度略增加但不均匀，熔深变浅，同时还会产生较大的飞溅。在多层焊或焊接面不平时，易产生熔合不良缺陷，在坡口内焊接时易产生未焊透缺陷。

b. 焊炬高度。焊炬高度是导电嘴与母材间的距离，决定了电弧长度。焊炬高度对气体保护效果、电弧稳定性、焊丝熔化速度和焊接操作等有决定性影响。焊炬高度较小时，气体保护效果好，但飞溅金属易黏附到喷嘴上，影响保护效果，同时焊接处不易观察，操作性不好；焊炬高度过大时，焊接处可见性好，但易受风等的影响而卷入空气，影响气体保护效果。焊炬高度可根据焊丝的直径和使用电流确定，短路过渡时焊炬高度是焊丝直径的12倍左右，射滴过渡时为焊丝直径的15倍左右。焊接电流越大，所要求的焊炬高度就越大。焊炬高度越大，焊丝的伸出长度越大，对焊丝的预热效果也相应增强，焊丝的熔化速度加快。

c. 焊接电流。焊接电流是熔化焊丝和母材的主要参数，也是决定熔深的主要因素。CO_2气体保护焊采用恒压电源-等速送丝系统，该系统能自动供给维持电弧所需的电流，因此电流调整是通过改变送丝速度来控制的，即焊接电流增加，送丝速度也增加。短路过渡和射滴过渡电流的范围随焊丝直径而变化。$\phi1.2mm$的焊丝在200A以上，$\phi1.6mm$的焊丝在300A以上的焊接条件下，熔滴过渡方式为射滴过渡，能得到熔深较大的焊道，适于厚板焊接。

d. 电弧电压。电弧电压反映弧长的大小，弧长变化时，电弧覆盖焊件表面的宽度也发生变化，这将引起焊缝宽度和余高的变化。电弧电压低，也就是弧长短时，电弧的覆盖面变窄而电弧又比较集中，焊缝横截面窄而深，焊道表面凸起。电弧电压过高，也就是弧长较大时，由于电弧覆盖面变宽，使焊缝宽度加宽，余高较小，熔深变浅。

e. 焊接速度。与焊接电流、电弧电压一样，焊接速度也是决定熔深、焊道形状和熔敷金属量等的重要因素。焊速慢时将导致大量熔敷金属的堆积，这时必须注意熔敷金属的流动状态。特别是在坡口内焊接或者多层焊等情况下，熔化金属大都流向前方，所以易产生未熔合、溢满和未焊透等缺陷。半自动焊时，焊速低于9m/h的情况下，移动焊炬时手易颤抖，不易稳定，只靠焊炬角度和摆动来控制熔化金属流动是很困难的。焊速大于42m/h时，焊炬难以对准焊接线，也来不及根据熔化金属的状态进行调整。随着焊速的增大，合适的电压范围变小，同时产生大颗粒飞溅与咬边，此时采取稍微增大前倾角和降低电弧电压等措施能得到一些改善。半自动焊时最合适的焊接速度为18～30m/h。

(5) 药芯焊丝气体保护电弧焊

药芯焊丝气体保护电弧焊又称管状焊丝气体保护焊，简称FCAW。在焊丝内部装有粉状焊剂，又称芯料。通过调整焊剂合金元素的种类和含量，可以改善焊接工艺性能、提高焊缝力学性能和接头内外质量。焊接时，主要采用CO_2作保护气体，也是目前用于焊接黑色金属材料的重要焊接方法之一，有很大的发展前景。

2.4.2.2 焊接接头种类、坡口形式及坡口尺寸

(1) 焊接接头的种类

焊接接头是指用焊接的方法把金属材料连接起来的接头，简称接头。它是组成焊接结构的最基本要素，在某些情况下，它又是焊接结构的薄弱环节。熔焊接头由焊缝、熔合区、热影响区及其邻近的母材组成，分为对接接头（工件处于同一平面，彼此对接）、角接接头（两工件边缘相交，彼此之间夹角大于30°）、T形接头（工件相交呈直角，形成T形）、搭接接头（工件处于相互平行位置并相互搭接）等，如图2-64所示。

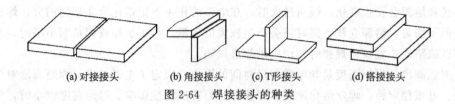

图 2-64 焊接接头的种类

(2) 焊件的坡口形式和尺寸

焊件坡口是指根据设计或工艺需要，为保证焊透较厚工件，在待焊部位加工并装配成一定几何形状的沟槽。焊件坡口设计时，首先考虑接头受载状况及板厚（焊透性要求），对不承载的连续焊缝无焊透要求时，厚度即使大于 30mm 也可以用 I 形坡口。对大多数承载的对接接头，为了保证焊透，只有厚度小于 6mm 时才可采用 I 形坡口；否则随板厚增加应依次选用 V、U、X、双 U 形坡口；角接和 T 形接头只在特别重要时才强调焊透的坡口设计。其次应考虑焊接材料的消耗量及加工条件，板厚相同的 U、X、双 U 形坡口分别比 V、U、X 形坡口节省较多的焊接材料、能耗及工时，但 U、双 U 形坡口一般必须用刨边机、刨床等机加工方法加工，效率比热切割低，V、X 形坡口可用气割、等离子切割方法在下料的同时完成。最后还应考虑焊接应力及可焊达性，单面的 V 形或 U 形坡口焊接后会比 X 或双 U 形坡口有更大的焊接应力变形，有不少难以双面焊或者翻转的焊件只能采用单面坡口。选择坡口形式和尺寸除依据 GB/T 985.1—2008《气焊、焊条电弧焊、气体保护焊和高能束焊的推荐坡口》外，也可按行业标准和企业标准由工件厚度确定。

(3) 常见接头坡口

① 常见接头和基本术语如图 2-65 所示。

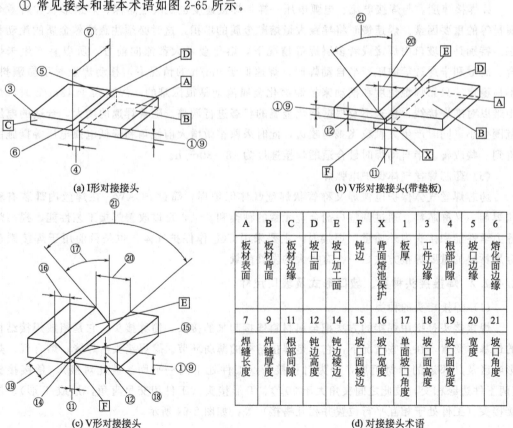

(a) I 形对接接头

(b) V 形对接接头(带垫板)

(c) V 形对接接头

(d) 对接接头术语

A	B	C	D	E	F	X	1	3	4	5	6
板材表面	板材背面	板材边缘	坡口面	坡口加工面	钝边	背面熔池保护	板厚	工件边缘	根部间隙	坡口边缘	熔化面边缘

7	9	11	12	14	15	16	17	18	19	20	21
焊缝长度	焊缝厚度	根部间隙	钝边高度	钝边棱边	坡口面棱边	坡口面宽度	单面坡口角度	坡口面高度	坡口面宽度	宽度	坡口角度

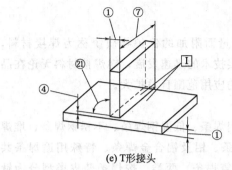
(e) T形接头

(f) T形接头术语

图 2-65　常见的焊接接头和基本术语

② 基本熔化焊焊缝术语如图 2-66 所示。

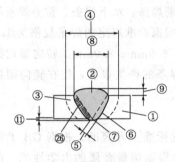
(a) V形坡口对接焊缝

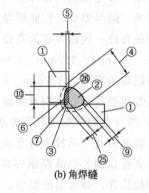
(b) 角焊缝

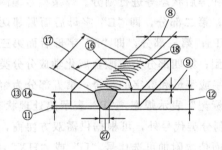
(c) 一般对接焊缝

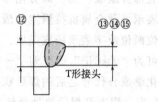
(d) T形全熔透接头

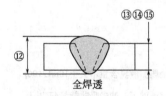
(e) 全熔透对接焊缝

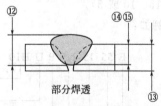
(f) 部分熔透对接焊缝

1	2	3	4	5	6	7	8	9	10	11	12	13	14	15	16	17	18	25	26	27
母材	焊缝金属	热影响区	焊缝区	熔合区宽度	焊缝的熔合线	焊缝根部	焊缝宽度	余高	焊角宽度	根部余高	最大焊缝厚度	设计焊缝厚度	实际焊缝厚度	有效焊缝厚度	焊趾角度	焊缝长度	焊缝表面波纹	根部熔合	熔合区	根部宽度

(g) 熔化焊焊缝术语

图 2-66　熔化焊焊缝术语

第 2 章　转向架构架

2.4.2.3 焊接材料

焊接过程中的各种填充金属及为了提高焊接质量而附加的保护物质统称为焊接材料，主要包括焊条、焊丝、焊剂和保护气体等。随着焊接技术的迅速发展，对焊接材料无论在品种和产量方面都提出了越来越高的要求，焊接材料的应用范围日益扩大。

（1）焊条

焊条按用途可分为结构钢焊条、钼和铬钼耐热钢焊条、低温钢焊条、不锈钢焊条、堆焊焊条、铸铁焊条、镍及镍合金焊条、铜及铜合金焊条、铝及铝合金焊条、特殊用途焊条共10类。按熔渣的碱度分为酸性焊条和碱性焊条（低氢焊条）两类。按焊条药皮类型分为钛型、钛钙型、钛铁矿型、氧化铁型、纤维素型、低氢型、石墨型、盐基型共8类。按性能分类的焊条，都是根据其特殊使用性能而制造的专用焊条，如超低氢焊条、低尘低毒焊条、立向下焊条、躺焊焊条、打底层焊条、高效铁粉焊条、防潮焊条、水下焊条、重力焊条等。

焊条直径一般指焊芯的直径，也称为焊条的规格，国家标准规定的焊条规格为1.6mm、2.0mm、2.5mm、3.2mm、4.0mm、5.0mm、5.8mm、6.0mm、8.0mm。转向架构架生产中常用的焊条规格为3.2mm、4.0mm、5.0mm。虽然焊条的种类很多，但在转向架构架的制造上常用的是非合金钢及细晶粒钢焊条和热强钢焊条。

1）非合金钢及细晶粒钢焊条

非合金钢及细晶粒钢焊条的标准是在原碳钢焊条的标准上升级的。根据GB/T 5117—2012《非合金钢及细晶粒钢焊条》标准规定，焊条型号根据熔敷金属的力学性能、药皮类型、焊接位置、焊接电流类型、熔敷金属化学成分和焊后状态等进行划分。焊条型号编制方法由五部分组成：第一部分用字母"E"表示焊条；第二部分，即"E"字母后面紧邻两位数字表示熔敷金属抗拉强度的最小值，单位为10MPa；第三部分，即"E"字母后面第三和第四位两位数字表示药皮类型、焊接位置和电流类型；第四部分为熔敷金属化学成分分类代号，可为"无标记"或短划"—"后面的字母、数字或字母和数字的组合；第五部分为熔敷金属化学成分代号之后的焊后状态代号，其中"无标记"表示焊态，"P"表示热处理状态，"AP"表示焊态和焊后热处理状态均可。除以上强制分类代号外，可根据供需双方协商，对冲击吸收能量或扩散氢含量等有要求时，在型号后面依次附加可选代号"U"或"HX"（X代表15、10或5）。

例如：

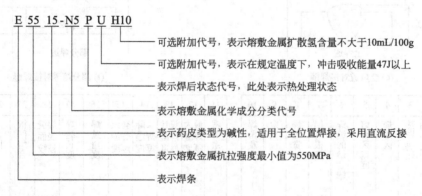

2）热强钢焊条

热强钢焊条的标准是在原低合金钢焊条标准的基础上升级的，根据GB/T 5118—2012

《热强钢焊条》标准规定,焊条型号根据熔敷金属的力学性能、药皮类型、焊接位置、电流种类和熔敷金属化学成分等进行划分。焊条型号编制方法由四部分组成:第一部分用字母"E"表示焊条;第二部分为"E"字母后面紧邻两位数字表示熔敷金属抗拉强度的最小值,单位为MPa;第三部分为"E"字母后面第三和第四位两位数字表示药皮类型、焊接位置和电流类型;第四部分为短划"—"后面的字母、数字或字母和数字的组合,表示熔敷金属化学成分分类代号。除以上强制分类代号外,可根据供需双方协商,对扩散氢含量等有要求时,在型号后面附加可选代号"HX"(X代表15、10或5)。

(2) 焊丝

焊丝的分类方法很多,可分别按化学成分、焊接方法、被焊材料、制造方法与焊丝的形状结构等不同角度对焊丝进行分类。

气体保护电弧焊用碳钢、低合金钢焊丝按化学成分分为碳钢、碳钼钢、铬钼钢、镍钢、锰钼钢和其他低合金钢等。按其适用的焊接方法,可分为埋弧自动焊焊丝、电渣焊焊丝、MAG焊焊丝(CO_2焊焊丝)、MIG焊焊丝、堆焊焊丝、气焊焊丝等。按被焊材料的不同,可分为碳钢焊丝、低合金钢焊丝、不锈钢焊丝、铸铁焊丝和有色金属焊丝等。按制造方法与焊丝的形状结构的不同,可分为实芯焊丝和药芯焊丝。药芯焊丝又可分为气体保护焊丝和自保护焊丝两种。

1) 实芯焊丝

实芯焊丝是目前最常用的焊丝,不同的焊接方法需采用不同直径的焊丝。MAG或CO_2气体保护焊时,为了得到良好的保护效果,要采用相对较细焊丝,直径一般为0.8~1.6mm。

按照现行的国家标准GB/T 8110—2020《熔化极气体保护电弧焊用非合金钢及细晶粒钢实心焊丝》,焊丝型号的表示方法由五部分组成:第一部分用字母"G"表示熔化极气体保护电弧焊用实心焊丝;第二部分表示在焊态、焊后热处理条件下,熔敷金属的抗拉强度代号;第三部分表示冲击吸收能量不小于27J时的试验温度代号;第四部分表示保护气体类型代号;第五部分表示焊丝化学成分。

随着出口产品逐渐增多,按合同要求,主要采用如ISO 14341或美国AWS5.18/AWS5.28等相关标准。现以ISO 14341《焊接材料—非合金钢和细晶粒钢气体保护焊实芯焊丝和熔敷金属—分类》为例对焊丝型号的表示方法进行说明。焊丝型号的表示方法由六部分组成:第一部分为标准编号,第二部分为字母G代表焊丝,第三部分数字代表屈服强度,第四部分数字代表冲击特性,第五部分代表保护气体,第六部分代表焊丝的化学成分。焊丝型号举例:

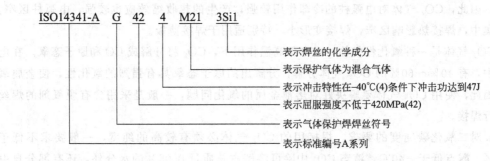

2) 药芯焊丝

药芯焊丝是将药粉包在薄钢带内卷成不同的截面形状经轧拔加工制成的焊丝。药芯焊丝也称为粉芯焊丝、管状焊丝或折叠焊丝，用于气体保护焊和自保护焊，是一种很有发展前途的焊接材料。

按照现行的国家标准GB/T 10045—2018《非合金钢及细晶粒钢药芯焊丝》，药芯焊丝型号的表示方法由八部分组成：第一部分用字母"T"表示药芯焊丝；第二部分表示用于多道焊时焊态或焊后热处理条件下，熔敷金属的抗拉强度代号，或表示用于单道焊时焊态条件下，焊接接头的抗拉强度代号；第三部分表示冲击吸收能量（KV_2）不小于27 J时的试验温度代号，仅适用于单道焊的焊丝无此代号；第四部分表示使用特性代号；第五部分表示焊接位置代号；第六部分表示保护气体类型代号；第七部分表示焊后状态代号；第八部分表示熔敷金属化学成分分类。除以上强制分类代号外，可根据供需双方协商，对冲击吸收能量或扩散氢含量等有要求时，在型号后面依次附加可选代号"U"或"HX"。

药芯焊丝型号举例：

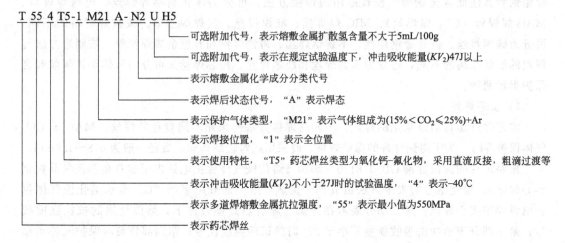

(3) 焊接气体

气体保护焊，包括 CO_2 气体保护焊、惰性气体保护焊、混合气体保护焊等，所用的保护气体主要有 CO_2、Ar 和 Ar+CO_2、Ar+O_2 等混合气体。

1）二氧化碳气体

a. 二氧化碳的性质。二氧化碳（CO_2）是一种无色、无味的多原子气体，来源广、成本低。在标准状况下，CO_2 相对密度约为空气的1.5倍。由于它比空气重，因此能在熔池上方形成一层较好的保护层，防止空气进入熔池。CO_2 在电弧的高温作用下，将发生吸热分解反应，因此，CO_2 气体对电弧柱的冷却作用较强，产生的热收缩效应也较强，电弧柱区窄，热量集中，焊接热影响区窄，焊接变形小，特别适用于焊接薄板。

CO_2 气体是一种氧化性气体，在电弧高温作用下，CO_2 将分解成CO和原子态氧。在电弧区中，有40%～60%的 CO_2 气体分解，分解出的原子态氧具有强烈的氧化性，使金属氧化。因此，使用 CO_2 气体要解决好对熔池金属的氧化问题，一般是采用含有脱氧剂的焊丝来进行焊接。

b. 对二氧化碳纯度的要求。焊接用的 CO_2 气体必须有较高的纯度，一般要求不低于99.5%，露点低于-40℃，液态 CO_2 中除可溶解占总质量0.05%的水分外，还有部分自由状态的水分沉于瓶底。为了减小气体中水分对焊接的影响，可将新灌气瓶倒立1~2h，再打开瓶阀，由于常温状态液态 CO_2 比水轻，这样可将水排出，然后关闭瓶阀，将瓶放正。使用前再放气 2~3min。CO_2 气体中水分的含量与气压有关，气体压力越低，气体中水分的含量越高。在使用压力低的 CO_2 气体焊接时，焊缝中就容易出现气孔。所以，要求瓶内压力不低于 0.98MPa。

c.二氧化碳的储运。焊接用 CO_2 气体是采用瓶装液态 CO_2 汽化而来的，使用液态 CO_2 很经济、方便。容量为 40L 的标准钢瓶可灌入 25kg 的液态 CO_2，占容积的 80%。标准状况下，1kg 液态 CO_2 可汽化成 509L 的气态 CO_2。满瓶压力为 4.9~6.86MPa，瓶内压力随外界温度升高而增大。因此，CO_2 气瓶严禁靠近热源，并防止烈日暴晒，以免压力增大而发生爆炸。

CO_2 气瓶是钢质圆柱形的高压容器，使用时应直立放置，严禁敲击、碰撞等。气瓶出厂时应戴好瓶帽。

2）氩气

a.氩气的性质。氩气（Ar）是一种无色、无味的单原子气体，相对原子质量为 39.95。氩气的质量约为空气的 1.4 倍，因为氩气比空气重，使用时，不易飘浮散失，因此能在熔池上方形成一层较好的覆盖层，有利于起到保护作用。另外，在用氩气作保护气体焊接时，产生的烟雾较少，便于控制熔池和电弧。

氩气是一种惰性气体，它既不与金属起化学反应，也不溶解于金属中。因此，可以避免焊缝金属中合金元素的烧损及由此带来的其他焊接缺陷，使焊接冶金反应变得简单和容易控制。

氩气的另一个应用特点是热导率小且是单原子气体，高温时不分解、不吸热，所以在氩气中燃烧的电弧热量损失较少。在氩气中，电弧一旦引燃，燃烧就很稳定。在各种保护气体中，氩弧的稳定性最好，即使在低电压时也十分稳定。氩气对电弧的热收缩效应较小，加上氩弧的电位梯度和电流密度不大，即使氩弧长度稍有变化，也不会显著改变电弧电压。因此，电弧稳定，很适合于手工焊接。

b.对氩气纯度的要求。氩气是制氧时的副产品，是通过分馏液化空气制取的。因为氩气沸点介于氧、氮之间，因此，制取时会残存一定量的其他杂质。若杂质含量多，在焊接过程中不但影响对熔化金属的保护，而且易使焊缝产生气孔、夹渣等缺陷，并使钨极烧损增加。按我国现行标准规定，氩气纯度应达到 99.99%，才完全符合焊接铝、钛等活泼金属的要求。

c.氩气的储运。氩气可在低于 -184℃ 的温度下以液态形式储存和运送，但焊接时氩气大多装入钢瓶中。氩气瓶是一种钢质圆柱形高压容器，其外表涂成银灰色并注有深绿色"氩"字标志。目前，我国常用氩气瓶的容积为 33L、40L、44L，瓶中最高工作压力为 15MPa。氩气瓶在使用中应直立放置，严禁冲击、碰撞等，不得用电磁起重搬运机搬运，防止烈日暴晒。装运时应戴好瓶帽，以免损坏接口螺纹。

3）氧气

氧气是一种无色、无味、无毒的气体，其分子式为 O_2。在标准状态下，氧气的密度为 $1.429kg/m^3$，比空气重（空气为 $1.29kg/m^3$）。氧气本身不能燃烧，但它是一种活泼的助燃气体。

氧气的化学性质极为活泼，它能与自然界的大部分元素（除惰性气体和金、银、铂外）相结合，发生氧化反应，而激烈的氧化反应就是燃烧。氧的化合能力随着压力的加大和温度的升高而增强。高压氧与油脂类等易燃物质接触就会发生剧烈的氧化反应而迅速燃烧，甚至爆炸，因此使用中要注意安全。

氧气的纯度对气焊、气割的质量和效率有很大的影响，因此，焊接用氧气纯度一般应不低于99.2%。

(4) 焊接材料的选用原则

转向架构架焊接中，焊条、焊丝和气体是常用的焊接材料。焊条一般用于手工电弧焊，适用于焊缝不规则、小批量生产及焊缝修复等焊接结构。焊丝主要用于自动焊、半自动焊，适合于焊缝规则、焊缝较长、批量生产的焊接结构。气体则用于气体保护焊、气焊、气割等。各国焊条和焊丝的使用比例在一定程度上反映了该国的焊接自动化水平。目前我国转向架构架焊接生产中，焊丝所占比例较大，而焊条使用得非常少。

1) 焊条

焊条的种类繁多，如非合金钢和细晶粒钢焊条、热强钢焊条、不锈钢焊条等，每种焊条均有不同的型号。对于转向架构架来说，最常用的是非合金钢和细晶粒钢焊条。焊条用于同种钢材焊接时，应该考虑以下几点：

a. 焊缝金属力学性能和化学成分。通常要求焊缝金属与母材等强度，应选用熔敷金属抗拉强度等于或稍高于母材的焊条，同时还要求熔敷金属成分与母材相同或接近。在焊接结构刚度大、接头应力高、焊缝易产生裂纹的不利情况下，应考虑选用比母材强度略低的焊条。当母材中碳、硫、磷等元素的含量偏高时，焊缝中容易产生裂纹，应选用抗裂性能好的碱性低氢型焊条。

b. 焊接构件使用性能和工作条件。对承受动载荷和冲击载荷的焊件，除满足强度要求外，主要应保证焊缝金属具有较高的冲击韧性和塑性，可选用塑性、韧性指标较高的低氢型焊条。接触腐蚀介质的焊件，应根据介质的性质及腐蚀特征选用不锈钢类焊条或其他耐腐蚀焊条。在高温、低温、耐磨或其他特殊条件下工作的焊接件，应选用相应的耐热钢、低温钢、堆焊或其他特殊用途焊条。

c. 焊接结构特点及受力条件。对结构形状复杂、刚度大的厚大焊接件，由于焊接过程中产生很大的内应力，易使焊缝产生裂纹，应选用抗裂性能好的碱性低氢焊条。对受力不大、焊接部位难以清理干净的焊件，应选用对铁锈、氧化皮、油污不敏感的酸性焊条。对受条件限制不能翻转的焊件，应选用适于全位置焊接的焊条。

d. 施工条件和经济效益。在满足产品使用性能要求的情况下，应选用工艺性好的酸性焊条。在狭小或通风条件差的场合，应选用酸性焊条或低尘焊条。对焊接工作量大的结构，有条件时应尽量采用高效率焊条，如铁粉焊条、高效率重力焊或选用立向下焊条等专用焊条，以提高焊接生产率。

2) 焊丝

一般情况下，焊丝和保护气体需要配合使用。在焊接过程中保护气体有惰性气体和氧化性气体，根据不同的保护气体性质，选配相应的焊丝，以满足焊接熔敷金属的质量要求。

TIG焊有时不加填充焊丝，如为改善焊缝表面质量对焊缝进行重熔时，或薄板焊接时被焊母材加热熔化后直接连接起来。加填充焊丝进行TIG焊时，由于保护气体为纯Ar，无氧化性，焊丝熔化后成分基本不发生变化，所以焊丝成分即焊缝成分。可以采用母材成分作为焊丝成分，使焊缝成分与母材一致。TIG焊的焊接热输入小，焊缝强度和塑性、韧性良好，容易满足使用性能要求。

MAG焊时由于保护气体有一定的氧化性，应适当提高焊丝中Si、Mn等脱氧元素的含量，其他成分可以与母材一致。焊接高强钢时，焊缝中 C 的含量通常低于母材，Mn 的含量则明显高于母材，这不仅是为了脱氧，也是焊缝合金成分的要求。为了改善低温韧性，焊缝中 Si 的含量不宜过高，如选用 ISO 14341 3Si1 焊丝。

CO_2 焊时由于 CO_2 是活性气体，具有较强的氧化性，因此 CO_2 焊所用焊丝必须含有较多的 Mn、Si 等脱氧元素。CO_2 焊通常采用 C-Mn-Si 系焊丝，如广泛应用的 GB 8110 ER50-6 等 CO_2 焊丝。它有较好的工艺性能，适合于焊接 500MPa 级以下的低合金钢。

药芯焊丝根据是否有保护气体，可分为气体保护焊丝和自保护焊丝。按照熔渣的酸碱度，可分为钛型（酸性）、钛钙型（中性或弱碱性）和碱性药芯焊丝。一般来说，钛型药芯焊丝的焊道成型美观，全位置焊接时工艺性能好、电弧稳定、飞溅小，但焊缝金属的韧性和抗裂性能较差。与此相反，碱性药芯焊丝的焊缝韧性和抗裂性能优良，但焊道成型和焊接工艺性能稍差。钛钙型介于上述两者之间。由于药芯焊丝具有焊接工艺性能好、焊缝质量好、对钢材的适应性强等优点，有着广泛的应用前景。所采用的保护气体有 CO_2 和 $Ar+CO_2$ 两种，前者用于普通结构，后者用于重要结构。药芯焊丝适于自动或半自动焊接，直流或交流电源均可。

3）气体

在气体保护焊中，除了自保护焊丝外，无论是实芯焊丝还是药芯焊丝，均有与保护气体（介质）适当组合的问题。惰性气体（如 Ar 等）保护焊时，焊丝成分与熔敷金属成分相近，合金元素基本没有损失；而活性气体保护焊时，由于 CO_2 气体的强氧化作用，合金元素烧损严重，尤其是 Mn、Si 和其他脱氧元素，使焊丝合金过渡系数（焊丝合金元素在熔敷金属中的实际含量与它原始含量之比）降低，熔敷金属成分与焊丝成分产生较大差异。保护气体中 CO_2 气体所占比例越大，氧化性越强，合金过渡系数越小。因此，采用 CO_2 作为保护气体时，焊丝中必须含有足够量的脱氧合金元素，满足 Mn、Si 联合脱氧的要求，以保证焊缝金属中合适的含氧量，改善焊缝的组织和性能。

保护气体需根据被焊金属性质、接头质量要求及焊接工艺方法等因素选用。对于非合金钢、低合金钢等，焊接时宜选用活性气体（如 CO_2、$Ar+CO_2$ 或 $Ar+O_2$）保护，以细化过渡熔滴，克服电弧阴极斑点飘移及焊道边缘咬边等缺陷，有时也可采用惰性气体保护。但对于氧化性强的保护气体，需匹配高锰高硅焊丝，而对于富 Ar 混合气体，则应匹配低硅焊丝。从生产率方面考虑，在氩气中加入 He、N_2、H_2、CO_2 或 O_2 等气体可增加母材的热输入，提高焊接速度。例如焊接非合金钢或低合金钢时，在 CO_2 气体中加入一定量的 O_2，或者在 Ar 中加入一定量的 CO_2 或 O_2，可产生明显效果。采用混合气体保护，还可增大熔深，消除未焊透、裂纹及气孔等缺陷。

2.4.3 CW6000 系构架焊接制造工艺

以 CW6000 系列构架焊接生产为例，对其结构、材料、工艺评定、工艺流程、焊接设备、工装、工具及相关工艺要求等进行简单介绍。

2.4.3.1 构架结构

CW6000 系列构架组成是由侧梁组成、横梁组成及相关附件等组焊而成的结构，如图 2-67 所示。侧梁组成由冲压成型件上、下盖板，内、外侧立板等组焊而成。横梁组成由横梁管、纵向梁、电机吊架等组焊而成。

构架是铁路客车安全的关键核心部件，主要是中厚板、钢管及锻件开坡口后组焊，焊接

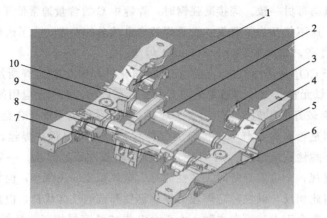

图 2-67 转向架构架组成
1—侧梁内立板；2—横梁管；3—制动吊座；4—侧梁上盖板；
5—侧梁下盖板；6—侧梁外立板；7—齿轮箱座；8—电机吊架；9—纵向梁；10—连接座

方法主要采用熔化极气体保护焊。在熔化极气体保护焊中，曾经采用过二氧化碳气体保护焊（CO_2 焊）。CO_2 焊最大的优点是生产效率高、使用成本低，但其缺点是飞溅多、成型不良。保证构架产品质量是头等重要的事，其次确保生产效率，这样才能保障客车运行安全，争取企业效益。因此，最终选用熔化极氧化性混合气体保护电弧焊（MAG 焊），由此获得的构架的焊接质量又好又稳定，生产效率高。

根据构架结构特点，采用机械手 MAG 自动焊接长大焊缝和有一定规则的焊缝，包括侧梁上、下盖板与左、右侧立板的焊缝及横梁管与连接座的焊缝等；其他焊缝均采用手工 MAG 半自动焊接。构架及其部件组焊前的点固方法，现在原则上采用手工 MAG 焊来进行。个别拐角由于受构架结构和焊枪影响无法采用手工 MAG 焊点固的，如，部件内腔空间较小，不便于手工 MAG 焊操作，则采用手工电弧焊的方法点固。

2.4.3.2 焊接材料

构架常用焊接材料见表 2-23。

表 2-23 构架常用焊接材料

序号	焊材牌号	执行标准	焊材直径	备注
1	ER50-6	GB/T 8110—2020	1.2mm	焊接方法 135
2	ER55-G	GB/T 8110—2020	1.2mm	焊接方法 135
3	G42 4 M21 Z 3Ni1Cu(ER80S-G)	ISO 14341-A(AWS5.28)	1.2mm	焊接方法 135
4	G42 4 M21 3Si1(ER70S-6)	ISO 14341-A(AWS5.18)	1.2mm	焊接方法 135
5	E4303	GB/T 5117—2012	3.2mm、4mm、5mm	焊接方法 111
6	E5003-G	GB/T 5117—2012	3.2mm、4mm、5mm	焊接方法 111

2.4.3.3 焊接工艺评定

构架生产之前，制造企业必须按照 EN 15085《轨道应用—铁道车辆及其部件的焊接体系》，在人员、设备、材料、环境等满足相应标准的条件下，进行焊接工艺评定。

根据 ISO 15613《金属材料焊接工艺规程及评定—基于预生产焊接试验的评定》和 ISO 15614-1《金属材料焊接工艺过程及评定—焊接工艺评定试验—第 1 部分：钢的电弧焊和气

焊以及镍及镍合金的电弧焊》，制作对接接头、角接接头、带坡口的 T 形接头等相应接头进行焊接工艺评定。焊接方法包括半机械化熔化极活性气体保护焊和全机械化熔化极活性气体保护焊等。这些工艺评定项必须覆盖全部的接头形式、母材材质、板厚范围及相应的焊接位置。在无损检测如渗透、射线、磁粉等探伤及其他试验如硬度、拉伸、弯曲、冲击、宏观金相等检测合格的基础上制定正式的焊接工艺规程，指导构架焊接生产。需要考虑的因素还有：

(1) 焊接收缩

焊接收缩包括横向收缩和纵向收缩两种：横向收缩指垂直于焊缝方向的收缩；纵向收缩指沿着焊缝方向的收缩。纵向收缩方向如侧梁等长大焊缝，可根据工件的材质、板厚和结构断面等情况，适当加长工件的长度来弥补纵向收缩量，一般根据实际经验值加长量约为 2mm/m。若部件结构带有较大挠度时，此数值要根据实际情况适当加大。横向收缩如横、侧梁对接方式的结构在无刚性约束情况下的对接焊缝，实际经验值加长量约为每条焊缝 1.5mm。

(2) 焊接顺序

合理的焊接顺序可有效减小甚至消除焊接变形，通过减小部件之间内部约束、平衡热输入量等方式减小热输入。如图 2-68 所示，侧梁四条长焊缝 A、B、C、D 共有 12 道焊缝，准确的焊接顺序如下：焊缝 A——1、5、9，焊缝 B——2、6、10，焊缝 C——3、7、11，焊缝 D——4、8、12。

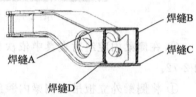

图 2-68 侧梁四条长焊缝的截面位置

2.4.3.4 组焊工艺流程及相关要求

构架组成的总体组焊工艺流程：第一步是进行小部件的组对焊接，如电机吊座组焊、纵向梁组焊、横梁管组焊、制动吊座组焊、侧梁上盖板与帽筒组焊、侧梁内立板与空气簧座组焊等；第二步是进行大部件的组对焊接，如侧梁组成的组对焊接、横梁组成的组对焊接；第三步是进行构架的组对焊接、调修、构架组成的组对焊接；第四步是进行构架焊接内应力的去应力退火处理；第五步是进行构架的探伤、焊修。根据构架结构和组焊工艺需要对探伤及调修工序可进行适当调整，也可以根据单个部件的组焊需要进行探伤或调修等工作。下面简述侧梁组成、横梁组成、构架组成的组焊工艺流程及相关制造要求。

(1) 侧梁组成组焊工艺流程及相关工艺要求

① 分别将侧梁上盖板与帽筒、侧梁内侧立板与空气簧座及其他附件组焊成一体后备用。侧梁上盖板使用前，需检测旁弯的变形量≤1.5mm；侧梁帽筒与上盖板焊后，需进行调修，且调修时需对帽筒至侧梁端头的直线段部位预留 1mm 反变形量，以更好控制侧梁焊后变形。在侧梁内侧立板与空气簧座组对时，需预留约 3mm 反变形量，控制内侧立板焊后变形量；在焊接时，确保对称交替施焊，防止空气簧座及侧立板变形过大。如图 2-69 和图 2-70 分别为侧梁上盖板与帽筒组对和侧梁内立板与空气簧座的组对。

② 将下盖板放入侧梁内腔组对夹具，定位并压紧，再将侧梁内立板与空气簧座组焊件放入组对夹具，使空气簧座的孔与工装定位配合。空气簧座与下盖板的垂直度不得超过 1mm；调整组对间隙，确保侧梁内立板与侧梁下盖板的组对间隙≤0.5mm，如图 2-71。

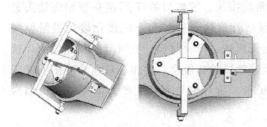
图 2-69 组对侧梁上盖板与帽筒

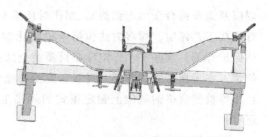
图 2-70 组对侧梁内立板与空气簧座

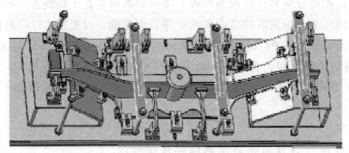
图 2-71 组对侧梁内立板与空气簧座组件

③ 在侧梁内腔组对夹具中依次组对内部各筋板，保证各筋板与夹具定位紧密贴靠，如图 2-72。

④ 将侧梁外立板吊入侧梁内腔组对夹具，利用压紧装置，使侧梁外立板与各筋板贴合，并保证侧梁外立板与下盖板组对间隙≤0.5mm，如图 2-73。

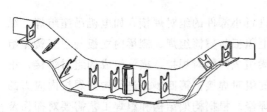
图 2-72 组对侧梁内腔各筋板

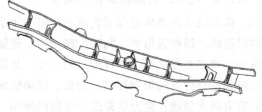
图 2-73 组对侧梁外立板

图 2-74 侧梁内腔的机械手焊接

在第②步和第④步组对时，应控制侧梁内、外侧立板到下盖板边距，为满足机械手焊接所需焊角直边的最小值，侧梁内、外侧立板组对后，两端直边处高低差不超过 1mm。

⑤ 侧梁内腔焊缝的焊接。如图 2-74 所示，在侧梁内腔焊接夹具上对侧梁内腔中各筋板与侧梁下盖板、侧梁内外立板等进行焊接。

⑥ 组对侧梁上盖与帽筒组件。将焊接完成的侧梁内腔及上盖板与帽筒组件吊入二步组对夹具中，再使用宽角座尺确保上盖板和下盖板与横梁连接处的尺寸差≤1mm，检测帽筒旁弯，确保旁弯≤1mm，两侧帽筒中心到侧梁中心的距离差≤1mm。利用压紧装置将上盖板压紧，满足其与立板间隙≤0.5mm，如图 2-75。

图 2-75 组对侧梁上盖板和帽筒组件

⑦ 将侧梁从组焊夹具中吊出，反装放置，利用端立板组对样板，组焊两侧梁端板和立板，如图 2-76。组对帽筒下盖板，调整组对间隙，使帽筒下盖板与帽筒间的组对间隙≤0.5mm，帽筒下盖板与侧梁下盖板间的间隙满足 2mm。焊接帽筒下盖板与侧梁下盖板间的横向焊缝如图 2-76。

(a) 组焊端板和立板　　　　(b) 组焊帽筒下盖板和侧梁下盖板的横向焊缝

图 2-76 组焊侧梁

⑧ 侧梁机械手焊接。将侧梁吊至焊接夹具上，使用焊接机械手进行焊接。侧梁机械手焊接时，需在夹具上预留约 4mm 反变形量，并控制冷却时间，如图 2-77。

⑨ 侧梁调修。侧梁机械手焊后，需先对侧梁进行调修，以使后续各工序零部件组对时更好地控制尺寸。侧梁调修包括冷调修（液压调直机等方式）和热调修。

a.冷调修。主要是利用外力使部件产生与焊接变形方向相反的塑性变形，从而使两者相互抵消达到恢复部件原有尺寸状态的目的。侧梁类部件在焊接过程中产生的挠曲变形，一般是沿着工件中心部位向两端比较均匀地产生上挠变形或下挠变形。这类变形可以通过对工件两端支承、中部加压的方式获得相反变形量的效果，如图 2-78 所示为侧梁调修示意图。

图 2-77 侧梁机械手焊接

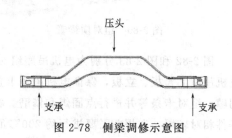

图 2-78 侧梁调修示意图

b. 热调修。是利用火焰对工件局部进行加热产生压缩塑性变形，通过不同的加热部位、加热面积，可实现相应的调修效果。热调修在转向架构架焊接生产中应用更为广泛，可调修工件的直线度、平面度、挠曲变形、侧弯变形等。热调修工艺在应用中需要灵活掌握，结合在实际操作过程中具体情况制定方案，其影响调修效果的因素主要包括调修区域、加热温度、加热时间等。

⑩ 侧梁组成组焊。组对一系定位座，如图 2-79 所示。将侧梁正装置入侧梁组成组对夹具，再将转臂定位座放入夹具中并压紧，调整一系定位座与侧梁下盖板间的组对间隙，确保间隙≤1mm。组对两侧筋板等，定位并夹紧，组对过程中需要进行研配，使组对间隙≤1mm。

图 2-79 组对侧梁定位座

侧梁组成组对后，检测两个一系定位座的间距，满足±1mm 的公差，然后安装防变形装置控制定位座焊接变形；侧梁组成焊后需进行冷调修，控制高度差不超过 2mm；为减小焊接变形，焊接过程中需注意焊接顺序，对焊缝均匀、对称施焊。

（2）横梁组成组焊工艺流程及相关工艺要求

① 分别将横梁管组成、电机吊座组成、纵向梁组成各自组焊成小部件备用。

图 2-80 和图 2-81 分别为横梁管的组对和焊接，先将一个连接座放在组对夹具上，定位并夹紧，再将横梁管放在夹具定位上，最后将另外一个连接座放在组对夹具上。调整组对间隙和错边值，组对间隙和错边值均≤0.5mm。调整连接座，确保连接座外侧边缘与水平面垂直度≤1mm。调整后进行点固焊和修磨。将组对后的横梁管装夹到焊接夹具上，先进行内侧焊缝的机械手焊接，焊后需要清根处理，再进行外侧焊缝的机械手焊接。内、外缝焊后进行修磨。

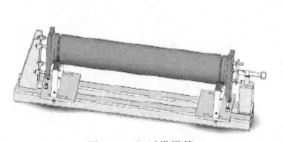

图 2-80 组对横梁管

图 2-81 横梁管焊接

图 2-82 和图 2-83 分别为电机吊座组对和焊接现场。在电机吊座组对夹具中，依次放入电机吊座上盖板、立板，保证电机吊座上盖板和电机吊座垂直；调整上盖板与立板间的组对间隙；组对卡条等并进行点固焊和修磨。将电机吊座翻装，组对电机垫板等件。卡条和垫板等件相对较厚，在焊前需要进行约 200℃ 预热。最后将组对好的电机吊座移到电机吊座焊接夹具上进行焊接。

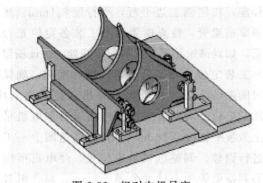
图 2-82 组对电机吊座

图 2-83 电机吊座焊接

图 2-84 和图 2-85 分别为纵向梁组成的组对和焊接现场。将封板、上盖板、筋板、齿轮箱吊座和导柱放置在组对工装上，定位夹紧，调整间隙≤0.5mm。定位焊接纵向梁内腔，定位焊修磨；焊接内腔中的焊缝，焊接后对焊缝进行修磨处理。将下盖板和垫板固定在组对夹具上，定位焊接下盖板和垫板并进行定位焊修磨。将组对完成的纵向梁组成固定在焊接夹具上，定位夹紧并进行焊接；焊接完成后对焊缝进行修磨。

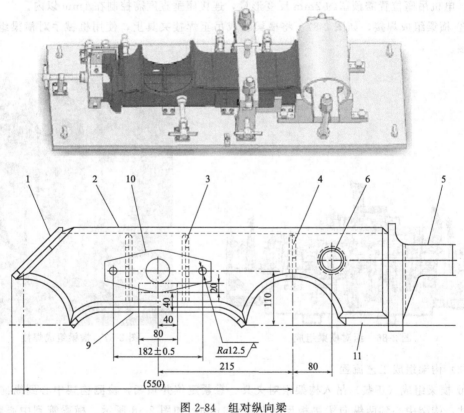

图 2-84 组对纵向梁

1—封板；2—纵梁；3、4—筋板；5—齿轮箱吊座；6—导柱；9、11—下盖板；10—垫板

② 横梁组成组对，如图 2-86 所示。将纵向梁反装放在横梁组成组对夹具上，靠紧定位，确保齿轮箱吊座到横梁管中心的尺寸满足公差要求及各相关尺寸要求。将横梁管反装吊入夹具中，靠紧定位，保证连接座外侧边缘垂直于水平面，垂直度≤1mm；两横梁管上的连

图 2-85 纵向梁焊接

接座,在同侧上边平行,平行度≤1mm。然后顶紧横梁管,检查横梁管与工装各定位是否贴紧,如局部未贴紧,需研配干涉处,保证横梁管与工装定位紧密贴合,调整组对间隙,确保组对间隙≤1mm。将电机吊座吊入组对夹具中,靠紧定位,电机吊座在使用前需确保电机吊座上盖板平面度≤1mm,否则需要返回上一工序进行调修。调整电机吊座位置,使电机吊座中心到横梁管中心尺寸公差±1mm,调整组对间隙,间隙需满足≤1mm。检查相关的关键尺寸,确保满足相关尺寸及其公差后,进行点固焊和修磨。最后组对其他零部件,如牵引拉杆座、垂向挡等辅件。

横梁组成组对过程中,注意两个横梁管中孔的位置,横梁组成以纵梁组成为定位基准;为控制后续横梁组成焊接的变形量,横梁组成组对时齿轮箱吊台的位置需预留约2mm反变形量,电机吊座位置需预留约2mm反变形量,连接座垂直度需控制在1mm以内。

③ 横梁组成焊接,如图 2-87。将横梁组成吊至焊接夹具上,使用机械手对横梁组成进行焊接。

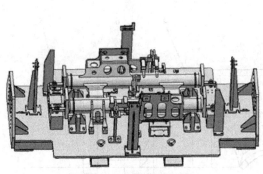

图 2-86 组对横梁组成

图 2-87 横梁组成焊接

(3) 构架组成工艺流程

① 横梁组成(正装)吊入构架组对夹具。靠紧定位并顶紧,检测构架中心到纵向梁垫板尺寸,构架中心到两纵向梁垫板尺寸差值≤1mm,如图 2-88 所示。横梁管到中心距离,两侧横梁管尺寸偏差≤1mm,两根横梁管高低尺寸偏差≤1mm,顶紧横梁。

② 组对侧梁组成。将两个侧梁组成(正装)分别吊入构架组对夹具中,对两个侧梁组成分别利用顶紧装置调整到适合的位置,使侧梁组成与横梁组成对接,调整侧、横梁组成接口焊缝间隙,保证间隙均匀,如图 2-89。

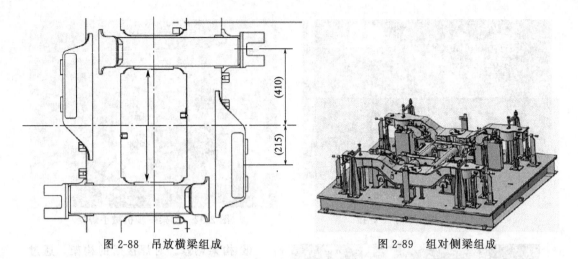

图 2-88 吊放横梁组成　　　　图 2-89 组对侧梁组成

③ 调整相关尺寸后夹紧侧梁组成。按组对工装定位要求，调整好两侧梁到构架中心的距离，一般可按照图纸中尺寸的上公差执行或按经验留有 2mm 放长量；利用平尺检测两个侧梁帽筒中心部位处的平面度（A、B、C、D 四个点）应 $\leqslant$2mm，并检测对角线尺寸差值 $|AD-BC|\leqslant$2mm；控制构架的四角高差，如图 2-90（图中 A、B、C、D 分别为侧梁上四个帽筒的中心点）。

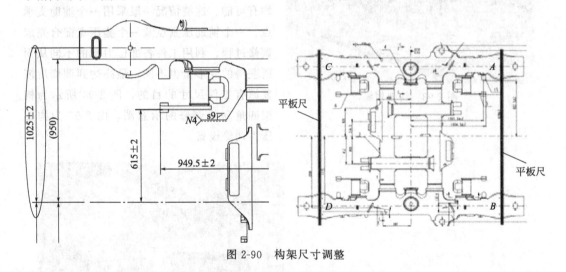

图 2-90 构架尺寸调整

④ 组对制动吊座。将制动吊座放在夹具中进行定位、压紧及顶紧，确保制动吊座与工装定位面紧密贴合。

⑤ 定位焊和修磨。对侧、横梁接口等较厚板材定位焊时需进行预热，预热温度约 200℃。

⑥ 构架一步焊接。将组对后的构架吊放置构架焊接夹具中，定位夹紧并将构架防变形支承固定好后进行焊接。如图 2-91 为手工焊接，如图 2-92 为机械手焊接。为减小焊接变形，焊接过程中需注意焊接顺序，如侧、横梁的四个接口应该依次交替焊接。

⑦ 构架划线。如图 2-93，将构架反装放在平台上，以横梁管中心线为基准划出构架 Z 向基准线（即腰线为实测基准线），从腰线返相应尺寸划出制动座连接座，横梁垫块及侧梁转臂定位座的加工尺寸线。检测侧梁帽筒四角高差值小于 2.5mm。利用划线机划构架 X 和 Y 向尺寸线。X 轴中心线根据侧梁导柱中心线划出，Y 轴中心线根据纵向梁垫板挡距划出。

图 2-91　构架一步手工焊接

图 2-92　构架一步机械手焊接

图 2-93　构架划线

⑧ 构架调修。对焊接后的构架，通过划线检测，发现由于焊后变形造成影响后续组焊尺寸和加工不到位时，必须对构架进行调修。调修可采用热调修或冷调修。

由于焊接方法、顺序等不同，构架的四角产生不规律的挠曲变形，向上或向下变形均有可能。这类情况一般采用一个辅助支承点、一个辅助压紧点及一个施压点配合完成调修过程。利用工件各部位力臂的不同从而所获得的变形量也不同，最终达到调修后恢复原有工件尺寸的目的，图 2-94 所示为构架四角高差调修的示意图，图 2-95 为构架压力调修设备。

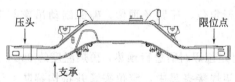

图 2-94　构架四角高差调修示意图

图 2-95　构架压力调修设备

⑨ 构架二步组对和焊接。将前面各工序组焊完成的构架，吊放到构架二步组对翻转夹具上，组对其余各种小件，如横向减震器座、扭杆安装座、抗侧滚扭杆安全吊座、高度阀杆座、垂向减震器座及各种管卡座等，按图纸要求组对到相应的位置，夹紧后点固。将构架二步组对完成后，吊到构架二步焊接夹具上，对各种安装座和各种管卡座进行手工焊接，如图 2-96。

⑩ 构架修磨。在构架的焊接生产中，或多或少会出现焊接缺陷，这时必须进行修磨，

包括焊前的工件表面的修磨、点固缝的处理、焊缝中间层和焊后的修磨，一般针对外观成型不良的焊缝、焊角尺寸过大的焊缝、焊接缺陷焊补前后的焊缝、焊缝起弧点、收弧点部位、封头焊缝、焊缝接头等部位进行修磨。修磨操作过程中，不允许伤及母材，磨伤深度≤0.5mm时打磨平滑；磨伤深度＞0.5mm时按缺陷处理；打磨方向和磨痕方向应与受力方向一致；最终的表面焊缝采用80目抛光片抛光处理。要求双手抓持打磨机，平稳匀速移动砂轮机，保持均匀恒定的压紧力压紧砂轮，确保磨削面光滑、平整，与母材圆滑过渡，无尖角形状的沟痕。焊接缺陷的评定应依据焊接缺陷等级BS EN 25817标准的要求，或按照产品图纸规定的焊缝等级进行评价。修磨的工具及辅材

图2-96　构架二步焊接

包括直磨机、角磨机、磨片、切割片、抛光片、旋转锉、圆柱磨头以及不锈钢刷等，调修工具有涡轮泵、烤枪、吹管、液压千斤顶等。修磨工作应根据焊接工艺过程的需要，适当调整修磨的前后顺序，以适应构架生产的要求。

2.5　焊接构架去应力处理

转向架构架焊接后，需要做强度试验，以验证设计的构架强度是否满足设计要求。构架的强度试验包括静强度试验和疲劳强度试验。一般情况下，静强度试验指标比较容易满足，但疲劳强度指标相对较难满足。其原因包括材质、板厚、结构、缺陷、焊接工艺等方面，但根本原因是构架焊接后会存在一定的焊接缺陷和焊缝表面产生的拉应力。

解决构架的焊接缺陷和表面拉应力问题，可从设计和工艺两方面着手。设计上从选材和结构合理性方面考虑，工艺上从焊接方法、焊接顺序、探伤等方面解决。部分焊接构架可通过设计和工艺等手段彻底解决焊接缺陷和表面拉应力问题，但绝大多数构架即使通过优化设计和工艺等手段也不能彻底解决焊接缺陷和表面拉应力问题，此时就必须采取焊缝缺陷修复和去应力处理。

转向架构架焊接后是否进行去应力处理，取决于对加工后结构尺寸的稳定性的影响和构架焊后应力均匀程度，即表面拉应力峰值是否超出构架在铁道车辆运行过程中的疲劳强度的许用应力值。通过探伤确保焊缝质量和残余应力的测定满足小于疲劳许用应力，并通过足够数量的焊接构架疲劳试验结果来决定是否需要构架焊后热处理去应力。

实际生产中焊接构架选用的材质、结构、工艺手段都是影响焊接构架疲劳寿命的因素。各国不同厂家对焊后是否做热处理去应力存在不同的看法。如德国西门子公司ICE的构架焊后不进行去应力热处理；法国阿尔斯通公司TGV的构架焊后要进行去应力热处理；而国内公司大多也对构架焊后做去应力热处理。

焊接构架去除残余应力的实质，是降低焊缝表面拉应力峰值，使应力分布趋于均衡，因为残余应力会引起应力腐蚀、开裂、扩张、变形、断裂和疲劳失效。目前减小应力峰值的方法有探伤后缺陷的修复、焊缝表面TIG重熔、抛丸、热处理、振动时效等。焊接缺陷的修复是焊接制造过程中必须要按相关缺陷标准处理的必不可少的工序；抛丸打砂工序是涂装

前的前处理工序；焊缝表面 TIG 重熔工序是重要零部件的后处理工序；振动时效工艺在焊接构架上目前很少使用。最常用的是焊接构架去应力退火。

焊接构架去应力退火是将构架加热到一定温度，保持足够时间，然后以适宜速度冷却的一种金属热处理工艺。目的是降低焊接部件硬度，改善切削加工性、消除焊接部件残余应力，稳定尺寸，减少焊接变形与裂纹倾向。去应力退火适用于材料为国标 16MnR、345D 等或欧标 S355J2＋N、S355J2W（H）、S355J2W＋N 等制造的焊接构架。结合构架结构特点、材质和板厚等情况制定相应的去应力退火工艺参数，一般焊接构架去应力退火可参照下列步骤进行。

① 装炉前准备　装炉前要认真检查窑炉设备、仪表是否处于正常状态和年检情况，并特别注意燃气管路有无损害或漏气、漏电。

② 装炉要求　在炉内台车上将焊接构架摆放平整，工件必须用垫铁、耐火砖或专用工装垫平摆稳；件与件之间最小距离为 50mm，工件与炉门距离不小于 300mm，工件与炉尾、两侧炉壁距离不小于 200mm，工件与炉顶距离不小于 500mm；工件在窑车的台面摆放应保证工件平稳，不产生工件的变形弯曲和工件支承端悬空等现象。在室温状态装入炉窑；在保证产品质量的前提下，装炉量兼顾能源和生产效率，即，在单纯热处理构架时装炉数量应不低于 4 个构架，单纯热处理侧梁时装炉数量不低于 16 个侧梁，对于其他焊接结构件按装炉量不低于 4 个构架质量计算进行装炉。工件装炉后，再次检查工件摆放是否平稳牢靠，必须保证工件支承点在同一水平面上，工件在窑车台面上稳固平稳；经检查人员确认并在装窑记录上签字后，才准点火操作；装窑后，要认真填写好《热处理装窑记录表》，记录工件名称、代号、日期等相关可追溯资料数据。炉窑点火按炉窑设备操作指南进行，应严格执行相关设备安全操作规程。

③ 热处理工艺参数设置　工件进炉温度不得大于 200℃，当从室温加热到 200℃ 区间加热速度可不控制。在 200℃ 升温加热到 550℃ 期间，加热速度控制在 60～180℃/h，升温加热区间应保证以均一的加热速度进行。加热温度到 550±15℃ 时恒温至少 2h，最长不超过 3h。在 550℃ 冷却到 300℃ 期间，工件随炉冷却降温速度不大于 120℃/h，降温区间应保证以均一的冷却速度进行，当随炉工件温度降温低于 300℃ 以下温度时工件进行自然空冷。在降温到 300℃ 以下温度后进行出炉空冷时，所在环境必须保证干燥，不潮湿，环境温度应在 5℃ 以上。退火完毕后，操作者必须在温度曲线上注明日期和窑次并签字。检查核对加热曲线图是否与去应力退火工艺曲线要求符合。热处理期间，操作者应经常及时巡视查看热处理炉窑运行状态，观测热处理曲线的显示状态，在热处理恒温期间温度差超过±15℃ 时须重新热处理。在重新热处理之前必须找到问题的具体原因。操作者和检查人员要及时检查去应力退火曲线，在温度曲线上签字盖章，并要定期收回曲线保存，以备查用。去应力退火工艺曲线参考图 2-97。

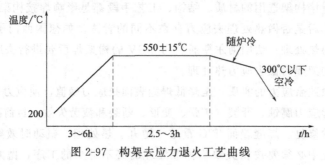

图 2-97　构架去应力退火工艺曲线

2.6 转向架构架焊缝无损检测

2.6.1 构架焊缝无损检测概述

我国铁路客车转向架构架大多采用碳钢焊接结构。由于车辆速度高、载荷大以及焊接接头形式复杂等因素,其承载状况非常恶劣。若焊接接头存在焊接缺陷,焊接接头将成为结构失效的主要区域,在高强度运载乘客的过程中,构成了潜在的危险,严重危及行车安全。无损检测对于焊接缺陷具有较好的检测效果,对保证焊接质量具有重要意义。

无损检测方法主要有磁粉检测、渗透检测、超声波检测和射线检测。磁粉检测主要适用于对工件表面和近表面缺陷的检测;渗透检测主要适用于对工件表面开口缺陷的检测;超声波检测和射线检测主要适用于对工件内部缺陷的检测。转向架构架材质为铁磁性碳钢,因此对于构架焊缝的表面检测,多采用磁粉检测方法;个别情况也会用到渗透检测方法。构架焊缝的无损检测工艺方案依照 EN 15085《铁路应用—铁道车辆及部件的焊接》标准中的焊缝质量等级和检验等级来确定,最终根据无损检测工艺的可行性并依照国际标准来选择无损检测方法和验收标准。

2.6.2 构架焊缝无损检测方法

2.6.2.1 磁粉检测(MT)

(1)磁粉检测原理和适用范围

铁磁性工件被磁化后,由于不连续性的存在,使工件表面和近表面的磁感应线发生局部畸变而产生漏磁场,吸附施加在工件表面的磁粉,在合适的光照下形成目视可见的磁痕,从而显示出缺陷的位置、大小、形状。磁粉检测的基础是缺陷处漏磁场与磁粉的磁相互作用。磁粉检测适用于检测铁磁性材料工件表面和近表面尺寸很小、间隙极窄和目视难以看出的缺陷。

(2)磁粉检测的特点

① 磁粉检测的优点

a. 可检测出铁磁性材料表面和近表面(开口和不开口)的缺陷。

b. 能直观地显示出缺陷的位置、形状、大小和严重程度。

c. 具有很高的检测灵敏度,可检测微米级宽度的缺陷。

d. 单个工件检测速度快,工艺简单,成本低廉,污染少。

e. 采用合适的磁化方法,几乎可以检测到工件表面的各个部位,基本上不受工件大小和几何形状的限制。

f. 缺陷检测重复性好。

g. 可检测受腐蚀的表面。

② 磁粉检测的局限性:

a. 只适用于铁磁性材料,不能检测奥氏体不锈钢材料及焊缝等非铁磁性材料。

b. 只能检测表面和近表面缺陷。

c. 检测时的灵敏度与磁化方向有很大关系,若缺陷方向与磁化方向近似平行或缺陷与工件表面夹角小于 20°,缺陷就难以发现。另外,表面浅而宽的划伤也不易发现。

d. 受几何形状影响,易产生非相关显示。

(3) 磁粉检测在构架焊缝检测的应用

构架的焊缝表面磁粉检测多采用磁轭法。在工件焊后冷却至室温状态时,对焊缝及两侧10mm热影响区进行磁粉检测。磁粉检测人员必须满足国际标准 ISO 9712《无损检测—人员资格证书》相关要求,并取得 MT 2 级资质。所用设备及器材包括磁粉探伤仪、44.1N 长方形试块、A1 15/50A 型标准试片、20mm 钢板尺、磁悬液(黑)、反差增强剂(白)、彩色粉笔、手电筒等。

每日开工前必须全面检查磁粉探伤仪各部分技术状态,保证配件齐全,电气连接线无破损、折断、松动,电流表、电压表检定不过期,仪器各部分性能良好无故障。并且必须对磁粉探伤仪进行灵敏度试验,填写灵敏度记录。观察缺陷磁痕显示处白光照度≥500 lx。检测步骤如下。

① 清理焊缝及其热影响区,使之无锈蚀、氧化皮、涂覆物、焊接飞溅等可能影响检验灵敏度的异物,露出金属表面。

② 距焊缝 200mm 左右向焊缝及其热影响区喷洒反差增强剂,整个检测部位应均匀覆盖。

③ 反差增强剂喷洒后自然干燥。

④ 对焊缝及其热影响区进行磁粉检测。检测时两磁轭需与探测面良好接触,磁化时间 3~5s。前后两次磁化间距不超过 100mm,保证两次检测有一定的重复覆盖区域,并且必须在两个互相垂直的方向分别磁化。

⑤ 磁化的同时施加磁悬液,并观察是否有磁痕显示。磁痕观察应在白光灯下进行,且被检部位表面上的白光照度不应小于 500lx。

⑥ 相关显示按 ISO 23278《焊缝无损检测—磁粉检测—认可等级》标准评定缺陷。

⑦ 对焊缝缺陷进行打磨消除并补焊。

⑧ 对焊补部位按上述工艺过程进行二次检测。

⑨ 探伤合格后出具探伤报告或刻打探伤钢印并记录探伤台账。探伤报告随工件发往下工序,最终归档。

2.6.2.2 渗透检测 (PT)

(1) 渗透检测原理

渗透检测是基于液体的毛细作用(或毛细现象)和固体染料在一定条件下的发光现象的。其主要工作原理是:工件表面被施涂含有荧光染料或着色染料的渗透剂后,在毛细作用下,经过一定时间,渗透剂可以渗入表面开口缺陷中;去除工件表面多余的渗透剂,经干燥后,再在工件表面施涂吸附介质——显像剂;同样在毛细作用下,显像剂将吸引缺陷中的渗透剂,即渗透剂回渗到显像剂中;在一定的光源下(黑光或白光),缺陷处的渗透剂痕迹被显示(黄绿色荧光或鲜艳红色),从而探测出缺陷的形貌及分布状态。

(2) 渗透检测的优点和局限性

① 渗透检测的优点

a. 渗透检测可以检查金属和非金属工件直接目视检查时难以发现的细微表面开口缺陷,例如,裂纹、未熔合、气孔等。

b. 渗透检测不受被检工件化学成分限制,包括磁性材料、非磁性材料、黑色金属或有色金属,甚至非金属。

c.渗透检测不受被检工件结构限制,包括焊接件或铸件、压延件和锻件、机械加工件等。

d.渗透检测不受缺陷形状(线形缺陷或体积形缺陷)、尺寸和方向的限制。只需一次渗透检测,即可同时检查开口于表面的所有缺陷。

② 渗透检测的局限性

a.渗透检测无法或难以检查多孔的材料,例如粉末冶金工件。

b.不适用于检查因外来因素造成开口被堵的缺陷。

c.难以定量地控制检测质量,仅凭检测人员的经验、认真程度和视力的敏锐程度。

(3) 渗透检测在构架焊缝检测的应用

渗透检测应用于构架关键焊缝表面开口缺陷的检测,采用着色渗透方法进行。主要用于检测在工件焊后冷却至室温状态的焊缝及两侧 10mm 的热影响区。检测人员必须满足 ISO 9712《无损检测—人员资格证书》相关要求,并取得 PT 2 级资质。设备及器材简单,包括 2 型对比试块、20mm 钢板尺、10 倍放大镜、擦纸、渗透剂、清洗剂、显像剂等。检测条件为白光照度大于 500lx,工作温度一般应在 10~50℃,最低不低于 5℃。如果工作温度不在规定范围内应进行探伤灵敏度试验。每日开工前必须用 2 型对比试块对渗透检测系统进行灵敏度试验,填写灵敏度记录。检测程序如下。

① 将需要检测焊缝表面上的油污、附着物、飞溅以及各种形式的表面涂层去除;预清洗后不允许在缺陷中存有水或清洗剂,所以清洗后一定要干燥。

② 采用刷、喷等方法涂敷渗透液,时间 5~15min。在整个渗透过程中,渗透剂应保持湿润状态。

③ 用不掉毛的布或擦纸喷上清洗剂,沿一个方向擦拭,禁止直接冲洗。

④ 自然挥发干燥。

⑤ 反复摇动显像剂使之处于均匀状态,将其喷到工件上显像。显像时间一般为 10~20min。

⑥ 在显像的同时应进行观察,必要时用放大镜、手电筒辅助观察。

⑦ 按 ISO 23277《焊缝无损检测—渗透检测—认可等级》标准评定缺陷。

⑧ 发现超过标准规定缺陷时,应对焊缝缺陷进行打磨清除,通过复探确认缺陷已清除,然后进行补焊。修补后按原探伤工艺进行探伤,合格方可通过。

⑨ 后处理。观察、评定、记录后,用擦布或擦纸清除被检测表面。

⑩ 探伤合格后出具探伤报告或刻打探伤钢印并记录探伤台账。探伤报告随工件发往下工序,最终归档。

2.6.2.3 超声波检测 (UT)

(1) 超声波检测原理

超声波检测采用一定的方式使超声波进入工件;超声波在工件中传播遇到异质材料时,其传播方向或特征被改变;改变后的超声波通过检测设备被接收,对其进行处理和分析;根据接收的超声波的特征,评估工件内部是否存在缺陷及缺陷的特征。

(2) 超声波检测的特点

① 超声波检测的优点

a.适用于金属、非金属和复合材料等多种制件的无损检测。

b.穿透能力强,可对较大厚度的工件内部缺陷进行检测。

c.缺陷定位较准确。

d. 对面积型缺陷的检出率较高。

e. 灵敏度高,可检测工件内部尺寸很小的缺陷。

f. 检测成本低、速度快,设备轻便,对人体及环境无害,现场使用较方便等。

② 超声波检测的局限性:

a. 对工件中的缺陷进行精确的定位、定量仍需作深入研究。

b. 对具有复杂形状或不规则外形的工件进行超声波检测有困难。

c. 缺陷的位置、取向和形状对检测结果有一定影响。

d. 工件材质、晶粒度等对检测有较大影响。

e. 常用的手工 A 型脉冲反射法检测时结果显示不直观,检测结果无直接见证记录。

(3) 超声波检测在构架焊缝检测的应用

依据设计要求,对构架的重要焊缝(如侧梁与横梁连接焊缝、各种吊座与横梁及侧梁连接焊缝等)进行超声波检测。根据 EN 15085《铁路应用—铁道车辆及部件的焊接》,仅可对全熔透焊缝进行内部超声波检测。对构架焊缝的超声波检测,主要采用的是横波斜入射法。在工件焊后冷却到室温状态,对焊缝及焊缝两侧 10mm 热影响区进行超声波检测。检测人员必须满足 ISO 9712《无损检测—人员资格证书》相关要求,并取得 UT 2 级资质。检测设备及器材包括超声波探伤仪、CSK-IA 试块或 V2 试块(牛角试块)、DAC(distance amplitude curve,距离—幅度曲线)试块或 RB-1 试块、2.5Z 60°和 2.5Z 70°探头、200mm 钢板尺、偶合剂、擦纸、毛刷等。DAC 曲线也称"距离—幅度曲线",是描述某一确定反射体回波高度随距离变化的关系曲线。利用 RB-1 或 DAC 试块制作 DAC 曲线,并以第一孔回波幅度为满屏 80%时的增益值作为基准灵敏度。DAC 曲线即标准 ISO 11666《焊缝无损检测—超声检测—认可等级》中的参考等级。每日开工前必须全面检查超声波探伤仪、探头、探线各部分技术状态,各部分性能良好无故障,仪器检定不过期。并对灵敏度和 DAC 曲线进行校验,填写灵敏度记录。至少每隔 4 小时以及检测完成后,需再次对灵敏度进行校验。校验中发现有偏差时应进行调整。检测程序如下:

① 对扫查区母材进行清理,使其表面无锈蚀、氧化皮、污垢、飞溅、沟槽等。扫查面应平滑,探头和接触面之间间隙不应超过 0.5mm,超过时应对接触面进行修整。探头接触面的粗糙度 Ra 不大于 $12.5\mu m$(喷砂表面)或 $6.3\mu m$(机加工表面)。

② 在扫查面上均匀涂抹偶合剂。

③ 按标准 ISO 17640《焊缝无损检测—超声波检测—技术、检测等级、评定》B 级进行检测。采用规定角度的探头对焊缝进行扫查。探头沿垂直于焊缝方向以锯齿形移动,速度不超过 150mm/s,扫查过程中,探头应向声束方向两侧做约 10°的旋转。

④ 缺陷评定按标准 ISO 11666《焊缝无损检测—超声检测—认可等级》进行。通过移动探头,使回波幅度达到最大值,所有超过评定水平的相关显示均应进行评定。

⑤ 对焊缝缺陷进行打磨消除并补焊。

⑥ 对焊补部位按上述工艺过程进行二次检测。

⑦ 检测结束后出具探伤报告并记录探伤台账。探伤报告随工件发往下工序,最终归档。

2.6.2.4 射线检测(RT)

(1) 射线检测原理

射线在穿透物体过程中会与物质发生相互作用,因吸收和散射而使其强度减弱。强度衰减程度取决于物质的衰减系数和射线在物质中穿越的厚度。如果被透照物体(试件)的局部存在缺陷，且构成缺陷的物质的衰减系数不同于试件，该局部区域的透过射线强度就会与周围产生差异。把胶片放在适当位置使其在透过射线的作用下感光，经暗室处理后得到底片。底片上各点的黑化程度取决于射线照射量（曝光量）。由于缺陷部位和完好部位的透射射线强度不同，底片上相邻部位就会出现黑度差异（对比度）。把底片放在观片灯光屏上借助透过光线观察，可以看到由对比度构成的不同形状的影像，评片人员据此判断缺陷情况并评价试件质量。

（2）射线检测的特点

① 射线检测用底片作为记录介质，可以直接得到缺陷的直观图像，且可以长期保存。通过观察底片能够比较准确地判断出缺陷的性质、数量、尺寸和位置。

② 射线检测容易检出形成局部厚度差的缺陷。对气孔和夹渣之类缺陷有很高的检出率，对裂纹类缺陷的检出率则受透照角度的影响。但它不能检出垂直照射方向的薄层缺陷。

③ 射线检测所能检出的缺陷高度尺寸和透照厚度有关，可以达到透照厚度的1%，甚至更小，所能检出的长度和宽度尺寸分别为毫米级和亚毫米级，甚至更小。

④ 对薄工件的射线检测不存在困难，几乎不存在检测厚度下限，但检测厚度上限受射线穿透能力的限制。

⑤ 射线检测几乎是适用于所有材料，在钢、钛、铜、铝等金属材料上使用均能得到良好的效果，该方法对试件的形状、表面粗糙度没有严格要求，材料晶粒度对其不产生影响。

⑥ 射线检测的成本较高，检测速度较慢。射线对人体有伤害，需要采取防护措施。

（3）射线检测在构架焊缝检测的应用

射线检测主要应用于对构架焊缝及焊缝两侧10mm热影响区的检测。检测人员也必须满足ISO 9712《无损检测—人员资格证书》相关要求，并取得RT 2级资质。根据ISO 17636《焊缝无损检测—射线检测》标准对不同板厚的工件确定透照参数。设备及检验器材包括X射线机、胶片、增感屏、像质计、铅字尺、辐射剂量计、自动洗片机、安全红灯、裁片刀、观片灯、显影液、定影液、X射线防护室等。检测实施步骤如下：

① 清理焊缝及焊缝热影响区（焊缝边缘20mm），使之无焊豆、氧化皮等。

② 使用铅字尺标定贴片位置，并做好起始位置标识。

③ 贴胶片；需要拍摄2张及以上胶片时，胶片必须部分重叠，重叠量为10~20mm。底片应有零部件编号、拍片日期等。

④ 依照标准选择曝光参数曝光。

⑤ 暗室处理。使用自动洗片机洗片，按自动洗片机操作规程进行。

⑥ 检测评定。射线底片评定按ISO 10675-1《焊缝无损检测—射线检测认可等级—第1部分：钢、镍、钛及其合金》标准进行。

⑦ 对焊缝缺陷进行打磨清除。

⑧ 对焊补部位按照上述工艺过程进行二次检测。

⑨ 检测结束后出具探伤报告并记录探伤台账。探伤报告随工件发往下工序，最终归档。

2.6.3 构架焊缝无损检测依据和标准

构架焊缝主要依照欧洲标准EN 15085-3《铁路应用—铁路车辆及部件的焊接—第3部分：设计要求》来设计，设计图纸中需给出各焊缝的质量等级。焊缝的质量等级由应力等级和安全等级来决定。每种质量等级对应了焊缝的检验等级，通过检验等级可确定出缺陷的质量等级和无损检测方法。表 2-24 所示为焊缝的应力等级、安全等级、质量等级、缺陷质量等级、检验等级和检测方法之间的关系。

表 2-24 应力等级和安全等级对应的检测方法

应力等级	安全等级	焊缝质量等级	缺陷质量等级 ISO 5817	检验等级	内部检测 UT 或 RT	表面检测 MT 或 PT	目视检测 VT
高	高	CP A	B 或不允许或不适用	CT 1	100%	100%	100%
高	中	CP B	B	CT 2	10%	10%	100%
高	低	CP C2	C	CT 3	不需要	不需要	100%
中	高	CP B	B	CT 2	10%	10%	100%
中	中	CP C2	C	CT 3	不需要	不需要	100%
中	低	CP C3	C	CT 4	不需要	不需要	100%
低	高	CP C1	C	CT 2	10%	10%	100%
低	中	CP C3	C	CT 4	不需要	不需要	100%
低	低	CP D	D	CT 4	不需要	不需要	100%

构架多为碳钢材质，其焊缝的缺陷质量等级应使用标准 ISO 5817《焊接—熔化焊—钢、镍、钛及其合金熔化焊接头（能束焊除外）—缺陷的质量等级》来确定。标准 ISO 17635《焊缝无损检测—金属材料一般原则》基于质量要求、材料、焊缝厚度、焊接方法、检测范围对焊缝的无损检测方法的选择和质量控制的结果评价给出了指导；规定了金属材料不同检测方法应用的标准以及方法选择和验收等级方面的通用规则。

在构架的焊缝中，除特殊要求外，仅对 CP C1 级及以上质量等级的焊缝进行无损检测。综合 EN 15085-3《铁路应用—铁路车辆及部件的焊接—第 3 部分：设计要求》和 ISO 17635《焊缝无损检测—金属材料一般原则》的规定和要求，表 2-25 列出了转向架构架焊缝常用的质量等级、无损检测标准和验收等级的对应关系。

表 2-25 转向架构架焊缝常用检测标准和验收标准

检测方法	焊缝质量等级	ISO 5817 中规定的缺陷质量等级	检测标准	验收等级
磁粉检测	CP B	B	ISO 17638	ISO 23278 的 2X 级
磁粉检测	CP C1	C	ISO 17638	ISO 23278 的 2X 级
超声波检测	CP B	B	ISO 17640 的 B 级	ISO 11666 的 2 级
超声波检测	CP C1	C	ISO 17640 的 A 级	ISO 11666 的 3 级
射线检测	CP B	B	ISO 17636 的 B 级	ISO 10675-1 的 1 级
射线检测	CP C1	C	ISO 17636 的 B 级①	ISO 10675-1 的 2 级

① 环焊缝工件的最少曝光次数应满足 ISO 17636 A 级的要求。

2.7 转向架构架机械加工

构架加工是通过机械加工方法加工构架各装配表面及眼孔，以满足产品图纸尺寸精度及装配要求的一种工艺。根据设计产品结构的不同，构架的尺寸规格（一般铁路客车构架外形尺寸长×宽×高约为3600mm×2950mm×750mm)、加工内容、加工方法及要求也有差异。由于构架存在焊接变形、加工面及加工眼孔多、加工时间较长、加工精度要求较高等特点，有的构架需要正反面加工，为了提高构架加工质量和效率，需要提前制定好构架的加工工艺方案及工艺流程，加工标准执行JB/T 9168.1—1998《切削加工通用工艺守则总则》。

通常构架加工需要的工艺装备主要有设备、夹具、刀具等，其中加工刀具是随加工部位的形状、尺寸及精度来确定的，而构架加工所用的设备及夹具决定了构架加工工艺的方式。构架加工主要工艺流程如图2-98所示。

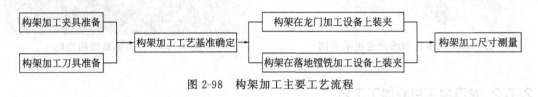

图2-98 构架加工主要工艺流程

2.7.1 构架加工工艺基准

构架加工前必须事先确定其纵向、横向和垂向工艺基准，即可以使用的构架装夹定位基准，该工艺基准是根据构架设计基准转换到构架实体上确定的。产品图纸上的设计基准，由于受产品结构限制，有些不能直接使用，须通过工艺基准来确保符合产品图纸要求，从而保证工艺基准和设计基准的统一。正确的工艺基准，能够准确定位、装夹和确保加工余量，并能保证工艺基准与加工设备的 $X/Y/Z$ 线性轴平行，确保加工出合格的构架。

针对构架焊接变形容易造成构架局部加工余量不足的问题，构架在划线测量机上先进行划线，再检测构架所有加工表面及加工眼孔余量；在确保加工余量充足的情况下，准确划出构架的纵向、横向、垂向工艺基准线，划线标准执行JB/T 9168.12—1998《切削加工通用工艺守则 划线》。若发现构架有局部加工余量不足，需要通过微调构架的工艺基准线看能否解决，否则需要返回构架焊接工序进行调修或焊补来保证构架待加工处有充足的加工余量。在确认构架各加工部位都有充足的加工余量的基础上，才能最终以划出基准线、布置定位块或螺钉等形式确定构架的纵向、横向和垂向工艺基准。

构架工艺基准的确定，主要是在三坐标划线测量机上完成的，见图2-99三坐标划线测量机示意图和图2-100三坐标划线测量机实物照片。该设备为双悬臂式结构，X 轴划线范围：4500mm；Y 轴单臂划线测量范围：1700mm；Y 轴双臂划线测量范围：3000mm；Z 轴划线测量范围：2000mm；重复定位精度：0.03mm；最小读数：1μm。铸铁平台长×宽：4500mm×3000mm，平台平面度应符合GB/T 22095—2008标准；单臂定位精度：$\pm(0.03+0.03L)$mm，L 为测量长度；双臂定位精度：$\pm(0.05+0.05L)$mm，L 为测量长度。

安装于水平臂的最前端的划针头可实现在 X-Z 平面的任意角度旋转，以及 Y-Z、X-Y 平面180°范围自由摆动。配置五个方向感应测头，重复精度为0.75μm，测量软件系统能够实现平面、直线、圆、圆柱、圆锥、圆槽、方槽等几何元素的测量，并可以测量直线度、平面度、圆度、球度、圆柱度、圆锥度、平行度、垂直度、倾斜度、同轴度、位置度等多种形位公差。

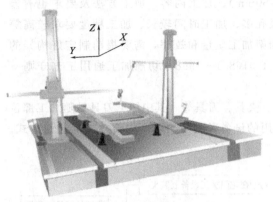

图 2-99 三坐标划线测量机示意图

图 2-100 三坐标划线测量机

2.7.2 龙门加工中心加工工艺

该工艺将构架水平放置在龙门加工设备上进行加工，图 2-101 为龙门加工设备示意图，图 2-102 为龙门加工设备实景照片。

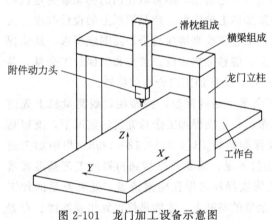

图 2-101 龙门加工设备示意图

图 2-102 龙门加工设备

2.7.2.1 龙门加工设备

如图 2-101 所示，龙门加工设备主要由龙门立柱、横梁组成、滑枕组成、附件动力头、工作台以及自动排屑系统、刀具冷却润滑系统（选择配置，具备刀具内冷功能）等构成，根据需要可以配置自动更换刀具的刀库、自动更换各种附件动力头的附件动力头库、工件自动测量系统等。

根据设备配置及加工功能要求，设备形式主要有龙门固定工作台移动式、工作台固定龙门移动式、横梁固定式（简称定梁）、横梁移动式（简称动梁）等。若工作台采用双工位时一般为工作台固定龙门移动式，即在工作台上可同时装夹两个构架，能实现一个工位在进行构架加工的同时，另一个工位进行构架装夹作业，以便提高设备加工效率。若构架加工高度变化比较大时可采用横梁移动式，即通过横梁上下移动来改变横梁到工作台之间的高度。

由于双工位加工设备价格较高且占地面积较大，因此通常情况下，构架加工一般采用单工位的形式，即龙门加工设备采用龙门固定工作台移动式、横梁固定式的结构。其工作台长×宽尺寸≥5000mm×3000mm；X 轴（纵向）行程≥5500mm；Y 轴（横向）行程（考虑到自动换刀等所需的附加行程）≥4000mm；Z轴（垂向）行程≥1200mm；龙门立柱内侧间距≥3500mm；主轴最大功率≥40kW；主轴最高转速≥3000r/min；主轴输出扭矩≥1500Nm。

设备数控系统一般采用 SIEMENS（西门子）或 FANUC（法那克）等系统，具备自动控制主轴旋转、X/Y/Z轴移动等功能。为了充分提高加工效率需要尽可能实现构架一次装夹将构架五个面（构架周边四个面及构架上面）的各加工部位都能够加工完成，根据需要可以配置如图2-103所示的各种附件动力头。一般龙门加工设备需要配备1个标准立式铣头、1个标准直角铣头、1个延长立式铣头（根据需要可以配置≥500mm的标准延长铣头或偏置式延长铣头）、1个窄直角铣头（装刀具的前表面到直角铣头的后表面之间的尺寸≤130mm）。为了减少附件动力头的更换时间，可以采用1个立卧转换万能头（根据需要进行立式和卧式自动转换）来代替上述的1个标准立铣头和1个直角铣头。窄直角铣头主要用于构架特殊狭窄空间情况下的加工。

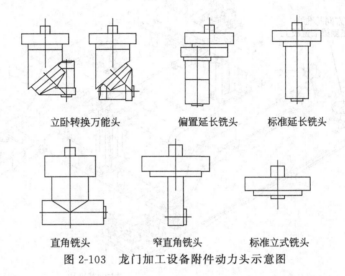

图 2-103　龙门加工设备附件动力头示意图

设备精度检测标准采用 ISO 230-2《机床测验规则—第2部分：定位用数字控制轴的精度和重复性的测定》和 VDI/DGQ 3441《机床运行精度和定位精度的统计测试方法》。X轴全行程定位精度≤0.020mm（全行程），Y轴全行程定位精度≤0.015mm（全行程），Z轴全行程定位精度≤0.010mm（全行程），X/Y/Z轴重复定位精度≤0.010mm。

2.7.2.2　装夹工艺

待加工构架在龙门加工设备工作台上的定位装夹，是指将待加工构架按事先确定好的纵向、横向、垂向的工艺基准分别和加工设备的X轴、Y轴、Z轴保证平行后，再进行的定位夹紧。目前构架在龙门加工设备工作台上的定位装夹主要有以下两种方式。

（1）划线找正定位装夹方式

待加工构架按事先划好的纵向、横向、垂向工艺基准线，在龙门加工设备工作台布置的夹具上进行定位装夹，需要利用设备的X轴和Y轴来回行走来找正工艺基准线，需要反复调整找正构架的纵向、横向工艺基准线，以便保证构架纵向、横向工艺基准线和设备的X轴、Y轴处于最佳平行状态，然后进行构架定位夹紧。该方式由于构架装夹时间较长且容易发生找正基准线定位不准确、占用设备装夹影响构架正常加工时间等问题，因此划线找正定位装夹方式适合于小批量构架加工生产。

（2）预装工艺基准定位装夹方式

如图 2-104 所示，在待加工构架的合适位置处先预装好工艺基准（定位块或螺钉），定位块式工艺基准需要先点焊到构架上，并需要通过加工保证定位块与构架之间的纵向（X 向）、横向（Y 向）和垂向（Z 向）定位尺寸是恒定的，螺钉式工艺基准需要先预安装到构架已经有的螺纹孔中，然后通过划线测量机测量并调整螺钉长度尺寸来保证螺钉与构架之间的纵向（X 向）、横向（Y 向）和垂向（Z 向）定位尺寸是恒定的。预装好工艺基准的构架在龙门加工设备的加工夹具上定位装夹时，只需要将构架预装的工艺基准定位块或螺钉和夹具上的定位基准块对正靠严即可完成定位并进行夹紧，该方式占用设备装夹时间较少且定位可靠，适合于构架批量加工生产。

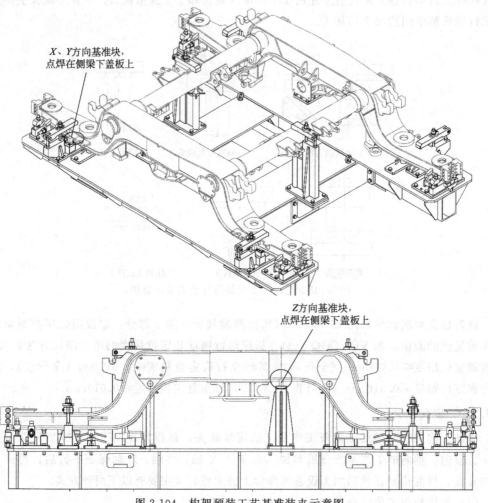

图 2-104　构架预装工艺基准装夹示意图

2.7.3　落地镗铣加工中心加工工艺

落地镗铣加工中心加工构架工艺是将构架呈垂直状态定位装夹在落地镗铣加工中心设备工作台上进行加工的技术，如图 2-105 为落地镗铣加工设备示意图，图 2-106 为落地镗铣加工设备实物照片。

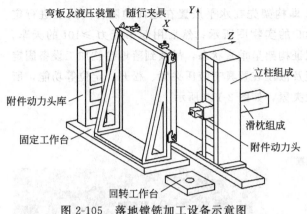

图 2-105 落地镗铣加工设备示意图

图 2-106 落地镗铣加工设备

2.7.3.1 落地镗铣加工设备

如图 2-105 所示,落地镗铣加工设备主要由立柱组成、滑枕组成(内置自动分度机构)、附件动力头、工作台(固定工作台或回转工作台)、自动排屑系统、刀具冷却润滑系统(根据需要可以选配刀具内冷功能)、自动更换刀库(能够根据各种附件动力头实现水平和垂直自动换刀)、自动更换附件动力头库、工件自动测量系统等构成。根据设备配置及加工功能要求,主要有双工位固定工作台式、双工位回转工作台式、单工位固定工作台加小型回转工作台式等。构架等大型焊接结构件、横梁组成等中小型焊接结构件的加工通常采用单工位固定工作台加小型回转工作台的形式。该设备技术参数规格如下:固定工作台尺寸长×宽≥6000mm×3000mm;回转工作台尺寸长×宽≥1500mm×1500mm;X 轴行程≥10000mm;Y 轴行程≥3600mm;Z 轴行程≥1600mm;回转工作台≥360°旋转;主轴最大功率≥37kW;主轴最大转速≥3000r/min;主轴输出扭矩≥1500Nm。

设备数控系统一般采用 SIEMENS(西门子)系统自动控制主轴旋转、$X/Y/Z$ 轴移动等加工功能。为了实现构架一次装夹,将构架的四周及顶面共五个面上所有部位都能够加工完成,根据需要可以配置如图 2-107 所示的各种附件动力头。一般落地镗铣加工设备需要配备 1 个立卧转换万能铣头、1 个标准延长铣头(长度≥500mm)、1 个窄直角铣头(厚度≤130mm)。

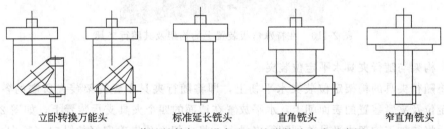

图 2-107 落地镗铣加工设备配置的附件动力头示意图

设备精度检测标准采用 VDI/DGQ 3441《机床运行精度和定位精度的统计测试方法》。X 轴全行程定位精度≤0.030mm,Y 轴全行程定位精度≤0.018mm,Z 轴全行程定位精度≤0.014mm,$X/Y/Z$ 轴重复定位精度分别≤0.025mm/0.014mm/0.011mm。回转工作台能够进行实现每 0.001°旋转,定位精度为±3″,重复定位精度为±1″。

2.7.3.2 构架定位装夹工艺

由于构架处于垂直状态,进行调整找正装夹比较困难且不安全。一般构架在落地镗铣加工设备上的定位装夹采用随行夹具方式，即构架先在水平放置在地面的随行夹具上进行定位装夹好，如图2-108的示意图和图2-109的实物图所示；然后用起吊能力≥10t的天车，将装夹好的构架及其随行夹具吊起，并保证构架呈垂直状态，吊放到落地镗铣加工设备固定工作台上的弯板及液压装置上。因该弯板及液压装置具有液压夹紧、松开、定位等功能，所以能够进行构架及随行夹具自动快速定位夹紧，如图2-110所示。

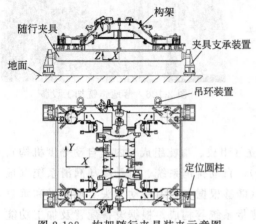

图2-108 构架随行夹具装夹示意图

图2-109 构架随行夹具装夹

图2-110 在特殊弯板装置上的构架及其随行夹具

（1）构架与随行夹具水平定位装夹

先将随行夹具的构架定位装夹水平朝上，即将随行夹具布置构架装夹所需的各种辅助支承、定位及夹紧装置的表面朝上，水平放置在地面的四个夹具支承装置上，如图2-108所示；然后将待加工构架水平吊放到随行夹具上，将构架上预先确定好的纵向（X向）、横向（Y向）和垂向（Z向）的工艺基准和随行夹具的X向、Y向和Z向的基准定位调整至平行状态，然后再将构架夹紧在随行夹具上。

（2）构架及随行夹具在落地镗铣加工设备上的垂直装夹

利用厂房内天车，通过起吊随行夹具的两处吊环装置，如图2-108所示，将已经定位装夹好的构架及随行夹具，整体缓慢吊起。在随行夹具没有整体垂直吊起来之前，要保证随行夹具非起吊端两侧的定位圆柱和夹具支承装置的V形槽是接触的，待随行夹具垂直吊起来之后，再将随行夹具从夹具支承装置处吊离，并将随行夹具整体吊挂到落地镗铣加工设备的弯板及液压装置上,如图 2-110 所示。如图 2-111 所示,要保证随行夹具背面上的 3 处 U 形定位销槽、12 处 U 形锁紧槽,和如图 2-112 特殊弯板装置上的 3 处定位销、12 处液压锁紧销准确入位,从而保证构架及随行夹具整体装夹的 X 向、Y 向和 Z 向的基准和落地镗铣加工设备的 X 轴、Y 轴和 Z 轴是平行的;之后利用落地镗铣加工设备配置的工件自动测量系统确定构架 X 向、Y 向和 Z 向的加工程序零点,即可进行构架自动加工作业。

由于构架与随行夹具在地面上进行定位装夹,没有长时间占用设备的正常加工时间,可以有效提高设备利用率。因此采用随行夹具装夹加工的方式优于前述龙门加工设备的构架装夹加工方式,因此龙门加工设备也应根据实际构架加工生产情况,尽可能采用随行夹具进行构架装夹加工。

图 2-111　随行夹具背面与弯板连接定位槽及锁紧槽

图 2-112　弯板及液压定位销及锁紧销

2.7.4　构架在加工夹具上的夹紧工艺

构架具有焊接变形、外形不规则、规格尺寸较大、加工部位较多、加工精度较高等特征。通常构架在加工夹具上的夹紧都是采用多点夹紧,对各夹紧点逐个进行夹紧时,非常容易造成构架夹紧变形。如果夹紧变形量过大,超过了构架加工尺寸公差量,当构架加工完成松开夹紧后,构架的夹紧变形量会发生回弹,容易造成构架局部加工尺寸精度超差的质量问题。为了有效解决构架夹紧变形问题,目前主要采用构架夹紧点上部夹紧、下部进行辅助支承,并在夹紧的同时控制夹紧点变形量的夹紧工艺。

如图 2-113 所示的构架局部夹紧实例,将构架和加工夹具定位放置好后,首先在压板夹紧点处,放置一块磁力百分表并将表针预压缩约 0.1mm,然后用手旋转表盘将表针归零,旋起夹紧点处的下部辅助支承,顶在该夹紧点的下表面上,磁力百分表的表针被顶起约 0.2mm。然后再将该夹紧点的上部压板进行夹紧,保证被顶起 0.2mm 的磁力百分表表针归零。这种夹紧工艺,可以保证每处夹紧点的下方辅助支承是有效支承的,并且可以有效控制构架每处夹紧点的夹紧变形量。当构架所有夹紧点,按上述方法逐个夹紧后,需要检查构架和加工夹

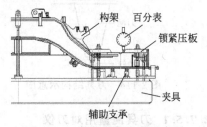

图 2-113　构架局部夹紧示意图

具的纵向、横向和垂向定位是否发生了偏移，确认没有问题后，才能启动设备进行构架加工作业。

上述夹紧工艺，由于构架每次装夹加工时，都要进行构架周边及上下各处约数十点辅助支承的旋起再锁紧、压板夹紧、磁力百分表控制夹紧变形量等人工作业，因此目前构架装夹存在装夹时间长、操作者劳动强度大、影响加工效率等问题。为了解决这些问题，可以采用液压辅助支承、液压压板等自动控制夹紧工艺，实现构架所有夹紧点的自动夹紧和松开，并且可以通过设定系统液压压力来控制夹紧力和夹紧变形量，但液压自动夹紧工艺一次性投入成本较高。

2.7.5 构架加工刀具

通常构架加工刀具主要由图 2-114 所示的切削刀头（如钻头、镗头、铣刀头等类型）、刀柄和拉钉等组成。构架加工所需的各种刀具准备好后，先人工放置到加工设备刀库中的相应刀具位置上（加工设备应配置自动换刀系统）；加工时设备刀库的换刀机械手会自动根据加工程序，将设置好的刀具自动安装到设备附件动力头的主轴端部；加工设备主轴的扭矩通过刀柄传递给切削刀头，进行刀具旋转切削加工作业。

切削刀头直接作用于工件表面，进行钻、镗、铣等切削加工作业。切削刀头可以根据具体刀具结构，通过螺钉拧紧、弹簧夹紧、液压夹紧等方式，定位安装到刀柄上。刀柄和拉钉能够实现刀具精确定位、拉紧并快捷地安装到加工设备附件动力头主轴端部，保证刀具中心和设备主轴中心一致，且保证刀具能够承受加工过程中各个方向的切削力。

构架加工刀具，主要是根据具体加工设备、加工部位的要求和加工程序等确定的。一般需要提前确定切削刀头类型及直径 d、刀具长度 h、切削参数（刀具转速 n、进给量 f、切削深度 l）等信息，其中刀具长度、切削刀头半径，需要通过图 2-115 所示的对刀仪准确测量出来，并输入加工设备控制系统中的刀具号参数设置中。当加工程序执行过程中，自动调用该刀具号时，设备控制系统会自动将该刀具长度、刀头半径数值和加工程序的线性轴加工行程进行加或减补偿计算（简称刀补）。这样可以实现在加工程序不变的情况下，即使更换了不同长度和直径的刀具，同样可以加工出合格的构架来，并且通过局部修改刀补参数，可以更方便快捷地保证加工尺寸精度要求。

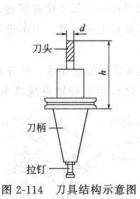

图 2-114 刀具结构示意图

图 2-115 对刀仪

2.7.5.1 刀具测量用对刀仪

如图 2-115 所示，对刀仪能够完成直径 $\geqslant \phi 400\text{mm}$、长度 $\geqslant 500\text{mm}$ 的各种刀具测量，显

示精度 0.001mm，重复测量精度 0.002mm。采用数码成像系统将刀具的切削端部进行数十倍放大，通过测量系统自动对焦，测量出刀具的长度、半径等尺寸精度。测量结果可以通过打印机打印成标签，贴在刀柄上，便于操作者输入加工设备控制系统的刀具号参数设置中。

2.7.5.2 常用切削刀头及切削参数选择确定

构架加工常用切削刀头有立铣刀、面铣刀、镗刀、钻头、三面刃铣刀、丝锥等类型，具体刀具参数需要根据构架加工部位的尺寸精度、表面粗糙度、加工效率、切削使用寿命等来进行综合选择。刀具在加工过程中的切削参数，主要有刀具转速 $n(r/min)$、进给量 $f(mm/r)$ 和切削深度 $l(mm)$ 等。刀具转速一般是根据刀具的切削线速度 $v_c(m/min)$ 和加工设备的主轴最高转速 $s(r/min)$ 等确定的，而刀具切削线速度根据工件加工材质确定，在刀具样本里可以查询到。根据公式 $v_c=3.14dn/1000$（d 为刀具直径），通过切削线速度 v_c 就可以计算出刀具转速 n。进给量 f、切削深度 l 根据加工工况，主要包括粗加工、精加工等及刀具样本推荐综合确定。一般在加工过程中，刀具转速 n 和进给量 f 根据实际加工情况可以通过设备控制系统操作面板上的倍率旋扭随时进行调整。

2.7.5.3 常用刀柄种类及标准

刀柄根据所装夹的切削刀头和夹紧方式，又分为基本刀柄（可以装夹弹簧夹头接柄、钻夹头接柄、侧压式接柄、丝锥接柄等）、面铣刀刀柄、三面铣刀刀柄、立铣刀刀柄等。构架加工刀柄规格一般为锥度 7∶24 的 50 型号，加工设备配置的窄直角铣头一般为 40 型号刀柄。

构架加工常用的刀柄及拉钉标准主要有：德国刀柄标准为 DIN 69871《7/24 自动换刀锥柄》、拉钉标准为 DIN 69872《夹紧用的限动旋钮》；国际刀柄标准为 ISO 7388-1《自动刀具更换器的 7/24 锥度刀柄—第 1 部分：40，45 和 50 号刀柄尺寸》、拉钉标准为 ISO 7388-2《自动刀具更换器的 7/24 锥度刀柄—第 2 部分：40，45 和 50 号刀柄的紧固钮尺寸和机械特性》；日本刀具标准为日本标准 JIS B 6339《多工序自动数控机床刀柄及止动旋钮》等。

2.7.5.4 构架加工实际切削应用示例

上述构架加工所需的设备、夹具、刀具都是为了构架实际切削加工而准备的，如图 2-116 所示的动车构架轴箱定位座的外侧面、内侧面、定位槽、螺纹孔等在数控落地镗设备上加工。

图 2-116　构架轴箱定位座加工部位示意图

① 铣轴箱定位座端面，详见图 2-117 所示的铣定位座端面工序卡片，所用的 $\phi 80mm$ 方肩铣刀如图 2-118 所示，刀具长度为 107mm。

② 粗铣轴箱定位座内档立面，详见图 2-119 所示的铣定位座内档工序卡片，所用的 $\phi 65mm$ 玉米铣刀（长刃铣刀）如图 2-120 所示，刀具长度为 191mm。所用的 $\phi 160mm$ 三面刃铣刀如图 2-121 所示，刀具长度为 98mm。

文件名称	产品型号	产品名称	零部件图号	零部件名称	文件编号	
构架加工工艺规程	CW300	转向架	A6Z0000977	拖车构架	艺机692CW300-002	
工序号	1	工序名称	铣定位座端面	设备名称	数控落地铣镗加工中心	设备型号	FR-10000

附图1	工步号	工艺方法、技术要求	切削深度/mm	走刀次数	进给量/(mm/min)	转数/(r/min)	刀具名称规格	量具名称规格
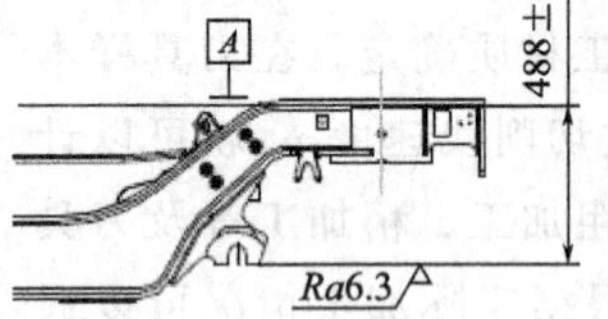	1	铣轴箱定位座端面,粗糙度为 Ra6.3μm,并保证到基准A尺寸 448±0.5mm	1~3	5	1534	940	φ80方肩铣刀	

图 2-117　铣定位座端面工序卡片

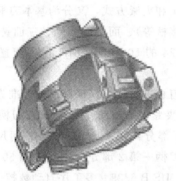

图 2-118　方肩铣刀示意图

文件名称	产品型号	产品名称	零部件图号	零部件名称	文件编号	
构架加工工艺规程	CW300	转向架	A6Z0000977	拖车构架	艺机692CW300-002	
工序号	2	工序名称	铣定位座内挡	设备名称	数控落地铣镗加工中心	设备型号	FR-10000

附图2	工步号	工艺方法、技术要求	切削深度/mm	走刀次数	进给量/(mm/min)	转数/(r/min)	刀具名称规格	量具名称规格
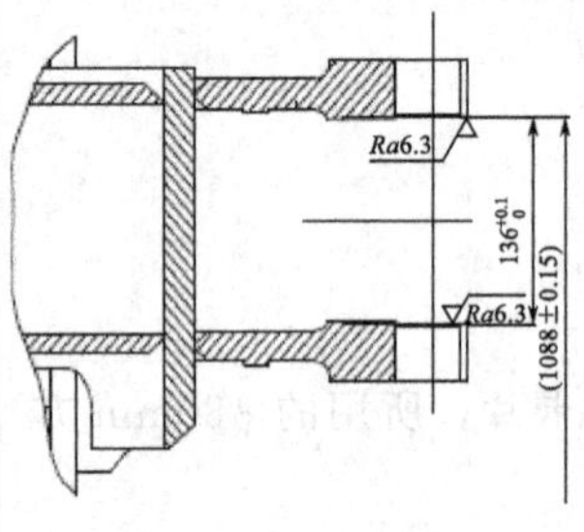	1	粗铣轴箱定位座内挡表面,粗糙度Ra12.5μm。	1~5	12	806	790	φ65长刃铣刀	游标卡尺
	2	精铣轴箱定位座内挡表面,保证内挡尺寸136(0,+0.1)mm和到构架横向中心尺寸(1088±0.15)mm。粗糙度Ra6.3μm。	0.5	1	459	539	φ160三面刃铣刀	

图 2-119　铣定位座内挡工序卡片

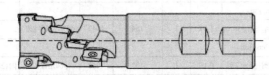

图 2-120 长刃铣刀示意图　　　　图 2-121 三面刃铣刀示意图

③ 铣削轴箱定位座外侧面，详见图 2-122 所示的铣定位座外侧面工序卡片，所用的 ϕ160 面铣刀（45°）见图 2-123 所示，刀具长度为 113mm。

文件名称		产品型号	产品名称	零部件图号	零部件名称	文件编号
动车构架加工工艺规程		CW300D	300km/h动车转向架	A6Z00000909677	动车构架	艺机692CW300-051
工序号	11	工序名称	铣定位座外侧面	设备名称	数控落地镗	设备型号	FR-12000

工步号	工艺方法、技术要求	切削深度/mm	走刀次数	进给量/(mm/min)	转数/(r/min)	刀具名称规格	量具名称规格
1	铣削轴箱定位座外侧面，保证厚度尺寸38mm，粗糙度为 Ra12.5μm。	1～3	8	1442	645	ϕ160面铣刀45°	

图 2-122 铣定位座外侧面工序卡片

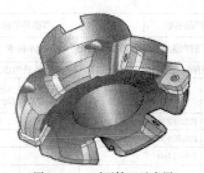

图 2-123 45°面铣刀示意图

④ 镗轴箱定位座槽，详见图 2-124 所示的镗定位座槽工序卡片，所用的 ϕ56mm 粗镗刀和 ϕ59.7mm 半精镗刀见图 2-125，刀具长度分别为 165.9mm、165.2mm。ϕ60mm 精镗刀见图 2-126，刀具长度为 165.4mm。

文件名称	产品型号	产品名称	零部件图号	零部件名称	文件编号	
构架加工工艺规程	CW300	转向架	A6Z0000977	拖车构架	艺机692CW300-002	
工序号	4	工序名称	定位座U形槽加工	设备名称	数控落地铣镗加工中心	设备型号	FR-10000

附图4	工步号	工艺方法、技术要求	切削深度/mm	走刀次数	进给量/(mm/min)	转数/(r/min)	刀具名称规格	量具名称规格
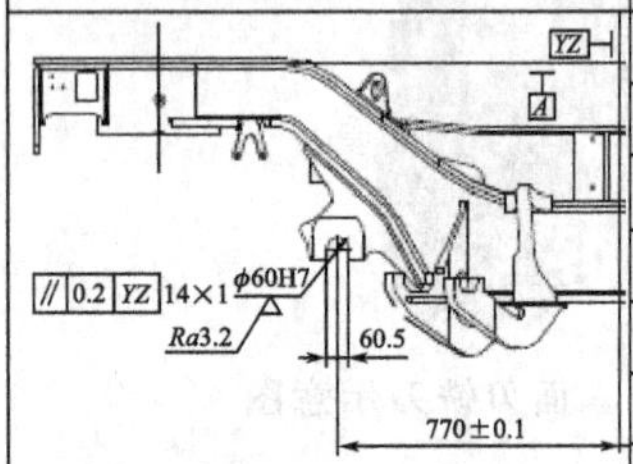	1	粗镗轴箱定位座槽半圆孔至φ56mm,粗糙度Ra12.5μm。	1～3	1	412	1141	φ56粗镗刀	
	2	半精镗轴箱定位座槽半圆孔φ56至φ59.7mm,粗糙度Ra6.3μm。	1.85	1	154	1042	φ59.7半精镗刀	
	3	精镗轴箱定位座槽半圆孔φ59.7至φ60mm,保证孔尺寸精度为H7,并保证平行度0.2mm和定位尺寸770±0.1mm,粗糙度Ra3.2μm。	0.15	1	108	1042	φ60精镗刀	内径千分表
	4	铣轴箱定位座槽半圆孔相切的U形立面,保证U形面宽度尺寸为60.5mm,粗糙度Ra12.5μm。	1～3	2	618	2015	φ32长刃铣刀	游标卡尺

图 2-124 镗定位座槽工序卡片

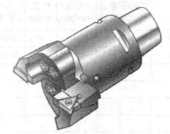

图 2-125 粗镗刀示意图

图 2-126 精镗刀示意图

⑤ 铣削轴箱定位座倒角,详见图 2-127 所示的铣倒角工序卡片,所用的双面倒角铣刀(倒角立铣刀)见图 2-128 所示,刀具长度为 242.5mm。

文件名称	产品型号	产品名称	零部件图号	零部件名称	文件编号	
构架加工工艺规程	CW300	转向架	A6Z0000977	拖车构架	艺机692CW300-002	
工序号	5	工序名称	铣削定位座倒角	设备名称	数控落地铣镗加工中心	设备型号	FR-10000

附图5	工步号	工艺方法、技术要求	切削深度/mm	走刀次数	进给量/(mm/min)	转数/(r/min)	刀具名称规格	量具名称规格
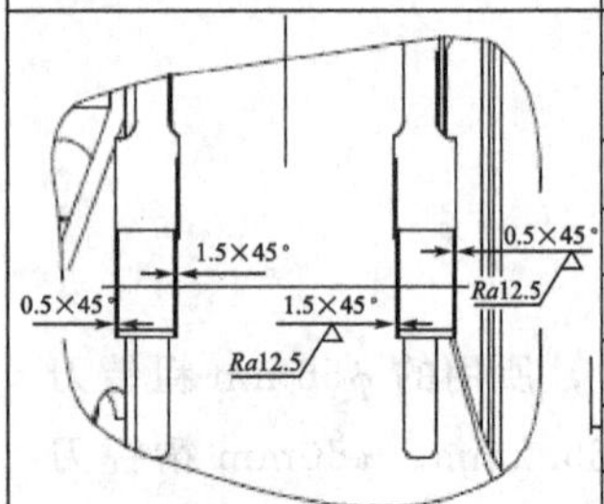	1	铣轴箱定位座处内1.5×45°倒角和外侧0.5×45°倒角,粗糙度为Ra12.5μm。	0.5～1.5	1	962	1455	双面倒角铣刀	

图 2-127 铣定位座倒角工序卡片

⑥ 钻攻轴箱定位座螺纹孔，详见图2-129所示的钻攻定位座螺纹孔工序卡片，所用的 φ18.8mm内冷麻花钻见图2-130所示，刀具长度为203mm；孔口倒角刀（倒角立铣刀）见图2-131所示，刀具长度为200mm；M20挤压成型机用丝锥见图2-132所示，刀具长度为203.5mm。

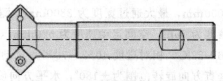

图2-128 双面倒角铣刀示意图

文件名称	产品型号	产品名称	零部件图号	零部件名称	文件编号	
构架加工工艺规程	CW300	转向架	A6Z0000977	拖车构架	艺机692CW300-002	
工序号	6	工序名称	定位座螺纹孔加工	设备名称	数控落地铣镗加工中心	设备型号	FR-10000

附图6	工步号	工艺方法、技术要求	切削深度/mm	走刀次数	进给量/(mm/min)	转数/(r/min)	刀具名称规格	量具名称规格
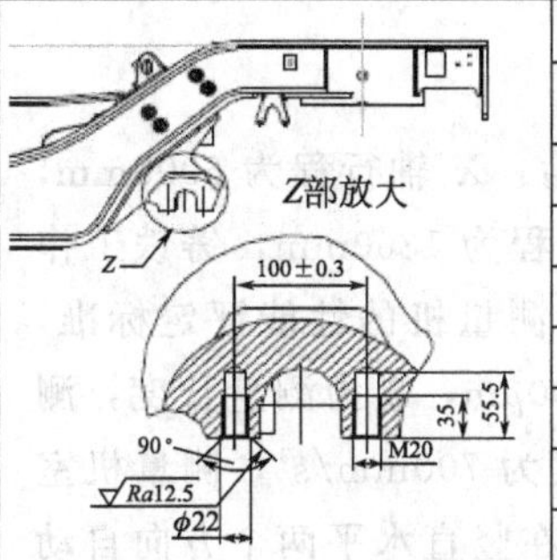	1	钻轴箱定位座上表面的M20底孔 φ18.8mm，保证孔深55.5mm。	9.4	1	316	1250	φ18.8内冷钻头	游标卡尺
	2	对底孔进行倒角，保证尺寸 φ22×90°，粗糙度为Ra12.5μm。	1.6	1	95	320	孔口倒角刀	
	3	在φ18.8底孔内涂攻螺纹用润滑脂，然后用M20挤压成型机用丝锥进行攻螺纹，保证螺纹有效深度为35mm，并保证尺寸100±0.3mm。	2.1	1	400	160	M20挤压成型机用丝锥	螺纹塞规

图2-129 钻攻定位座螺纹孔工序卡片

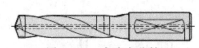

图2-130 内冷麻花钻

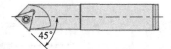

图2-131 倒角立铣刀

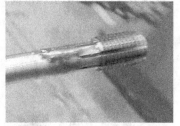

图2-132 挤压成型用丝锥

2.7.6 构架加工尺寸精度测量

构架加工后的各个尺寸一般需要进行抽检测量，针对构架形位公差、长大尺寸、空间尺寸等，当人工使用测量工具不能有效完成准确测量时，则需要到三坐标测量机上完成，以便确保构架加工质量100%合格。构架测量工具，主要有游标卡尺、深度尺、内径千分尺、内径百分表/千分表等。构架测量设备，主要有龙门式三坐标测量机、双悬臂三坐标测量机、关节臂式测量机等。由于构架测量设备对测量环境的温度和相对湿度有较严格的要求，一般需将测量设备布置在带空调装置恒温除湿的密闭辅间内。

2.7.6.1 构架测量设备

(1) 龙门式三坐标测量机

如图2-133所示的龙门式三坐标测量机设备参数为：$X/Y/Z$轴行程为3500mm/5000mm/

2000mm，最大通过宽度为3800mm，测量精度为$7+L/350\mu m$，L为测量长度，测头探测精度为$7\mu m$，空间运动速度为520mm/s，空间运动加速度为800mm/s²，测量机室温要求为16~22℃，相对湿度40%~70%，自动分度测头系统可在竖直和水平两个方向自动旋转，垂直方向旋转范围为±180°，水平方向旋转范围为-115°~90°，最小分度为7.5°，重复性定位精度≤0.5μm。

该设备具有测头管理、零件坐标系管理、工件找正功能、检测报告输出打印、检测预览、特征构造、特征测量、温度补偿等功能，能够实现点、线、面、圆、圆柱、圆锥、球、圆槽和方槽等基本几何元素测量；能够输出尺寸、位置和形位偏差等；能够实现直线度、平面度、圆度、圆柱度、圆锥度以及圆环和球面等几何元素的评价。能够计算两个几何元素间位置关系，如中点、距离、投影、相交等，并能够实现平行度、垂直度、角度、对称度、位置度、同轴度、同心度、轴向跳动、径向跳动、轴向全跳动、径向全跳动等相对基准几何要素真实位置度的评价等。

(2) 双悬臂三坐标测量机

双悬臂式三坐标测量机的结构如图2-134所示。该设备参数为：X轴行程为6000mm，Y轴单臂行程为1600mm，Y轴双臂测量范围为3000mm，Z轴行程为1800mm，铸铁工作台长×宽为6000mm×3000mm，精度指标根据ISO 10360-2坐标测量机的性能评定标准，单臂测量精度为$25+L/40≤70\mu m$，双臂测量精度为$35+L/30≤90\mu m$，L为测量长度，测头探测精度≤20μm，空间运动速度为520mm/s，空间运动加速度为700mm/s²，测量机室温要求为16~24℃，相对湿度40%~70%，自动分度测头系统可在竖直水平两个方向自动旋转，垂直方向旋转范围为±180°，水平方向旋转范围为-115°~90°，最小分度为7.5°，重复性定位精度≤0.5μm。本设备与图2-133龙门式三坐标测量机功能基本相同，只是测量精度没有龙门式的测量精度高，但测量效率要比龙门式的高。

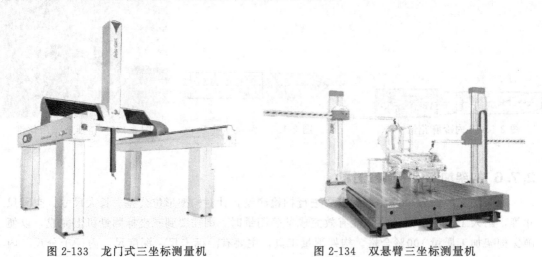

图2-133 龙门式三坐标测量机　　图2-134 双悬臂三坐标测量机

2.7.6.2 构架测量工艺要求

为了有效保证构架的测量精度要求，采用的测量工具或测量设备精度应优于构架的尺寸精度要求的三分之一以上，并且需要将被测量构架和测量设备的环境温度同温8h以上再进行测量。由于构架外形不规则且加工后需要测量的尺寸很多，为了提高测量效率，要能够实现构架一次性放置到设备工作台上后，自动完成构架各尺寸的测量。测量时构架应水平稳固支承在三坐标测量设备的工作平台上，避免出现晃动。三坐标测量设备在构架上取点构建 $X/Y/Z$ 坐标系时，取点的位置应和构架装夹加工时的工艺基准或设计基准一致或在精度更高的位置取点，避免由于基准不统一或基准不正确，造成测量结果与实际尺寸的偏差。构架尺寸在三坐标测量机上完成测量后，应出具测量结果报告，并需要测量操作者签字盖章以便证明测量结果的有效性。

2.8 转向架构架涂装

2.8.1 构架涂装的基本概念

2.8.1.1 构架涂装的必要性

转向架必须涂装的原因在于：构架用钢在大气环境下容易腐蚀；构架所处的工作环境恶劣，构架必须满足溅水、砂石击打、粪便黏附、虫鸟尸体以及酸碱性清洗剂接触腐蚀的需要；转向架整体需要有一定的颜色，以便与整车颜色、装饰协调。

城轨地铁车辆通常情况下规定 5 年架修（局部补漆）、10 年大修（脱漆、探伤后整体重新涂漆）。动车组规定了三级修、四级修、五级修。以 CRH 3 型系列动车组为例，三级修程 (120±12) 万公里或 3 年；四级修程 (240±12) 万公里或 6 年；五级修程 (480±12) 万公里或 12 年。三、四级修需要局部补漆，五级修（480 万公里）则脱漆、探伤后整体重新涂漆。就是说转向架构架的油漆要保证 10～12 年的防腐时间，属于重防腐范畴。其核心含义为涂层体系经适当涂装后在严酷的腐蚀环境下为基底提供较长期的防腐蚀保护。它在海洋环境和化工大气中通常可使用 10 年以上；而在酸、碱、盐及溶剂介质中，并在一定温度的条件下，可使用 5 年以上。

2.8.1.2 涂装基本概念

（1）涂料

是一种流动状态或粉末状态的物质，能够均匀覆盖并良好附着在物体表面形成固体薄膜。它是具有防护、装饰或特殊功能的材料。涂料分为有机涂料和无机涂料，目前应用最为广泛的是有机涂料。

涂料一般有四种基本成分：成膜物质（树脂、乳液）、颜料（包括体质颜料）、溶剂和添加剂（助剂）。

① 成膜物质是涂膜的主要成分，如油脂、油脂加工产品、纤维素衍生物、天然树脂、合成树脂和合成乳液等，其中还包括部分不挥发的活性稀释剂。成膜物质是使涂料牢固附着于被涂物面上形成连续薄膜的主要物质，是构成涂料的基础，决定着涂料的基本特性。

② 颜料一般分两种：着色颜料，常见的钛白粉、铬黄等；体质颜料，也就是常说的填料，如碳酸钙、滑石粉等。

③ 溶剂包括烃类、醇类、醚类、酮类和酯类物质，如矿物油精、煤油、汽油、苯、甲苯、二甲苯等。溶剂和水的主要作用在于使成膜基料分散而形成黏稠液体。它有助于施工和改善涂膜的某些性能。

④ 助剂有消泡剂、流平剂等，还有一些特殊的功能助剂如底材润湿剂等。这些助剂一般不能成膜并且添加量少，但对基料形成涂膜的过程与耐久性起着相当重要的作用。

根据涂料中使用的主要成膜物质可将涂料分为油性涂料、纤维涂料、合成涂料和无机涂料；按涂料或漆膜性状可分溶液、乳胶、溶胶、粉末、有光、消光和多彩美术涂料等。近年来发展迅速的环境友好型涂料有水性涂料、无溶剂涂料、高固体分涂料、紫外光固化涂料、粉末涂料等。

（2）涂装

是指将涂料涂敷于基底（金属、木材、混凝土、塑料、皮革、纸张、玻璃等）表面上，经干燥成膜的工艺。有时将涂料在被涂物表面扩散开的操作也称为涂装，俗称"涂漆"或"油漆"，已固化的涂料膜称为涂膜（俗称漆膜）或涂层（涂层一般是指由两层以上的涂膜所组成的复合层）。

（3）影响涂膜质量的要素

① 涂装材料。获得优质涂膜的基本条件是选用涂装前处理剂和涂料的质量及其作业配套性。选用涂料时，一般从涂料的作业性能、涂膜性能、经济效果等方面综合考虑。

② 涂装工艺。涂装工艺包括涂装技术、涂装设备和涂装工具、涂装环境条件等。

③ 涂装管理。涂装管理包括工艺管理、设备管理、工艺纪律管理、现场环境管理、人员管理等。涂装管理是确保涂装工艺的实施，达到涂装目的和涂膜质量的重要条件。

2.8.1.3 构架涂层结构

转向架构架涂层结构一般分为三种情况：外露表面涂层结构，技术要求见表2-26；非外露表面的涂层结构，技术要求见表2-27；焊接空腔内的涂层结构，技术要求见表2-28。

表2-26 转向架构架外露表面涂层结构

涂层结构	材质名称	干膜厚度合格标准	备注
防锈底漆	双组分环氧底漆	60μm	允许40~80μm
	双组分环氧底漆固化剂		
	配套稀释剂		
厚浆漆涂层	双组分环氧厚浆漆	150μm	允许120~220μm
	双组分环氧厚浆漆固化剂		
	配套稀释剂		

表2-27 转向架构架非外露表面涂层结构

涂层结构	材质名称	干膜厚度合格标准	备注
防锈底漆	双组分环氧底漆	60μm	连接件的结合表面厚度为40~80μm（有特殊规定的，按照规定要求执行）
	双组分环氧底漆固化剂		
	配套稀释剂		

表2-28 转向架构架焊接空腔内的涂层结构

涂层结构	材质名称	涂层厚度合格标准	备注
内腔防腐涂层	内腔结构防腐液（蜡基）	30~60μm	涂料黏度决定涂层厚度

2.8.2 涂装材料选择

按照涂料成膜物树脂分类，轨道车辆上使用的涂料主要包括醇酸树脂涂料、环氧树脂涂料、不饱和聚酯涂料、聚氨酯涂料、聚脲涂料、氟碳树脂涂料等类型。

① 单组分醇酸涂料　单组分涂料的固化剂、醇酸树脂、促进剂等都在一起，涂料直接使用即可固化成膜，主要用于颜色标识。

② 双组分环氧涂料　包括双组分环氧底漆、双组分环氧厚浆漆。双组分涂料是树脂为一个组分，固化剂、促进剂为另一个组分，需要按照规定的比例混合后再使用才能固化成膜。

③ 聚氨酯涂料　双组分聚氨酯面漆涂料。

④ 水性涂料　水性涂料是以水作为分散介质，代替传统的二甲苯、乙酸乙酯、醋酸丁酯等有毒、有害溶剂，以天然或人工合成高分子聚合物及无机材料作为成膜物质，并辅以助剂、颜填料等的一种混合液体，涂覆到物体上，通过物理或化学交联干燥后，形成一层致密、有光泽的装饰性和保护性涂膜。

⑤ 蜡基防锈涂料　包括内腔防腐液、镀锌紧固件表面防护蜡等，可以用于车辆的防锈，为机器和零件的室内外存储及运输提供卓越的保护。

⑥ 其他功能型涂料

a. 无溶剂聚脲涂料（简称SPUA）是近十年来兴起的一种环保涂料。SPUA具有优异的综合力学性能，耐候性能好，耐冷、热冲击，对湿度和温度不敏感。它还可以加入各种颜料制成不同颜色产品，并可掺入其他填料如短玻璃丝纤维等对其进行增强，可快速喷涂、现场固化，价格较贵。

b. 绝缘涂料：具有高的体积电阻率和击穿强度，主要用于异种金属之间起防止电化学腐蚀的作用。

c. 防冰雪涂料：它在材料表面形成一薄层特殊取向的疏水分子层，实质上相当于在被保护表面与冰晶之间筑起一层分隔膜，赋予表面超低表面能以抗冰雪附着、超低摩擦系数以提高耐磨特性。

环氧涂料的防腐蚀性能优于聚氨酯涂料，而聚氨酯涂料的耐老化、耐化学清洗剂的性能优于环氧涂料。所以环氧涂料多作为底漆来使用。目前转向架构架用涂料主要是双组分环氧底漆＋双组分环氧厚浆面漆；部分项目采用双组分环氧底漆＋双组分聚氨酯面漆；特殊应用的构架表面使用功能性涂料，如防冰雪涂料、抗石击涂料等。近年来随着对环保要求的提高，水性涂料开始应用于转向架构架涂装，如深圳地铁9号线西延线项目以及深圳地铁10号线项目的构架都批量使用了水性涂料。

在构架涂装生产中，为保证构架的涂装质量，都会根据各项目的要求，制定相应的涂料技术条件，同时满足相应的标准要求，如TB/T 2260—2001《铁路机车车辆用防锈底漆》，TB/T 2393—2001《铁路机车车辆用面漆》，TB/T 2879—1998《铁路机车车辆涂料及涂装》，Q/CR 546.4—2016《动车组用涂料与涂装　第4部分：转向架用涂料及涂层体系》等。

除了油漆涂料和内腔结构蜡基防腐液为转向架构架的主要防腐蚀材料之外，构架与其他零部件接触部位在装配工序使用的润滑剂和装配膏等材料也有防腐蚀作用。为了避免构架组成上不能焊接的断焊缝的缝隙内进水生锈，需要在油漆涂装之后涂打胶黏剂进行密封。构架装配后，外露底漆表面和外露金属表面还要进行补漆，这也是保证构架耐腐蚀性的重要环节。

2.8.3　构架涂装工艺

构架涂装总体工艺流程包括三部分，即涂装前处理、油漆涂装、涂装后处理。

（1）涂装前处理

① 脱脂　在涂装前洗净被涂物表面上污油的工序即称为脱脂（又称为除油），一般分为

预脱脂和脱脂两道工序。其原理是在机械力的作用下通过皂化、乳化、分散等化学反应，溶解和洗去油污。构架前处理清洗工艺流程及工艺参数见表2-29。如果构架上有腔体，清洗前需要使用保护堵对腔体进行防护，以免腔体进水后无法排出。

表2-29 构架前处理清洗工艺流程及工艺参数

序号	工序	工艺参数			辅助材料
		温度/℃	时间/min	浓度	
1	清洗前保护	室温	10～20	—	保护堵
2	上件	室温	5	—	
3	脱脂	60±5	5～10（根据工件油污情况确定）	2%～5%，工作浓度pH值9～10	T-901清洗剂（或其他等效产品）
				清洗剂用量的2%～3%	T-801消泡剂（选用，或其他等效产品）
4	水洗1	室温	1～3	—	
5	水洗2	室温	1～3	2.5%～4.0%，浓度pH值9	防锈剂（三乙醇胺）
6	吹水	室温	10～20（根据工件复杂情况确定）	—	
7	水分烘干	120±5	20	—	
8	强冷	室外温度	10	—	
9	下件	室温	5	—	
10	去保护	室温	5～10	—	

② 抛丸清理 通过抛丸设备高速旋转的叶轮把钢丸、砂粒等磨料以很高速度和一定的角度抛射到工件表面上，让丸料冲击工件表面，产生冲击和磨削作用消除金属表面异物和产生粗糙度，以提高涂装或涂层的附着力。构架抛丸常用钢丸型号S080，直径0.7～1.0mm，喷射速度70～80m/s。抛丸后尽快进行油漆涂装，一般抛丸和喷漆之间的时间间隔不超过8h为宜（Q/CR 546.5—2016《动车组用涂料与涂装 第5分部：表面处理》中要求抛丸和喷漆之间时间间隔不超过4h）。

抛丸前保护是关键工步。保护部位一般包括：a.产品设计图中规定不允许涂漆的部位；b.标注表面粗糙度符号≤$Ra3.2\mu m$的表面；c.螺纹部位（包括外螺纹和螺纹孔）；d.内腔容易积存丸粒不易清理部位。螺纹孔可采用相应尺寸规格的钢制螺栓、塑料螺堵、橡胶保护堵等进行保护；加工配合孔可采用橡胶塞、胶带、其他材料的保护盖对配合孔保护；加工平面采用布基胶带、橡胶板、尼龙板、钢板等保护。

③ 喷漆保护 根据图纸技术要求，对工件表面的螺纹孔、不能涂漆的精密配合表面进行喷漆保护，可以使用纸胶带或者塑料遮蔽保护膜等材料进行喷漆保护，分为喷涂底漆前保护、喷涂面漆前保护。

喷涂底漆前保护主要是保护螺纹孔、加工粗糙度$Ra3.2\mu m$以下的精加工表面。有些项目关键部位的紧固件配合面也要求不能涂漆，需要保护。

喷涂面漆前保护主要是保护零部件装配面、紧固件配合面。为了满足装配需要，底漆涂层不能太厚，太厚的涂层会影响螺栓的紧固力矩（个别项目甚至要求配合表面不能涂底漆，只采用涂防护蜡的方式进行防锈），为此，在涂下一层面漆之前需要对配合表面进行遮蔽保护。零部件装配面、紧固件配合面涂底漆（个别项目不涂漆），主要是考虑漆膜影响紧固件装配后的紧固力矩或者放松垫圈的防松需要。

喷漆保护使用纸胶带和喷漆保护贴，涂装车间使用绘图切割机和喷漆保护膜制作。构架喷漆保护贴切割图如图2-135所示，喷涂面漆前保护的实物状态如图2-136所示。

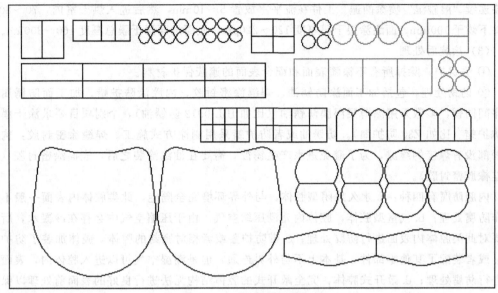

图2-135　构架喷漆保护贴切割图

(2) 油漆涂装

构架结构复杂，形式多样，目前都采用人工高压无气喷涂的方式进行构架油漆涂装，见图2-137。喷涂前要检查涂料的名称、保质期。使用涂料搅拌器将主剂桶内的涂料搅拌均匀，要求搅拌不少于2min。采用称重法按比例混合适量双组分底漆/面漆主剂和固化剂，并用配套稀释剂调节到合适的喷涂黏度。使用413/415枪嘴采用无气喷涂的方式在构架表面喷漆，如图2-138所示为高压无气喷涂机。

图2-136　喷涂面漆前保护的实物状态

图2-137　油漆涂装线

图2-138　高压无气喷涂机

底漆喷涂一遍。要求喷涂均匀严密，无遗漏部位，无流坠。工件在流平室内放置 5～10min，然后进入烘干室内，70～80℃条件下烘干 100min。底漆涂层干膜厚度 40～80μm。面漆连续"湿碰湿"喷涂两遍。工件在流平室放置 5～10min，然后进入烘干室内，70～80℃条件下烘干 100min。面漆涂层干膜厚度 120～220μm，底漆加面漆干膜总厚度 160～300μm。

（3）涂装后处理

① 去保护，除掉所有不涂漆表面和配合表面的遮蔽保护材料。

② 防锈处理，包括加工面涂防锈油、焊缝涂密封胶、内腔涂防护蜡。加工面防锈属于工序间防锈，多数采用涂薄层湿膜防锈油（比如 IBL-0912 防锈油），个别项目要求涂干膜薄层防护蜡（比如 Z30 防护蜡）。防锈油或者防护蜡采用刷涂方式施工。焊缝涂密封胶：构架上局部没有焊接的缝隙，为了避免进水产生锈蚀，需要在油漆涂装之后，表面涂密封胶（多为硅橡胶密封胶）。

内腔防腐有四种：a.永久封闭型腔体，与外界环境完全隔绝，此类腔体内表面一般不需要作防腐处理；b.气室型腔体，腔体内充满压缩空气，由于压缩空气中会存在冷凝水，所以需要对此类腔体内表面进行防腐处理；c.带防护盖或者相对密封的腔体，腔体加装了防护堵盖，或者装配了其他零部件，基本上不与外界连通，但是潮湿空气可以进入腔体内，表面需要进行防腐处理；d.敞开式腔体，完全敞开式的腔体结构无法进行良好的表面前处理以保证涂层的附着力，因此无法采用喷漆的方式进行防腐；有些腔体太深，喷漆难以达到腔体底部，这两种情况需要采用喷涂的方式进行内腔防腐施工。内腔防腐施工方式，根据腔体形式不同，分为灌涂和喷涂两种形式。内腔喷涂采用软管喷枪。

③ 涂打标记。构架上的标记主要有 RAL1003 黄色、RAL3002 红色、白色等几种颜色，一般采用手工刷涂或者辊涂方式施工，比如吊耳 RAL1003 黄色标记，使用纸胶带保护好边界后刷涂 2 遍单组分标记漆。构架顶起标记、起吊标记、支承点标记涂 RAL1003 黄色，应力标记（包括：起止线和箭头）涂 RAL3002 红色，使用不干胶字漏按照图纸要求粘贴在指定位置，然后刷涂 2 遍单组分标记漆。油漆干燥后去除纸胶带和不干胶字漏。构架组成上常见标记见表 2-30，构架标记实物照片如图 2-139 所示。

表 2-30 构架组成上常见标记

顶起标记	【不干胶字漏喷涂】	转向架横向中心线 / 空气弹簧座底部边缘
起吊标记	【不干胶字漏喷涂】	(图示：25、30、80、10)
支承点标记	【不干胶字漏喷涂】	(图示：80、10、30、25)

续表

| 应力标记
(包括:起止线和箭头) | 【不干胶字漏喷涂】 | |

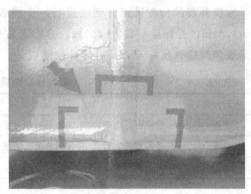

图 2-139 构架表面涂打应力标记后的实物状态

(4) 构架涂装施工环境与环境保护

构架涂装的施工环境如下:

① 环境温湿度。最低温度不小于12℃,最适宜的环境是温度≥18℃,相对湿度≤80%;水性涂料湿度以20%~80%为宜。

② 被涂工件的温度必须高于露点温度3℃。

③ 油漆涂料要在施工现场同温至少8h,并且温度不低于15℃。

涂装除了产生危害大气的污染物(如 VOC 挥发性有机化合物、SO_2、CO 等)、温室气体(CO_2)和涂装污水外,还包括禁用或限制使用的有毒有害物质、持续性有机污染物和固态工业废弃物。涂装公害属于化学污染,污染治理恢复到污染发生前的生态极为困难,因为它向自然界(大气、水流和土壤)浸透,属于一种不可逆过程,走"绿色涂装"是必由之路。

① 涂装前处理采用环保型脱脂剂(如无磷的生物分解型脱脂剂)替代磷酸盐系脱脂剂(如多聚磷酸钠)。

② 涂装过程中使用低VOC涂料（水性涂料、高固体分涂料、无溶剂涂料、粉末涂料）替代有机溶剂型涂料。例如新型紫外光固化涂料不含有机溶剂，少污染，冷光固化，减少常规涂料烘干干燥过程中的能耗。

③ 废弃物处理方面应尽量减少废弃物产生，包括提高涂装物的清洁度，减少脱脂污泥；采用新的表面处理工艺，消除或减少磷化沉渣；提高喷涂施工中的上漆率，减少过喷涂漆雾量；包装容器应尽可能反复使用；废弃物应做到分类收集存放，以便专业化处理等。

2.8.4 质量检测与常见问题

2.8.4.1 涂装质量检测项点

零部件装饰表面的特征应符合如下要求：①涂层结构完整，涂膜连续，厚度均匀，不应有油漆脱落、边缘厚度不足及虚喷现象；②涂膜颜色和外观符合要求、油漆涂层厚度符合要求；③面漆涂膜光泽度符合要求；④涂膜附着力符合要求。

2.8.4.2 检测方法

（1）涂膜外观

根据涂膜外观表面的重要性将产品涂膜表面分为Ⅰ类、Ⅱ类、Ⅲ类，详见表2-31。外观缺陷类型和判定标准见表2-32。

涂膜外观的检查采用目测法进行，Ⅰ类表面应在散射光而无直射阳光的条件下，距离(1~1.5)m，光照度(400±80)lx，检查者按约1m/s步行速度连续走动进行检查。当发现局部缺陷时应做出标记，最后统计缺陷数量。

表 2-31 涂膜表面分类方法

表面分类	说明
Ⅰ类	目视可见表面，对车辆外观有明显影响，如车体外侧表面
Ⅱ类	目视可见表面，但对车辆外观影响较小，如车顶、车底、端墙、转向架构架和其他零部件等
Ⅲ类	不可见表面

表 2-32 外观缺陷类型及判定标准

缺陷类型	判定标准		
	Ⅰ类表面	Ⅱ类表面	Ⅲ类表面
涂膜外观和颜色偏差	涂膜颜色及外观检查按GB/T 9761—2008进行，要求涂膜颜色均匀一致，目测无明显差别，无明显橘皮；颜色偏差也可参照GB/T 3810.16—2016用色差计进行测量，色差符合项目表面装饰技术条件要求	可接受	可接受
涂膜光泽超差或光泽不均匀①	光泽测量平均值与要求相差小于10%，最大处不应超过15%	可接受	可接受
流坠、色斑、胶条印痕或其他印痕、虚边、泛白	不可接受	可接受	可接受
漏喷、露底、开裂	不可接受	不可接受	不可接受
表层划伤	不可接受	长度不大于30mm	可接受
冲击或碰撞造成的损坏	不可接受	面积不大于30mm²	可接受

续表

缺陷类型	判定标准		
	Ⅰ类表面	Ⅱ类表面	Ⅲ类表面
边缘厚膜效应	在光滑的侧墙面和车头前面是不可接受的； 其他部位：长度不大于50mm、宽度不大于7mm、厚度不大于1.5mm		可接受
针孔、缩孔、灰尘（麻点）	在直径25mm范围之内应少于5个		可接受
在直径500mm范围之内缺陷总数［在直径25mm范围之内灰尘（麻点）少于5个时标记为1个缺陷］	≤5个	≤10个	可接受

① 对含铝粉或珠光颜料面层涂膜的颜色偏差和光泽不适用。

（2）涂膜干膜厚度

①底漆层的干膜厚度和整个涂层体系的干膜厚度可直接进行测量；其他涂层的厚度可用挂板法进行测量。②不同零部件或不同部位表面的厚度检测时应均匀选取具有代表性的部位，每次测量点数按表2-33涂膜厚度测量点数量选择，所有测量点的厚度值都不应低于涂层结构设计允许的下限值。③检测厚度超出允许范围上限的非配合零件表面，如果涂层外观及附着力合格，可以接受厚度超标准。④涂层表面呈蜂窝状的阻尼涂层，取点时波峰和波谷应各占50%，以仪器检测显示的数值为准。

表2-33 涂膜厚度测量点数量

部位	表面面积/m² 或直线长度/m	均匀分布测量点数量/个
零部件	<1	3~10
零部件、端墙、转向架构架	1~10	10~20
车顶、侧墙、底架	10~100	20~50

（3）涂膜光泽度

光泽度的检测按GB/T 9754—2007规定进行，测量值应符合项目表面装饰技术条件要求。测量值为按规定角度测量多个点计算的平均值，测量点的位置应具代表性，测量点数量可参照项目涂装技术规范。对于检查不合格的产品，应进行返工，重新检查时测量点的数量应增加50%。

（4）附着力

涂膜附着力的测试采用划格检查或X-切割检查：当涂层厚度不大于300μm时进行划格检查，大于300μm时进行X-切割检查，分为在产品实件上检查和在试板上检查两种。

划格检查按GB/T 9286—2021规定进行。当涂膜厚度不大于80μm时，划格间距为1mm；厚度为80~150μm时，划格间距为2mm；厚度为150~300μm时，划格间距为3mm。在对多层涂膜样板进行检查时，应注明出现损坏的涂膜或界面位置。

X-切割检查按ISO 16276-2规定进行，使用单刃切割器或壁纸刀进行切割，根据ISO 16276-2附录A的规定进行评级。在对多层涂膜试板进行试验时，应注明出现损坏的涂膜或界面位置。

底漆附着力检查可在产品上进行，其他涂层检查可用挂板法。对于构架及零部件实物检查按项目要求执行。对于样板检测不合格的产品，应进行对应实件的检查，实件检查合格视为合格；若实件检查不合格，实件应进行返工，同时增加一件实件检查。

2.8.4.3 常见涂装质量问题

转向架构架油漆涂装常见质量问题如下。

① 油漆涂布不严密，局部漏涂，如图 2-140 所示。

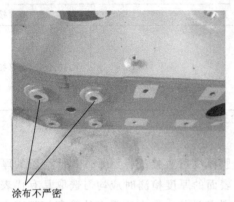 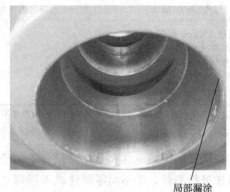

涂布不严密　　　　　　　　　　　　　　　　　　　　　　　　局部漏涂

图 2-140　油漆涂布不严密、局部漏涂

② 喷涂流坠，如图 2-141 所示。

图 2-141　喷涂流坠

③ 喷漆保护错误，喷漆保护偏斜，装配面有油漆，如图 2-142 和图 2-143 所示。

图 2-142　喷漆保护偏斜　　　　　　图 2-143　装配面被涂上了底漆

④ 螺纹孔、装配面有漆皮、丸粒，如图 2-144 所示为装配孔内有漆皮。

⑤ 漆膜附着力差，如图 2-145 所示。

图 2-144 装配孔内有漆皮

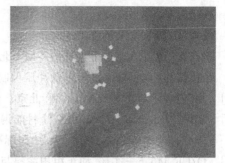

图 2-145 漆膜附着力差实物照片

思考题

[1] 试述转向架的功能和基本组成。
[2] 转向架对构架用钢有哪些基本的性能要求？
[3] 请指出转向架构架制造的主要工艺流程。
[4] 请说明转向架构架冲压件的生产工艺流程。
[5] 请比较转向架钢板主要切割下料方式的特点。
[6] 钢板不平整时可以采取什么方法给予校平？
[7] 转向架冲压件可以采用什么办法进行成型加工？各有什么特点？
[8] 转向架构架的焊接工艺方法有哪些种类？各有什么特点？
[9] 以 CW6000 系列构架侧梁为例，介绍其焊接工艺流程。
[10] 哪些无损检测方法用于检测转向架构架的缺陷？各有什么特点？
[11] 转向架构架的机械加工的工艺基准如何确定？
[12] 转向架构架的机械加工方法有哪些种类？
[13] 如何保证转向架构架的尺寸精度？
[14] 涂料的基本组成和各自作用是什么？
[15] 请介绍转向架构架涂装的工艺流程和质量检测方法。
[16] 请谈谈转向架构架涂装时保护环境的要点。

参考文献

[1] 大连铁道学院，北方交通大学. 车辆制造与修理工艺学 [M]. 北京：人民铁道出版社，1980.
[2] 宋永增. 动车组制造工艺 [M]. 北京：中国铁道出版社，2011.
[3] 中国机械工程学会焊接学会. 焊接手册（第三卷）[M]. 北京：机械工业出版社，2008.
[4] 张鑫鑫. 对高速列车转向架焊接构架选材的探讨 [J]. 机车车辆工艺，1994（1）：5.
[5] 林慧国，林钢，吴静雯. 袖珍世界钢号手册 [M]. 3 版. 北京：机械工业出版社，2003.
[6] 丁韦，刘学文，黄辰奎，等. 高速铁道车辆焊接转向架材质性能分析与研究 [J]. 中国

铁道科学，2001，22（2）：68-68.

[7] 李亚江.切割技术及应用［M］.北京：化学工业出版社，2004.

[8] 崔甫著.矫直原理与矫直机械［M］.北京：冶金工业出版社，2005.

[9] 中国锻压协会.轨道机车车辆冲压件制造技术［M］.北京：机械工业出版社，2013.

[10] 刘登良.涂料工艺［M］.4版.北京：化学工业出版社，2010.

[11] GB/T 18838.3—2008.涂覆涂料前钢材表面处理喷射清理用金属磨料的技术要求 第3部分：高碳铸钢丸和砂［S］.中国标准出版社，2008.

[12] Q/CR 546.5—2016.动车组用涂料与涂装 第5部分：表面处理［S］.中国铁路总公司，2016.

第 3 章

轮对

学习导引：本章扼要介绍轮对的零部件功能与结构特点、技术要求、材料选择原则、制造工艺流程及质量检验方法。

学习本章的目的，是使学生了解车轮和车轴的基本类型、功能作用、结构特点、技术要求；理解车轮钢和车轴钢的化学成分特点、力学性能及对夹杂物和晶粒度的要求；熟悉车轮和车轴的生产工艺过程；了解车轮和车轴质量检验的基本方法。

轮对由一根车轴和两个车轮组成。组装时采用过盈配合，在车轴压装机（油压机或水压机）上将车轮装于车轴两端，如图 3-1 所示。轮对是车辆的重要部件，它承受车辆的全部重量（自重和载重）并引导车辆沿钢轨作高速行驶。

轮对的质量关乎列车的安全运行。因此，要求轮对：①具有足够的强度和刚度，在外力作用下不发生永久变形，且弹性变形限制在正常工作允许范围内，不发生脆性折断及疲劳断裂等类型的破坏；②

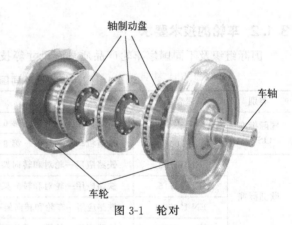

图 3-1　轮对

重量轻，并有一定的弹性，以减小轮轨之间的作用力；③车轴与车轮结合牢固；④运行阻力小、耐磨性好，以节省牵引动力。

3.1　车轮

3.1.1　车轮的功能与结构特点

车轮是轨道交通车辆重要的行走部件之一，其安全性、可靠性直接影响行车的安全。作为轨道交通车辆的重要构件，其主要作用有：a.支承车体的重量；b.将驱动力和制动力传递给钢轨；c.在踏面制动的列车上，刹车时因制动轮滑动而产生摩擦热，车轮起到吸热和散热作用。

车轮的结构如图 3-2 所示，包括踏面、轮缘、轮辋、辐板、轮毂、辐板孔、轮毂孔。其中踏面是车轮同钢轨的接触面；轮缘是内侧沿整个圆周凸起部分，其作用是导向，即保持车

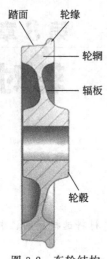

图 3-2 车轮结构

轮沿钢轨运动，防止脱轨；轮辋是踏面沿径向的厚度部分；轮毂是保证车轮和车轴相互结合且保证有足够压装力的部分；轮毂孔是轮毂中心安装车轴的孔，它与车轴上的轮座部分相配合；辐板是连接轮辋和轮毂的部分，其上的孔称为辐板孔，为车轮吊运而设（如果有）。

根据其制造工艺，车轮可分为铸钢车轮和辗钢车轮。目前，美国铸钢车轮的生产工艺较成熟，几乎所有的货车都使用铸钢车轮，但客车和机车使用辗钢车轮。日本和欧洲始终对铸钢车轮持排斥态度，认为轧制法生产的辗钢车轮具有高可靠性和广泛的适应性。我国车轮多数是整体辗钢车轮，只有少数货车采用铸钢车轮。辗钢车轮的生产厂家有马鞍山钢铁股份有限公司车轮公司、太原重工轨道交通设备有限公司；生产铸钢车轮厂家有大同爱碧玺铸造有限公司、信阳同合车轮有限公司。

车轮是易耗件，需要定期镟修和更换，因此维修市场庞大。中国动车的运营速度由 250km/h 提高到 350km/h，并在向 400km/h 迈进，中国高速铁路和动车组整体技术达到了世界先进水平，形成了具有自主知识产权的高速铁路成套技术体系。但作为高速动车组关键行走零部件的车轮、车轴的完全国产化尚未完成，亟待完善技术、通过运用考核，实现国产化替代。

3.1.2 车轮的技术要求

国际组织及不同国家车轮产品质量和尺寸等技术要求的标准目录如表 3-1 所示。

表 3-1 国际组织及不同国家车轮标准目录

类别	标准号	标准名称
国际标准（ISO）	ISO 1005-6	铁道机车车辆材料—第6部分：动力车和拖车用整体车轮交货技术条件
	ISO 1005-8	铁道机车车辆材料—第8部分：动力车和拖车用整体车轮 尺寸和平衡要求
欧洲标准	EN 13262	铁路应用—轮对和转向架—车轮产品要求
	EN 13715	铁路应用—轮对和转向架—车轮踏面
	EN 13979-1	铁路应用—车轮和转向架—车轮—技术认证方法—第1部分：铸钢和辗钢车轮
	EN 13232-3	铁路应用—轨道—道岔和交叉特性和验收—第3部分：轮轨关系
北美铁路协会标准	AAR M-107/208	碳素钢车轮规范
	AAR S-657-81	客车车轮（Am fleet）(尺寸标准)
	AAR RP-504	机车车轮使用寿命特性曲线
	AAR S-660-83	车轮设计分析评定方法
	AAR S-601-79	车轮的检查方法
	AAR RP-615	车轮简易量规
日本工业标准	JIS E 5402	铁道车辆—整体碾压车轮的规定
苏联标准	ГОСТ 10791	整体辗钢车轮技术条件
中国	TB/T 2708—1996	铁路快速客车辗钢整体车轮技术条件
	TB/T 2817—2018	铁路货车用辗钢整体车轮
	TJ/CL 275A—2016	动车组车轮暂行技术条件
	Q/CR 638—2018	动车组车轮

国际标准 ISO 1005-6 中包含 6 个钢种，兼顾了不同铁路系统的需求，其材质基本覆盖了 EN、AAR、JIS 等标准中的所有车轮钢，在制造方式上，涵盖了辗钢车轮和铸钢车轮，均为非合金化钢。ISO 1005-6 标准把材料和相应的质量要求规定为试验类别 A 和 B 两类，把公差分为 Y 和 Z 两类。作为一般原则，A 类试验与 Y 类公差组合，适用于繁忙或高速客运为主的铁路系统；B 类试验与 Z 类公差组合，通常适用于货运业务为主的铁路系统。ISO 1005-6 已被大多数国家认可并采用，各国在制定或修订相关车轮标准时，均借鉴了该标准。

欧标 EN 13262 在欧洲范围内具有强制标准的属性。标准中包括 ER6、ER7、ER8 和 ER9 四种材料，且只针对辗钢车轮，并将车轮分为 1 级和 2 级。车速在 200km/h 以上时选用 1 级，但未对 ER6、ER9 钢种进行分级，可理解为这两种材质车轮不推荐在 200km/h 以上装车。从材料性能角度看，1、2 级车轮仅在轮辋硬度和非金属夹杂两项指标要求上有所不同。针对高速车轮，该标准仅规定了 ER7 车轮的断裂韧性 K_Q 平均值不低于 $80MPa \cdot m^{1/2}$、单值最小值不低于 $70MPa \cdot m^{1/2}$，对 ER8 车轮无具体指标要求。

日本车轮标准 JIS E 5402 以国际标准 ISO 1005-6 为基础进行修订，增加了日本特有的技术要求。JIS E 5402-1 标准中除了 ISO 1005-6 标准规定的 6 个钢种以外，还包含了 SSW 系列钢种。采用表面加热、水冷加回火热处理工艺的 SSW 车轮，在车轮热处理前进行拉伸试验，热处理后只测定轮辋的表面硬度。JIS E 5402-1 标准在理化性能上并未对高速车轮有特别要求，只是在尺寸公差上有明确要求，新增加的 J 类尺寸公差要求按列车速度 $v \leqslant 150km/h$、$150 \leqslant v \leqslant 200km/h$、$v \geqslant 200km/h$ 进行分类，使 JIS E 5402-1 标准在尺寸公差要求方面较 ISO 标准更细致。

我国已参考 EN 13262 车轮标准的规定，制定了中国的车轮标准，适用于车辆最高运行速度在 200km/h 以下的车轮，包含了 CL60（相当于 AAR B）、CL50（相当于 ER7）两个钢种。CL60 钢种主要用于 KKD 型车轮，车辆最高运行速度在 120～160km/h，CL50 钢种用于 KDQ 型车轮，车辆最高运行速度 200km/h。

在国外并无专门的高速车轮标准，高速车轮的技术要求均在通用标准中以专门要求的形式列出。在借鉴 EN 13262 标准的基础上，国铁集团制定了高速车轮的企业标准或标准性技术文件（TJ/CL 275A—2016 和 Q/CR 638—2018）。国内外车轮标准钢种与 EN 13262 对应关系见表 3-2。

表 3-2　相关标准中车轮钢种与 EN 13262 标准对应关系

标准号	材质	与 EN 13262 标准对应关系及备注
ISO 1005-6	C44GW-T-A、C48GW-T-A C51GW-T-A、C55GW-T-A	分别相当于 ER6、ER7、ER8、ER9
	C64GW-T-A、C74GW-T-A	分别相当于 AAR-B、AAR-C（AAR M107）
JIS E 5402	SSW-Q1R、SSW-Q2R、SSW-Q3R	根据踏面硬度进行材质划分
TJ/CL 275A—2016	ER8、ER9	ER8、ER9
	ER8C	以 ER8 为基础的中碳硅锰低合金钢
Q/CR 638—2018	D1	ER8 国产消化
	D2	中国自主研制

总体来讲，EN 13262 标准规定非常详细具体，适合作为产品验收标准和生产厂内控标准。日本高速列车所用 SSW-Q3R 车轮轮辋硬度较高，为 311～363 HB。我国高速车轮标准

TJ/CL 275A—2016、Q/CR 638—2018 的要求明显高于欧洲标准，主要表现在车轮钢生产条件的要求、车轮钢洁净度和力学性能等方面。

3.1.3 车轮的材料选择

（1）化学成分

国内外标准代表性车轮成分对比见表 3-3。其中，ISO 1005-6 标准覆盖了各标准车轮钢成分。EN 13262 车轮钢为碳含量均不超过 0.60% 的非合金钢。日本标准 JIS E 5402 成分比较宽松，对钢中杂质元素 P、S 的要求也比较宽松，对钢中气体含量则完全无要求。中国国铁集团技术文件 TJ/CL 275A—2016 中车轮钢成分主要借鉴欧标，同时增加了以 ER8 钢为基础的中碳硅锰低合金钢 ER8C。Q/CR 638—2018 标准中的 D1、中国自主研制的 D2 材质车轮对冶金质量要求提高，增加了对总氮含量 [N]、总氧含量 T.O 和残余有害元素（Sn、As）的要求。

表 3-3　国内外车轮标准中车轮钢的成分　　　　单位：%（质量分数）

标准号	材质	C	Si	Mn	P	S	Cr
ISO 1005-6	C44GW-T-A	≤0.46	≤0.40	≤0.90	≤0.040	≤0.040	≤0.30
	C48GW-T-A	≤0.50	≤0.40	≤0.90	≤0.040	≤0.040	≤0.30
	C51GW-T-A	≤0.54	≤0.40	≤0.90	≤0.040	≤0.040	≤0.30
	C55GW-T-A	≤0.58	≤0.40	≤0.90	≤0.040	≤0.040	≤0.30
	C64GW-T-A	≤0.67	≤0.40	≤0.90	≤0.040	≤0.040	≤0.30
	C74GW-T-A	≤0.77	≤0.40	≤0.90	≤0.040	≤0.040	≤0.30
EN 13262	ER6	≤0.48	≤0.40	≤0.75	≤0.020	≤0.015	≤0.30
	ER7	≤0.52	≤0.40	≤0.80	≤0.020	≤0.015	≤0.30
	ER8	≤0.56	≤0.40	≤0.80	≤0.020	≤0.015	≤0.30
	ER9	≤0.60	≤0.40	≤0.80	≤0.020	≤0.015	≤0.30
JIS E 5402	SSW-Q-S	0.60~0.75	0.15~0.35	0.50~0.90	≤0.045	≤0.050	≤0.3
	SSW-Q-R	(0.57~0.80)	(0.13~0.38)	(0.46~0.94)	(0.055)	(0.060)	(0.28)
TJ/CL 275A—2016	ER8	≤0.56	≤0.40	≤0.80	≤0.015	≤0.02	≤0.30
	ER9	≤0.60	≤0.40	≤0.80	≤0.015	≤0.020	≤0.30
	ER8C	0.50~0.56	0.9~1.1	0.90~1.1	≤0.006	≤0.015	≤0.30
Q/CR 638—2018	D1	0.50~0.56	0.17~0.40	0.65~0.80	≤0.015	≤0.015	≤0.30
	D2	0.48~0.58	≤1.0	0.65~0.80	≤0.015	≤0.015	≤0.30
标准号	材质	Ni	Mo	Cr+Ni+Mo	V	Cu	Sn/As
ISO 1005-6	C44GW-T-A	≤0.30	≤0.08	—	≤0.05	≤0.30	—
	C48GW-T-A	≤0.30	≤0.08	—	≤0.05	≤0.30	—
	C51GW-T-A	≤0.30	≤0.08	—	≤0.05	≤0.30	—
	C55GW-T-A	≤0.30	≤0.08	—	≤0.05	≤0.30	—
	C64GW-T-A	≤0.30	≤0.08	—	≤0.05	≤0.30	—
	C74GW-T-A	≤0.30	≤0.08	—	≤0.05	≤0.30	—

续表

标准号	材质	Ni	Mo	Cr+Ni+Mo	V	Cu	Sn/As
EN 13262	ER6	≤0.30	≤0.08	≤0.50	≤0.06	≤0.30	—
	ER7	≤0.30	≤0.08	≤0.50	≤0.06	≤0.30	—
	ER8	≤0.30	≤0.08	≤0.50	≤0.06	≤0.30	—
	ER9	≤0.30	≤0.08	≤0.50	≤0.06	≤0.30	—
JIS E 5402	SSW-Q-S	≤0.30 (0.28)	≤0.08 (0.08)	—	≤0.05 (0.05)	≤0.30 (0.28)	—
	SSW-Q-R						
TJ/CL 275A—2016	ER8	≤0.30	≤0.08	≤0.50	≤0.06	≤0.30	—
	ER9	≤0.30	≤0.08	≤0.50	≤0.06	≤0.30	—
	ER8C	≤0.30	≤0.08	≤0.50	≤0.08	≤0.30	—
Q/CR 638—2018	D1	≤0.30	≤0.08	≤0.50	≤0.06	≤0.30	≤0.05
	D2	≤0.30	≤0.08	≤0.50	≤0.15	≤0.30	≤0.05

注：JIS E 6402中Q-S和Q-R是根据踏面硬度进行划分，括号内为成品车轮化学成分。

(2) 力学性能

在国内外几种车轮标准中，常用高速车轮钢的力学性能对比情况见表3-4～表3-6。

表3-4 国内外车轮标准规定的轮辋硬度（HBW）

标准体系	标准号	材质	轮辋磨耗区域硬度值	轮辋-辐板过渡处硬度	轮辋断面硬度均匀性	轮辋表面硬度	同批轮辋表面硬度均匀性
欧洲	EN 13262	ER8	≥245	至少比磨耗到限处硬度HBW值低10	—	—	≤30
		ER9	≥255		—	—	
中国	TJ/CL275A—2016	ER8C	≥245		—	—	
日本	JIS E 5402	SSW-Q S	246～307		—	—	
		SSW-Q R	311～363		—	—	
中国	Q/CR 638—2018	D1	≥245		—	255～310	
		D2	≥255		≤20	255～310	

表3-5 国内外车轮标准规定的轮辋拉伸和冲击性能

标准体系	标准号	材质	抗拉强度 R_m/MPa	Z/%	+20℃时 KU/J 平均值	+20℃时 KU/J 最小值	−20℃时 KV/J 平均值	−20℃时 KV/J 最小值	−40℃时 KV/J 平均值	−40℃时 KV/J 最小值
欧洲	EN 13262	ER8	860～980	≥13	≥17	≥12	≥10	≥5	—	—
		ER9	900～1050	≥12	≥13	≥9	≥8	≥5	—	—
中国	TJ/CL 275A—2016	ER8C	900～1000	≥14	≥17	≥12	≥10	≥5	—	—
日本	JIS E 5402	SSW-Q1S	≥770	8	—	—	—	—	—	—
		SSW-Q2S	≥770	8	—	—	—	—	—	—
		SSW-Q3S	790～980	12/8	—	—	—	—	—	—
		SSW-Q1R	≥770	8	—	—	—	—	—	—
		SSW-Q2R	≥770	8	—	—	—	—	—	—
		SSW-Q3R	790～980	12/8	—	—	—	—	—	—

续表

标准体系	标准号	材质	抗拉强度 R_m/MPa	Z/%	+20℃时 KU/J 平均值	+20℃时 KU/J 最小值	−20℃时 KV/J 平均值	−20℃时 KV/J 最小值	−40℃时 KV/J 平均值	−40℃时 KV/J 最小值
中国	Q/CR 638—2018	D1	860~980	≥13	≥17	≥12	≥10	≥5	≥7	≥5
		D2	900~1050	≥13	≥17	≥12	≥10	≥7	≥7	≥5

表 3-6 国内外车轮标准规定的轮辋断裂韧性

标准体系	标准号	材质	试样数量	断裂韧性 K_Q/MPa·m$^{1/2}$ 平均值	断裂韧性 K_Q/MPa·m$^{1/2}$ 最小值
欧洲	EN 13262	ER8	—	—	—
		ER9	—	—	—
中国	TJ/CL 275A—2016	ER8C	常规试验3个 形式试验6个	≥70	≥60
日本	JIS E 5402	SSW-Q-S	—	—	—
		SSW-Q-R	—	—	—
中国	Q/CR 638—2018	D1	常规和形式试验均为6个	≥80	≥70
		D2	常规和形式试验均为6个	≥70	≥60

从以上标准对比中可以发现：

① 日本标准的要求非常宽松，力学性能仅给出常规的强度和硬度要求。

② EN 13262 标准是技术要求最细致的国外标准，不仅对强度、硬度有要求，还明确规定了轮辋常温、低温冲击韧性要求，如表 3-5 所示。由于高速列车不采用踏面制动，EN 13262 标准对高速车轮断裂韧性不做要求。

③ TJ/CL 275A—2016 基于 EN 13262 标准，其中 ER8 车轮性能要求无变化，增加的 ER8C 车轮硬度要求与 ER8 车轮相当，塑、韧性要求与 ER8 亦相同，但增加了断裂韧性要求。

④ Q/CR 638—2018 的技术要求最严格，其中，D1 与 ER8 属相同车轮材料，在 EN 13262 标准性能要求基础上新增了 −40℃ 冲击功、断裂韧性和轮辋表面硬度要求；D2 属我国自主开发的车轮材料，其强度和硬度要求高于 ER8（D1）、ER8C，冲击功要求与 ER8、ER8C 大致相同，新增了 −40℃ 冲击功、断裂韧性和轮辋断面硬度均匀性要求。

（3）非金属夹杂和显微组织

非金属夹杂物被认为是衡量钢纯净度，对车轮钢的疲劳性能具有重要影响的关键指标，分为四类。A类（硫化物类）是具有高的延展性，有较宽范围形态比（长度/宽度）的单个灰色夹杂物，一般端部呈圆角；B类（氧化铝类）大多数没有变形，是带角的、形态比小（一般<3），是黑色或带蓝色的颗粒，沿轧制方向排成一行（至少有3个颗粒）；C类（硅酸盐类）是具有高的延展性，有较宽范围的形态比（一般≥3）的单个呈黑色或深灰色的夹杂物，一般端部呈锐角；D类（球状氧化物类）是不变形，带角或圆形的，形态比小（一般<3），黑色或带蓝色，无规则分布的颗粒。国内外常用高速车轮钢标准中的非金属夹杂物要求见表 3-7，从中可以看出：

① 日本 JIS E 5402 对车轮非金属夹杂物无要求；

② TJ/CL 275A—2016 与 EN 13262 对车轮非金属夹杂物要求相同；

③ Q/CR 638—2018 中对 B 类夹杂物的要求更高，并增加了对单颗粒 Ds 类夹杂的要求。

在显微组织方面，国外标准均未做明确要求，国内标准要求淬火、回火后，显微组织应为淬火、回火后的细珠光体＋少量铁素体，不允许存在影响车轮使用性能的其他有害组织。

表 3-7　国内外车轮钢标准中非金属夹杂物级别的规定

标准体系	标准号	材质	A 类		B 类		C 类		D 类		B+C+D		Ds
			粗系	细系	粗系	细系	粗系	细系	粗系	细系	粗系	细系	
欧洲	EN 13262	ER8	≤1.5	≤1.5	≤1.0	≤1.5	≤1.0	≤1.5	≤1.0	≤1.5	≤2.0	≤3.0	—
		ER9											
中国	TJ/CL 275A—2016	ER8C											
日本	JIS E 5402	SSW-Q-S											
		SSW-Q-R											
中国	Q/CR 638—2018	D1、D2	≤1.5	≤1.5	≤1.0	≤1.0	≤1.0	≤1.0	≤1.0	≤1.0	≤2.0	≤2.5	≤1.5

3.1.4　车轮的制造工艺

铸钢车轮和辗钢车轮分别采用铸造法和轧制法生产。铸造法的优点是流程短，工序环节少，能耗低，金属的收得率高，生产成本低；其缺点是车轮的塑性、韧性差。轧制法的优点是车轮具有均匀、致密的组织，良好的综合力学性能，因而具有高可靠性；缺点是生产工序多，生产成本高。随着列车运行速度的提高，辗钢车轮的应用已成主流。

辗钢车轮的生产模式主要有两种：一是自成体系的专业车轮生产厂，其特点是炼钢能力与轧制能力匹配，且均采用电炉炼钢，欧洲的车轮厂基本如此；二是归属于大型钢铁企业的生产厂，如日本住友，俄罗斯、乌克兰的车轮厂及马钢集团。这两种模式之间存在的差异主要在钢的成分上，欧洲车轮钢中的残余合金元素含量高，而住友和马钢车轮钢中残余合金元素含量非常低。

车轮钢工艺主要采用精炼、脱气、连铸/模铸工艺，车轮成型方式主要为锻轧方式，热处理工艺为轮辋淬火加回火。表 3-8 给出了国内外几种车轮标准的制造工艺。

表 3-8　车轮制造工艺

标准号	车轮钢工艺	车轮制造	
		成型方式	热处理方式描述
ISO 1005-6	脱气→连铸/模铸	锻轧	正火或者正火和回火
	脱气→模铸	铸造	轮辋淬回火
EN 13262	精炼、脱气→连铸/模铸	锻轧	轮辋淬回火
JIS E 5402	脱气→连铸/模铸	锻轧	轮辋淬回火
TJ/CL 275A—2016	精炼、脱气→连铸/模铸	锻轧	轮辋淬回火
Q/CR 638—2018	精炼、脱气→连铸/模铸	锻轧	轮辋淬回火

辗钢车轮的生产包括车轮钢的冶炼和车轮制造两个主要阶段。目前车轮钢冶炼主要包括电炉熔炼（EAF）、钢包精炼（LF）炉精炼、RH 真空循环脱气精炼炉脱气、连铸（CCM）等，流程示于图 3-3。

辗钢车轮制造包括车轮辗压轧制、热处理、加工、检测等主要工艺过程，见图 3-4。高

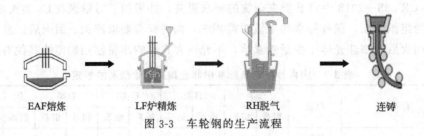

图 3-3 车轮钢的生产流程

速车轮为整体成型的辗钢车轮,车轮热处理主要采用轮辋淬火和整体回火工艺,之后根据车轮图纸进行机械加工与检测。

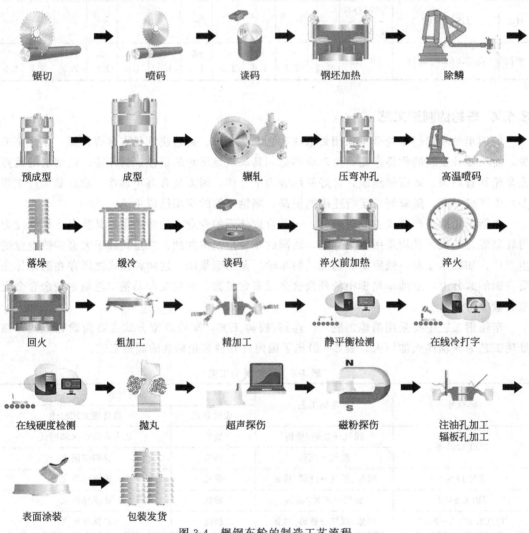

图 3-4 辗钢车轮的制造工艺流程

热成型工艺包括预成型、成型、轧制和冲孔压弯。预成型工序的功能是将圆形坯料镦粗;成型是指完成车轮的基本形状,其中轮毂和轮毂孔部位成型结束,辐板和轮辋部分金属分配完成,形成基本形状;轧制的作用是将车轮辐板辗轧扩径,将轮辋轧制到指定高度,并完成车轮踏面和轮缘的成型。车轮轧机有卧式轧机和立式轧机两种,分别如图 3-5(a) 和

图 3-5(b) 所示。冲孔压弯方式有压力机和旋转锻造机两种。辐板压弯工序用于平整轮辋，且将辐板压弯变形到所需要的位置，多数厂家还在这一步完成轮毂孔冲孔。在 850~950℃ 温度完成热变形的轮坯，一般采用缓冷或等温工艺控制冷却速度，将轮坯冷却至室温。

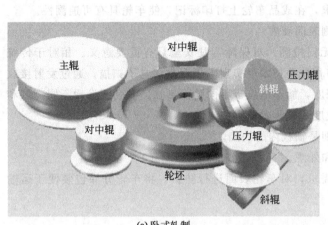

(a) 卧式轧制　　　　　　　　　　　　　　(b) 立式轧制

图 3-5　车轮轧机

车轮热处理的主流工艺是轮辋淬火＋回火。如图 3-6 所示，整体车轮加热后，使车轮置于水平状态下旋转，同时从四周向踏面喷水冷却，这种淬火方法称为"踏面淬火"。然后实施整体回火处理。经过轮辋淬火＋回火热处理后，车轮踏面在一定深度内得到强韧性较高的珠光体＋铁素体组织，以满足车轮耐磨性和韧性的要求。另一方面，踏面淬火时，由于辐板部以及轮毂部是空冷，所以辐板、轮毂部位相当于经过了正火＋回火处理。车轮热处理的目的不仅是提高强度，也是提高塑、韧性，并在轮辋部产生压缩残余应力。因此，热处理是在车轮制造工艺中提高服役性能、确保安全性的最重要工序。特别需要注意的是，尽管国内外有关车轮热处理的描述中大多使用了淬火，生产工艺过程也是通过淬火在车轮踏面表层得到了马氏体，有时还可能会有贝氏体，但实际上在车轮的后续机械加工中均将这样的表层加工掉，车轮踏面在使用时的实际组织是珠光体＋铁素体。

图 3-6　轮辋淬火

车轮机加工采用专用或通用立式车床对车轮进行半精加工和精加工，使车轮的形状、表面质量以及形位公差满足设计图纸要求。车轮加工一般分为单体设备加工和成线设备加工。随着计算机技术的应用，成线设备加工越来越多，效率也越来越高。

3.1.5 车轮的质量检验

尽管车轮制造的各工序都有过程控制和检测点,但车轮检测线是车轮出厂前的最后一道关,其重要性不言而喻。检测工序包括以下内容。

① 静平衡 检查成品车轮的静不平衡值。

② 冷打字 按照标准或图纸要求,在成品车轮上打印标记,使车轮具有可追溯性。

③ 表面硬度 检查车轮轮辋外侧表面硬度。

④ 超声波探伤 车轮内部缺陷无损检测,对保障行驶安全具有重要意义。相对于传统单通道或多通道超声检测技术,超声相控阵技术可实现电子聚集和电子扫描,通过发射接收延迟来调整声束形状、方向和聚焦深度,能够适应于不同踏面形状,有利于发现不同部位和不同取向缺陷,可有效提高检测灵敏度和检测效率。

⑤ 磁粉探伤 检查车轮表面特别是辐板内的缺陷。

⑥ 成品检查 检查车轮的尺寸和外观。

⑦ 表面防护和包装 根据客户需求,对车轮表面进行防护,将车轮分垛包装便于运输和仓储。

3.2 车轴

3.2.1 车轴的功能与结构特点

车轴是轮对的主要配件,它除了与车轮组成轮对外,两端还要与轴箱油润滑装置配合,保证车辆安全运行。车轴属于超大型阶梯状轴对称类零件,其最大直径超过200mm,长度可达2200mm,与车轮通过过盈连接组成轮对,承受机车车辆的全部重量,是轨道车辆关键零部件之一。车轴实物见图3-1。

我国铁路轮对绝大部分都采用滚动轴承及滚动轴承车轴。但也有极少数车辆还在使用滑动轴承及滑动轴承车轴(一般为重载车辆使用)。

(1) 滚动轴承车轴各部件名称及功能

滚动轴承车轴如图3-7所示。

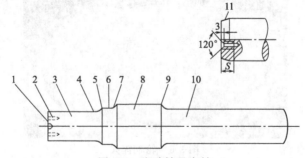

图 3-7 滚动轴承车轴

1—中心孔;2—轴端螺栓孔;3—轴颈;4—卸荷槽;5—轴颈后肩;6—防尘板座;
7—轮座前肩;8—轮座;9—轮座后肩;10—轴身;11—轴端倒角

① 中心孔　加工车轴和组装、加工轮对时机床顶针孔支点，并可以作为校对轴颈、车轮圆度的中心。

② 轴端螺栓孔　安装轴承前盖或压板，防止滚动轴承外移窜出。

③ 轴颈　安放轴承，承受垂直载荷。

④ 卸荷槽　磨削轴颈时便于砂轮退刀，起退刀槽的作用，可以减少轴承内圈组装后与此处相互间的接触应力，有利于提高此处的疲劳强度。

⑤ 轴颈后肩　轴颈与防尘板座间的过渡圆弧，可防止应力集中。

⑥ 防尘板座　安装轴承后挡并限制滚动轴承后移。

⑦ 轮座前肩　防尘板座与轮座之间的过渡圆弧，可防止应力集中。

⑧ 轮座　固定车轮，是车轴的最大受力部分。

⑨ 轮座后肩　轮座与轴身之间的过渡圆弧，可防止应力集中。

⑩ 轴身　车轴中间连接部分。

⑪ 轴端倒角　轴端部设有 1∶10 的倒角，其作用是在压装滚动轴承时起引导作用。

（2）滑动轴承车轴各部件名称及功能

滑动轴承车轴如图 3-8 所示。

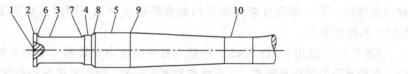

图 3-8　滑动轴承车轴
1—中心孔；2—轴领；3—轴颈；4—防尘板座；5—轮座；
6—轴颈前肩；7—轴颈后肩；8—轮座前肩；9—轮座后肩；10—轴身部

滑动轴承车轴与滚动轴承车轴各部名称与功用基本相同，所不同的有以下几点：

① 增设轴领　主要是防止轴瓦外移。

② 轴颈　安装滑动轴承的轴瓦。

③ 没有轴端螺栓孔。

④ 没有卸荷槽。

绝大多数轨道车辆使用的车轴是圆截面实心轴，采用优质碳素钢加热锻压成型，再经热处理（正火或正火后再回火）和机械加工制成。车轴为转向架簧下部分的质量，对改善车辆运行品质和减少对轮轨动力作用影响很大。为此高速列车为降低簧下质量常采用空心车轴结构。由于车轴主要承受横向弯矩作用，截面中心部分应力很小，制成空心结构后，对车轴的强度影响不大。一般空心车轴比实心车轴可减轻 20%～40% 的重量。我国轨道列车速度 200km/h 以上的动车组车轴多采用空心车轴，材料多选用 EA4T 钢；速度 200km/h 以下（包括 200km/h）的铁路客车车轴和城轨地铁车轴等多采用实心车轴，材料多选用 LZ50 钢。

3.2.2　车轴的技术要求

车轴制造技术条件一般由设计部门提出（应当包含产品技术合同中的指标），内容包括材料、防腐及涂装、性能及热处理、几何尺寸公差和形位公差以及车轴检测试验验证要求。

国际铁路比较常用的车轴标准体系有北美铁道协会（AAR）、欧洲（EN）、日本（JIS）标准以及我国的铁标（TB），各标准体系中与车辆车轴有关的具体标准见表 3-9。

表 3-9　国内外车轴的标准

标准体系	标准编号	标准名称
TB	TB/T 2945—1999	铁道车辆用 LZ50 钢车轴及钢坯技术条件
	TB/T 1618—2001	机车车辆车轴超声波检验
	TB/T 1619—2010	机车车辆车轴磁粉探伤
EN	EN 13103	Railway applications—Wheelsets and bogies—Non-powered axles—Design method
	EN 13260	Railway applications—Wheelsets and bogies—Wheelsets—Product requirements
	EN 13261	Railway applications—Wheelsets and bogies—Axles—Product requirements
JIS	JIS E 4501	Railway rolling stock—Design methods for strength of axles
	JIS E 4502-1	Axles for railway rolling stock—Quality requirements
	JIS E 4502-2	Axles for railway rolling stock—Dimensional requirements
AAR	AAR M 101	Axles, Carbon steel, Heat-treated
	AAR S 659	Mandatory rules governing wheel shop practices as required by interchange rules

EN 13103 适用于实心和空心非动力车轴,规定了车轴上产生惯性力的计算方法、轮座轴身直径比、不同部位过渡圆弧和凸悬量等设计原则,同时还规定了车轴材料 EA1T 和 EA4T 的许用应力。

JIS E 4501 适用于 JIS E 4502 所规定材料的动力车轴和非动力车轴轮座部位的强度设计。车轴承受的载荷与轴重、运行线路和速度有关,没有考虑制动和启动的影响。动力车轴和非动力车轴的载荷、计算方法、许用应力完全相同,差别只是考虑了一个增比系数。非轴盘制动的非动力车轴的增比系数为 1,动力车轴的增比系数为 1.1~1.3,具体数值取决于驱动方式;没有规定轴盘制动的非动力车轴的增比系数。

AAR 标准体系中没有设计标准,在 AAR (GⅡ) 轮轴分册中给出了按轴重分类的车轴结构,根据不同的轴重和速度选用相应的轴型。

由此可见,EN 13103 标准适用范围广,规定详细,可操作性较强。从近年来国内引进的 CRH1、CRH3 和 CRH5 型动车组来看,其非动力车轴是依据 EN 13103 设计的。对于运营速度高的 CRH380B 型动车组,JIS 标准计算的应力比 EN 标准高;而对于运行速度较低的 CRH2A 型动车组,JIS 计算的应力比 EN 低。究其原因是 JIS 考虑了运行速度的因素,而 EN 没有考虑。

3.2.3　车轴的材料选择

(1) 化学成分

世界各国车轴材料普遍采用中碳钢。日本采用的是含碳量为 0.35%~0.45% 的 SFA55 及 SFA60 车轴用钢,苏联车轴钢含碳量为 0.43%。法国车轴用钢含碳量为 0.34%~0.38%,美国为 0.45%~0.59%,德国则采用的是含碳量偏低 (0.22%~0.29%) 的 EA4T 合金钢。

国内常用的机车车轴材料为 40 钢和 50 钢。40 钢韧性较好,但强度稍低。50 钢强度较高,但韧性略差,不易加工。EA4T 车轴钢是一种广泛使用于德国动车车轴及大功率机车车轴的钢种,其主要成分与国内钢牌号 25CrMo 相近,是欧洲标准 (EN 13261《铁路应用—轮对和转向架—车轴—产品要求》) 规定的高速客车车轴用钢。近年来,国内开始使用

EA4T作为车轴材料,并实现了EA4T钢国产化,现多用于高铁车轴、地铁车轴和高速机车车轴。

表3-10给出了国内外车轴钢的化学成分(熔炼分析)。可以看出,车轴材料主要为碳素钢和合金钢,加入合金元素可以适当降低含碳量。研究表明,降低硫、磷含量可以提高车轴性能的一致性,维持一定的硫含量可以细化晶粒和提高车削性能。从近年来的发展看,为了满足车轴高强度和韧性的使用要求,在不降低车轴强度的情况下,采用添加合金元素的方式提高车轴韧性。如添加Mo元素细化晶粒,添加Cr元素增加材料淬透性,添加Ni元素提高韧性。

表3-10 国内外车轴钢的化学成分[熔炼分析,%(质量分数)]

标准	牌号	C	Si	Mn	P	S	Cr	Cu	Mo	Ni	V
TB	LZ50	0.47~0.57	0.17~0.4	0.6~0.9	≤0.03	≤0.03	≤0.3	≤0.25	—	≤0.3	—
EN	EA1N	≤0.4	≤0.5	≤1.2	≤0.02	≤0.02	≤0.3	≤0.3	≤0.08	≤0.3	≤0.06
	EA1T										
	EA4T	0.22~0.29	0.15~0.4	0.5~0.8	≤0.02	≤0.015	0.9~1.2	≤0.3	0.15~0.3	≤0.3	≤0.06
JIS	A1	≤0.4	≤0.5	≤1.2	≤0.04	≤0.04	≤0.3	≤0.3	≤0.08	—	≤0.05
	A2	≤0.5	≤0.5	≤1.2	≤0.04	≤0.04	≤0.3	≤0.3	≤0.08	—	≤0.05
	A3	≤0.4	≤0.5	≤1.6	≤0.04	≤0.04	≤0.3	≤0.3	≤0.4	—	≤0.1
	A4	≤0.3	≤0.5	≤0.8	≤0.04	≤0.04	≤1.2	≤0.3	≤0.35	—	≤0.1
	SFA55A	0.3~0.43	0.15~0.4	0.4~0.85	≤0.035	≤0.04		≤0.3			
	SFA60A	0.35~0.48	0.15~0.4	0.4~0.85	≤0.035	≤0.04		≤0.3			
	SFA65A				≤0.035	≤0.04		≤0.3			
	SFAQA	0.35~0.41	0.15~0.35	0.6~0.9	≤0.035	≤0.04		≤0.3			
	SFA55B	0.3~0.43	0.15~0.4	0.4~0.85	≤0.045	≤0.045		≤0.3			
	SFA60B	0.35~0.48	0.15~0.4	0.4~0.48	≤0.045	≤0.045		≤0.3			
	SFA65B	—	—		≤0.045	≤0.045		≤0.3			
	SFAQB	0.35~0.41	0.15~0.35	0.6~0.9	≤0.045	≤0.045		≤0.3			
AAR	F级	0.45~0.59	≥0.15	0.7~1.0	≤0.045	≤0.05	—	—	—	—	0.02~0.08
	G级、H级	—	≥0.15	0.6~0.9	≤0.045	≤0.05	—	—	—	—	—

注:1. EA1N、EA1T、EA4T化学成分为车轴产品化学成分。
2. SFA55A、SFA60A、SFA65A、SFAQA、SFA55B、SFA60B、SFA65B和SFAQB的化学成分来源于相关技术文件。

(2)力学性能

TB、EN、JIS和AAR规定的车轴拉伸性能指标见表3-11。表3-12给出了EN、JIS规定的20℃下的U形缺口的纵向、横向冲击值,但TB和AAR没有规定。

车轴钢中带状组织的方向性使横向塑性和韧性显著降低,横向冲击载荷一般比纵向冲击载荷低20%~50%。细化组织、降低夹杂物含量、改进热处理方式和提高晶粒度等措施可以提高冲击载荷作用下抵抗破坏的能力。研究表明,只要原材料成分、显微组织控制严格,横向冲击可以不给出;从表3-12也可以看出只有EN标准给出了横向冲击值。

表 3-11 国内外车轴标准对拉伸性能的规定

标准	牌号	屈服强度 R_{eh}/MPa	抗拉强度 R_m/MPa	断后伸长率 A/%	断面收缩率 Z/%	实心轴直径或厚度/mm	取样位置	取样个数
TB	LZ50	≥345	≥610	≥22	≥37	—	车轴延长体	1
EN	EA1N	≥320	550~650	≥22	—		车轴最大截面处	3
	EA1T	≥350	550~700	≥24	—			
	EA4T	≥420	650~800	≥18	—			
JIS	A1	≥300	520~650	≥22			车轴或车轴延长体处	1
		≥350	550~700	≥24				
	A2	≥360	600~750	≥17				
		≥390	620~770	≥19				
	A3	≥420	650~800	≥19				
	A4	≥420	650~800	≥19				
	SFA55A SFA55B	≥275	≥540	≥23	≥35			
	SFA60A SFA60B	≥295	≥590	≥20	≥30			
	SFA65A SFA65B	≥345	≥640	≥23	≥45			
	SFAQA SFAQB	≥295	≥590	≥20	≥30			
AAR	F级	≥345	≥606	≥20	≥35	≤203.2	车轴轴颈或车轴延长体处	1
		≥379	≥620	≥20	≥39	≤101.6		
	G级	≥345	≥586	≥20	≥39	101.6~177.8		
		≥345	≥586	≥19	≥37	177.8~254		
	H级	≥517	≥793	≥16	≥35	≤177.8		
		≥448	≥724	≥18	≥35	177.8~254		

注:SFAQA 和 SFAQB 为高频淬火前的值。

只有 EN 标准对疲劳性能提出了具体要求,规定疲劳性能包括小试样和全尺寸车轴。小试样分为光滑表面和缺口试样;全尺寸车轴分为轮座、轴身、轴颈和内孔表面试样。每个部位做 3 个试样,每个试样在相应疲劳极限下进行 10^7 循环应不产生裂纹。小试样在实物轴外表面取样,至少要做 15 根试样。

表 3-12 国外车轴钢的冲击韧性要求

标准	牌号	$KU(20℃)$/J 纵向	$KU(20℃)$/J 横向	备注
EN	EA1N	≥30	≥20	(1)试验标准 EN 10045-1;(2)采用 5mm 深、底部曲率半径 1mm 的 U 形口;(3)采用 2mm 的摆锤;(4)各取 3 个试样
	EA1T	≥40	≥25	
	EA4T	≥40	≥25	

续表

标准	牌号	KU(20℃)/J 纵向	KU(20℃)/J 横向	备注
JIS	A1N/A2T	≥25	—	(1)试验标准 ISO 83:1976；(2)采用 5mm 深、底部曲率半径 1mm 的 U 形口；(3)采用 2～2.5mm 的摆锤；(4)取 3 个试样
JIS	A2N	≥20	—	
JIS	A3T/A4T/A1T	≥40	—	
JIS	SFA55A SFA55B SFA65A SFA65B	≥39	—	(1)试验标准 JIS Z 2242；(2)采用 5mm 深、底部曲率半径 1mm 的 U 形口；(3)采用 2mm 的摆锤；(4)各取 3 个试样
JIS	SFA60A SFA60B SFAQA SFAQB	≥31	—	

(3) 显微组织与纯净度

TB、EN、JIS 和 AAR 标准中给出的车轴显微组织和晶粒度要求见表 3-13。

表 3-13 国内外车轴钢显微组织和晶粒度要求

标准	牌号	显微组织	晶粒度/级	取样位置	判断标准
TB	LZ50	珠光体和铁素体	≥6；钢坯＞5	车轴截面或拉伸试样	美国材料实验协会 ASTM E 112
EN	EA1N	珠光体和铁素体	＞5	车轴最大截面的 1/2 半径处（实心车轴）或内表面与外表面中间（空心车轴）	ISO 643
EN	EA1T	珠光体和铁素体	＞5		ISO 643
EN	EA4T	回火贝氏体/索氏体	＞5		ISO 643
JIS	A1、A2、A3、A4	珠光体和铁素体	＞5	拉伸试样	ISO 643
JIS	SFA55A、SFA60A SFA65A、SFAQA SFA55B、SFA60B SFA65B、SFAQB	珠光体和铁素体	＞5	双方协商	ISO 643
AAR	F、G、H 级	—	＞5	拉伸试样	ASTM E 112

此外 TB 和 EN 标准中对纯净度（夹杂物）有明确要求，见表 3-14。可见 TB 的纯净度要求没有 EN 高；纯净度低会使车轴的综合性能降低。

表 3-14 国内外车轴钢纯净度级别要求

标准	牌号	系列	A(硫化物)	B(氧化物)	C(硅酸盐)	D(球状氧化物)	A+C	B+C+D
TB	LZ50	—	≤2.5	≤2.5	≤2.5	≤2.5	≤3.0	—
EN	EA1N EA1T EA4T	粗系	≤1.5	≤1.0	≤1.0	≤1.0	—	≤2.0
EN	EA1N EA1T EA4T	细系	≤1.5	≤1.5	≤1.5	≤1.5	—	≤3.0
EN	EA1N EA1T EA4T	粗系	≤1.5	≤1.5	≤1.5	≤1.5	—	≤3.0
EN	EA1N EA1T EA4T	细系	≤2.0	≤2.0	≤2.0	≤2.0	—	≤4.0

3.2.4 车轴的制造工艺

车轴的制造工艺通常为：锻造毛坯—锻后正火—探伤—粗车—第二次热处理—热校直—消除应力—性能检测—精车—磨削—探伤—待组。

(1) 车轴的锻造

国内车轴毛坯主要依靠自由锻和精锻机锻造成型。自由锻造是对坯料施加局部高速冲击使之成型，生产效率为 0.2～0.3 根/min，材料利用率约为 58%～65%，锻件单边余量一般为 5～10mm，设备通常采用的是水压机或者是下拉式快锻液压机，后者居多，如中车齐齐哈尔公司等。精锻成型，也称径向锻造工艺，其生产效率为 0.3～0.5 根/min，材料利用率为 65%～73%，设备通常选用大型数控径向锻造机，如太原晋西车轴公司和太原重工公司精密锻造分公司。

(2) 车轴的锻后正火

车轴锻造后紧接着进行正火处理。车轴正火处理的加热温度范围为 830～890℃，目的是消除锻坯制备时所造成的各种组织缺陷，获得利于切削加工的组织和硬度，改善组织中相的形态和分布，细化晶粒，获得接近平衡的组织，为后续的调质处理做好组织准备，同时降低锻造引起的残余应力。

(3) 车轴的车削加工

车轴的所有外圆面均要车削，其中，三颈（轴颈、轮座、刹车盘座）需半精车、精车，轴身需半精车，见图 3-7。车轴车削加工过程中常见的表面质量缺陷归纳于表 3-15。

表 3-15 车轴车削过程中常见的表面质量缺陷

工序	问题描述	产生原因
粗车：三颈及轴身	外圆表面出现黑皮、表皮折叠	轴坯锻造折叠、锻造弯偏，中心孔位置偏
	车轴端面损伤	顶爪打滑
	外圆表面振刀纹	车轴锻坯弯偏或局部加工余量大
半精车：三颈及轴身	轴身表面粗糙度不够（有铁屑打痕划痕）	走刀程序、刀具选用与要求不匹配
	轴身跳动量大	粗车后的轴颈与轴中心孔不同心
	残余刀花流入下工序	未及时发现上工序加工尺寸不合格
	半精车后有圆环状铁圈	轴身圆弧与轮座夹角接近 90°，车削加工形成碾压无法断屑
精车：三颈	磨削后轮座引入段偏心	中心孔偏心、卡盘偏心等

提高轴坯锻造质量、减少锻造缺陷和轴坯弯曲度能减少粗车表面折叠的发生，打正粗车中心孔有利于明显减少粗车黑皮；采用装夹顶爪新结构消除了车轴端面损伤；增加加工道次可以消除加工余量过大产生的粗车加工表面振刀纹。

选用合适的刀具和进给速度保证了半精车的粗糙度要求；以半精车后的轴颈为轴身加工定位基准来加工轴身，满足了轴身圆跳动形状公差的要求；提前发现上道工序的残余刀花，以防其流入下道工序；半精车时，减小轮座末端处加工进给速度，可降低切屑铁圈的产生。精车前要检查并消除引起车削和磨削偏心的因素。

(4) 车轴磨削加工

车轴磨削加工分为粗磨、半精磨、精磨、无火花磨削四个工序，一次完成，采用

Marposs P5 或 E9 在线测量仪监控磨削过程中的车轴轴颈尺寸变化,间接控制防尘板座、轴颈根部、防尘板座根部的磨削尺寸。车轴磨削加工常见的质量问题如下。

① 车轴轴颈、防尘板座及两根部表面呈现直波纹 呈现直波纹的原因大致如图3-9所示。通常先通过更换修整金刚笔、校正砂轮动平衡、检查工件中心孔或调整工件、砂轮转速等措施,看是否能够消除轴颈表面的直波纹。若无明显变化,则要检查头架、尾座轴承的状态,检查砂轮主轴轴承磨损严重导致主轴轴向或纵向产生间隙以及调整砂轮电机皮带松紧度等。

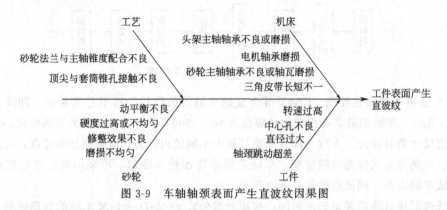

图 3-9 车轴轴颈表面产生直波纹因果图

② 车轴轴颈、防尘板座或两根部表面出现环形"皱纹",手感呈凸台状 机床 X 轴较大的轴向间隙导致砂轮未修整好(修整后的砂轮表面存在不均匀的凸台),最终直接反映到工件的加工表面上。产生轴向间隙的可能原因有:伺服电机联轴器松动、预紧滚珠丝杠的备母松脱、滚珠丝杠状态不良(如滚珠麻点、滚道起皮或蚀坑等)等。

③ 车轴轴颈表面呈现"S"纹,手感呈凸起状 在室内亮光下车轴轴颈周圈呈现一道"S"纹,用手指在车轴轴颈表面延轴线方向滑动,感觉呈凸起状,为配置的粘接式进口砂轮的粘接缝所致。此粘接缝在砂轮以 30~45m/s 的线速度高速旋转时,因砂轮主轴的轴向微小窜动而形成。

(5) 车轴热处理

① 碳钢车轴的热处理 目前国内铁道车辆客货车车轴普遍采用的标准为 TB/T 2945—1999,该标准等效采用 AAR M 101 标准,规定车轴的热处理工艺为二次正火和一次回火。

正火是将钢加热到 A_{c3} 点以上 30~50℃,保温适当时间后,在空气中冷却的热处理工艺。LZ50 钢推荐的一次正火温度为 860~880℃,二次正火温度为 800~820℃,回火温度为 530℃。重载车轴初步拟定一次正火温度为 860℃,二次正火温度为 810℃,回火温度为 530℃。形状简单的碳素结构钢或低合金钢可以随炉升温,不控制加热速度。正火保温时间是指钢件烧透并完成奥氏体均匀化所需时间,受钢件成分、形状、尺寸、装炉方式、装炉量、加热炉类型、炉温和加热介质等影响,按照车轴毛坯有效直径大小经验确定保温时间。

正火冷却速度过慢,会造成工件硬度低;冷却速度过快,会造成硬度偏高。对于一般件可在空气中冷却,大件可用吹风冷却或喷雾冷却。为保证车轴件的热处理效果,达到规定的力学性能和晶粒度要求,一般多采用车轴正火后吹风冷却的方式,并且每次正火前车轴件的入炉温度不超过 500℃。

车轴件热处理通常采用传送链式炉,车轴工件在炉中垂直悬挂加热,车轴工件整体加热较均匀且变形小。传送链式连续炉是由正火加热炉、回火加热炉和冷却室连接而成的自动化程度较高的生产线,如图 3-10 所示。

热处理过程中会产生变形及应力,因此热处理后要进行校直和去应力处理,并对各项性能进行检测。

正火处理后要进行一次探伤,以检测锻造及正火热处理过程中是否产生开裂。磨削后也要进行探伤检测,以保证车轴的出厂质量。

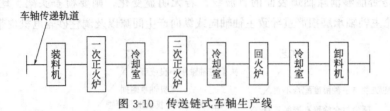

图 3-10　传送链式车轴生产线

② 合金钢车轴的热处理　EA4T 等合金钢车轴的最终热处理工艺为调质,即淬火+高温回火。EA4T 车轴钢通常选用的加热温度为 880～900℃。合金钢材质的导热性差,且沿轴向横截面尺寸差异较大。为减小淬火加热过程中车轴的内应力,应控制加热速度,可采用低温入炉、预热等方式降低升温速度。车轴采用吊装加热和冷却,可采用深井式电阻炉或悬挂、链式车轴正火、调质连续热处理生产线。

奥氏体形成过程需要足够的时间,按照经验公式 $\tau = k\alpha D$ 来估算车轴的保温时间。式中 τ 为工件的保温时间(min);k 为工件的排料系数;α 为加热系数(min/mm);D 为工件的有效厚度(mm)。

EA4T 合金钢淬透性中等,车轴有效尺寸较大,为保证淬硬层深度达到 1/2 半径处,以获得合格的显微组织,必须采用冷却烈度较高的水基淬火介质,并通过淬火液的搅拌和车轴的上下窜动相结合等措施,进一步提高淬火冷却能力;与此同时,还要防止因冷速过高导致车轴过大的弯曲变形,尤其是淬火开裂的危险。

根据力学性能要求以及车轴淬火后表面硬度,通常选用的回火温度为 590～610℃。为彻底消除车轴在淬火及热校直过程中产生的内应力,获得稳定的回火组织,回火时间通常比较长。

3.2.5　车轴的质量检验

除了车轴几何尺寸外,车轴的内部缺陷和残余应力是车轴质量检验的关键。

(1) 超声波探伤

超声波探伤的主要目的是检测车轴的裂纹、气孔、疏松和粗大晶粒等。

TB/T 1618—2001 规定了轴向探伤和径向探伤。轴向探伤采用 TS-1 型标准试块,试块为标准缺陷 ϕ2mm 的当量孔;径向探伤采用 TS-2 型标准试块,试块为标准缺陷 ϕ3mm 的当量孔。

EN 规定采用试块为标准缺陷 ϕ3mm 的当量孔。JIS 规定碳素钢按 JIS Z 2344《金属材料的脉冲回波超声检验通则》标准探伤(根据情况按 JIS Z 2345《超声波探伤试验用标准试样》标准选择试块),其余合金钢和非合金钢按 ISO 5948《铁路车辆用材料超声波验收检验》标准探伤(采用标准缺陷 ϕ3mm 的当量孔)。AAR 规定径向探伤采用标准缺陷 ϕ3.175mm 的当量孔作为基准试块。

(2) 磁粉探伤

磁粉探伤主要是对车轴材料表面的夹杂物和偏析以及带状组织等做定量判断。

TB 规定在半精加工和精加工后均进行磁粉探伤,采用 A 型 A1a15/50 规格试片。JIS 规定在机加工后进行磁粉探伤,按 JIS G 0565《钢铁材料的磁粉探伤试验方法及磁粉显示的分类》标准执行(根据需要选择适当的 A 类相应型号试片)。EN 规定精加工后进行磁粉探伤,按 ISO 6933《铁道车辆用材料—磁粉探伤验收试验》标准执行。AAR 标准没有规定。EN 标准特别强调表面磁通量大于 4mT,紫外线强度大于 15W/m²;TB 规定紫外线强度大于 8W/m²;JIS 规定紫外线强度大于 3W/m²。

(3) 残余应力

EN 规定残余应力检测采用应变计或 X 射线衍射方法,车轴表面残余应力≤100N/mm²,表面 2mm 以下不同两点的残余应力差值<40N/mm²。JIS 规定只有 SFAQA 和 SFAQB 钢种需残余应力检测,具体检测方法和评判由供需双方协商。

思考题

[1] 车轮作为轨道交通运输中的重要构件,其主要作用是什么?车轮结构一般包括哪几个部分?

[2] 为什么高速车轮用钢的含碳量一般选择在 0.4%~0.7%范围?

[3] 辗钢车轮的热成型工艺包括哪些步骤?车轮的热处理主要采取什么方案?热处理后得到什么组织?实际使用时是什么组织?

[4] 为什么近年来国内选用低碳合金钢 EA4T 作为车轴材料?

[5] 给出常用的车轴制造工艺。

[6] 简述车轴锻后正火处理的目的。

参考文献

[1] 王伯铭.高速动车组总体及转向架[M].成都:西南交通大学出版社,2014.

[2] 中国铁路总公司.高速动车组技术[M].北京:中国铁道出版社,2016.

[3] 袁清武.车辆构造与检修[M].北京:中国铁道出版社,2006.

[4] 刘吉远,陈雷.铁路货车轮轴技术概论[M].北京:中国铁道出版社,2009.

[5] Association of American railroads. AAR section GM-107/M-208, Wheels, Carbon steel [S]. 2016.

[6] 日本规格协会.日本工业规格铁道车辆用一体压延车轮品质要求[S]. JIS E 5402-1. 2015.

[7] 中国铁路总公司. Q/CR 638—2018 [S].动车组车轮.

[8] 国家铁路局. TB/T 2817—2018 [S].铁路货车用辗钢整体车轮.

[9] 国家铁路局.机车用辗钢整体车轮 TB/T 3469—2016 [S]. 2016.

[10] European Standard. Railway applications—Wheelsets and Bogies—Wheels—Product requirement: EN 13262 2004+A1 [S]. 2008.

[11] 赵雷等.国内外铁道车辆标准分析[J].机车车辆,2015,53 (7):9-13.

[12] TB/T 2945—1999.铁道车辆用 LZ50 钢车轴及钢坯技术条件[S].

[13] TB/T 1618—2001. 铁道车辆车轴超声波检验 [S].
[14] TB/T 1619—2010. 铁道车辆车轴磁粉探伤 [S].
[15] EN 13103. Railway applications—Wheelsets and bogies—Non—Powered—Axles—Design method [S].
[16] EN 13260. Railway applications—Wheelsets and bogies—Wheelsets—Product requirements [S].
[17] EN 13261. Railway applications—Wheelsets and bogies—Axles—Product requirements [S].
[18] JIS E 4501. Railway rolling stock—Design methods for strength of axles [S].
[19] JIS E 4502-1. Axles for railway rolling stock—Quality requirements [S].
[20] JIS E 4502-2. Axles for railway rolling stock—Dimensional requirements [S].
[21] AAR M 101. Axles, Carbon steel, Heat-treated [S].
[22] AAR S 659. Mandatory rules governing wheel shop practices as required by interchange rules [S].
[23] YB/T 5148—1993. 金属平均晶粒度测定法 [S].
[24] ASTM E 112. 测定金属平均晶粒度的标准方法 [S].
[25] ISO 643. Steels—Micrographic determination of the apparent grain size [S].
[26] AAR M-101. 经热处理的碳素钢车轴规范 [S].

第 4 章
轴箱与轴承

学习导引：本章扼要介绍轴箱和轴承零部件功能与结构特点、技术要求、材料选择原则、制造工艺流程及质量检验方法。

学习本章的目的是使学生了解轴箱和轴承的功能和结构特点、技术要求；理解轴承钢的化学成分与硬化工艺特点、力学性能及其影响因素；熟悉轴箱和轴承的生产工艺过程；了解轴箱和轴承质量检验的基本方法。

4.1 轴箱装置的功能与结构特点

在轨道车辆车轴两端的轴颈上，连接轮对和转向架构架的部件称为轴箱装置，见图 4-1。其作用是将全部簧上载荷包括垂直方向的动载荷传递给车轴，同时将轮对的牵引力或制动力传递给构架；此外，它还传递轮对与构架间的横向和纵向作用力。

轴箱对构架是个活动关节。轴箱与构架的连接方式对于车辆的运行品质影响很大，这一连接通常称为轴箱定位。轴箱体设计要保证足够的强度以将来自构架的载荷传递给轴承及轴颈。轴箱盖与轴箱体需严密贴合，以防止雨水和砂尘等进入。

轴箱装置按照其安装在车轮内侧或外侧而分为内置式或外置式两种，其配置的轴承也有滑动轴承和滚动轴承之分。目前我国的轴箱装置大多采用外置式滚动轴承轴箱装置，通常由轴箱体、轴箱盖、滚动轴承、密封装置及其他零配件组成，其立体装配图参见图 4-2。轴箱装置中所装用的轴承称为轴箱轴承。

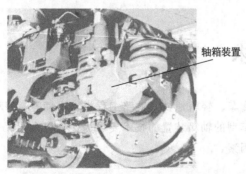

图 4-1 轴箱装置在转向架外侧的布置

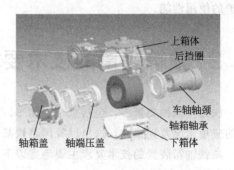

图 4-2 CRH3 轴箱装置立体装配图

轴箱轴承工作时直接承受簧上质量,传递牵引力,同时承受轮对与钢轨之间的纵向、横向冲击,以及各种附加载荷。因为轴箱轴承的工作受力特点,轴箱轴承安装时通常内圈与轴颈采用过盈配合,内圈与轴颈一起旋转,全部内圈滚道持续承受径向载荷,内圈挡边承受来自轴向的载荷;外圈与轴箱体内孔采用间隙配合,外圈相对于轴箱体固定不动(因为是间隙配合,会有微动),故只在上部一定区域内承受径向载荷;轴端压盖与后挡圈将轴承轴向定位。目前,应用于我国高铁的轴箱轴承有两种结构类型。

① 双列圆锥滚子轴承单元 是由一个外圈、两个内圈、两列相同数量的圆锥形滚动体、两个用于将滚动体分隔开来的保持架、一个用于调整轴向游隙的中隔圈及两侧的密封结构组合而成的免维护轴承单元(填充适量润滑脂),见图4-3。有些轴承单元也可以提供前端盖、后挡圈等附件。

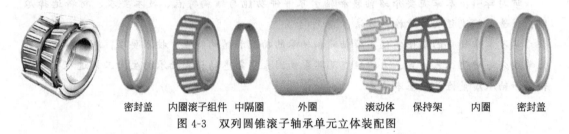

密封盖　内圈滚子组件　中隔圈　外圈　滚动体　保持架　内圈　密封盖

图4-3 双列圆锥滚子轴承单元立体装配图

② 双列圆柱滚子轴承单元 由一个或两个外圈、一个或两个内圈、两列相同数量的圆柱形滚动体、两个用于将滚动体分隔开来的保持架及两侧的密封结构组合而成的免维护轴承单元(填充适量润滑脂),见图4-4。

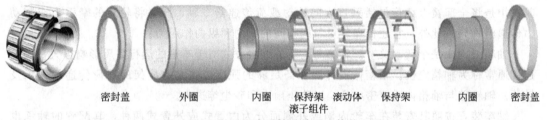

密封盖　外圈　内圈　保持架滚子组件　滚动体　保持架　内圈　密封盖

图4-4 双列圆柱滚子轴承单元立体装配图

这种自带密封、自带润滑脂的轴箱轴承单元采用易于操作的整体压装方式安装与拆卸,在车辆上运用过程中不需要中间补充润滑脂或拆解检查,可实现在车辆一个大修期内免于维护的使用性能。

4.2 轴箱装置的技术要求

铁路车辆种类繁多,包括机车、动车、货车、轻轨地铁及铁路工程机械车辆等,每种车辆的应用工况差异很大,这里以我国高铁某车型的轴箱装置的技术要求为例加以介绍。

高铁轴箱装置的技术要求主要考虑以下因素:
① 车辆设计轴重:17t;
② 车辆最高运营速度:350km/h;

③ 车辆最高试验速度：385km/h；
④ 车辆运行环境：应用温度变化从-40～55℃，相对湿度≤95%（该月月平均最低温度为25℃）；
⑤ 海拔范围约0～1500m；地震烈度的最高动峰值加速度0.3g，伴有风、沙、雨、雪、雾霾等天气特征，偶有盐雾、酸雨、沙尘暴等自然现象；
⑥ 在以上工况下，轴箱应满足不低于20年的使用寿命要求，轴箱轴承使用寿命应满足车辆运用两个大修期或大于240万公里的要求。

轴箱及轴箱轴承的设计、制造及验收参照的国际、国内的主要标准见表4-1。

表4-1 轴箱及轴箱轴承相关标准

序号	标准/文件代号	标准名称
1	EN 12080	《铁路应用—轴箱—滚动轴承零件》
2	EN 12081	《铁路应用—轴箱—润滑脂》
3	EN 12082	《铁路应用—轴箱—性能试验》
4	TB/T 1465—2015	《机车车辆用球墨铸铁件通用技术条件》
5	UIC 515-5	《机车车辆转向架走行部轴箱试验》
6	TJ/CL 286—2014	《动车组轴箱体及端盖暂行技术条件》
7	TJ CL 287—2014	《动车组轴箱轴承暂行技术条件》
8	TJ JW 034—2014	《交流传动机车转向架滚动轴承暂行技术条件》
9	TB/T 2591—2007	《铁路机车滚动轴承订货技术条件》
10	TB/T 2235—2016	《铁道车辆滚动轴承》
11	TJ/CL 553	《铁路客车进口滚动轴承暂行技术条件》
12	Q/CR 592—2017	《铁路货车轴承用渗碳轴承钢》

4.3 轴箱装置的材料选择

4.3.1 轴箱材料的选择

轴箱可采用球墨铸铁材料，也有采用铸钢或铝合金材料的。舍弗勒为某动车组平台提供的是球墨铸铁的轴箱，其材料性能选择参照DIN EN 1563中EN-GJS-400-18-LT的规定，对应的国内材料编号为QT400-18AL，相关控制规范遵照TB/T 1465—2015《机车车辆用球墨铸铁件通用技术条件》。

4.3.2 轴箱滚动轴承零件性能特点与材料选择

4.3.2.1 轴箱滚动轴承的性能特点

除了轴承类型、设计尺寸、润滑和安装之外，轴箱滚动轴承的性能、使用寿命和工作可靠性与轴承零件的材料关系重大。

轴承套圈（外圈和内圈）和滚动体是滚动接触件，直接承受来自外部的载荷，是轴承寿命的决定性零件。其承受的载荷在一般情况下分为赫兹接触应力、残余应力、热或者化学载荷等。

德国物理学家海因里希·鲁道夫·赫兹于1882年解决了两个曲面弹性体接触的应力计算问题，因此轴承滚动体与套圈滚道的两个曲面间的接触也叫赫兹接触，由它产生的应力叫赫兹接触应力（或赫兹应力）。赫兹接触应力源自于轴承在赫兹接触过程中的外部载荷（如转向架构架传递的径向和轴向力等）和附加载荷（例如压装至车轴引起的装配应力、极高转速引起的离心应力等）。

根据赫兹接触理论，在良好润滑的滚动轴承中，滚动体与滚道间的赫兹接触产生的材料近表层的应力分布见图4-5，应力分布的结果取决于外加载荷的状态、滚动体直径的大小和轴承的结构形式（球轴承或滚子轴承）。图4-5中，z为接触面下的深度，b为一半接触宽度，P_0为最大赫兹应力，σ_V为等效应力。

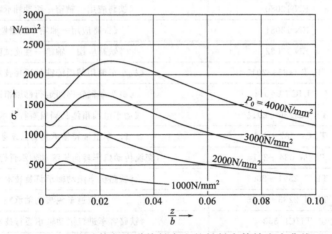

图4-5 由滚动体与滚道接触产生的材料内等效应力曲线

由于局部应力集中或者强烈的混合摩擦产生的附加切向应力，以及碾压颗粒等附加载荷会增大有效等效应力。由混合摩擦产生的附加载荷使最大应力向表面移动；当摩擦系数达到一定数值时等效应力最大值不在表面下方，而是在表面上。

电流通过、与润滑剂的不良反应引起的氢渗入轴承材料、振动等其他附加应力均会大幅度降低材料的承载能力，导致材料提前形成裂纹损伤。

铁路轴承服役条件特殊，承受的载荷较复杂，为了能够承受所出现的应力，需要轴承材料既要具有高的静态、动态强度，同时还要具有尽可能大的韧性，这可以通过合适的材料和适当的热处理来实现最佳匹配。

4.3.2.2 轴箱滚动轴承套圈和滚动体材料选择

材料选择受多种因素的影响，对于不同结构类型的滚动轴承和应用，可分别权衡多种标准选用材料。除了经济性之外，轴承的性能要求始终是作出决定的主要因素。

在DIN EN ISO 683-17中列出了常见的滚动轴承材料，包括高碳铬轴承钢、渗碳轴承钢、感应淬火轴承钢、不锈轴承钢及高温轴承钢等五大类。中国国标委及铁路相关部门也发布了多个关于轴承各零件材料的相关标准指导应用，如GB/T 18254—2016推荐了各种高碳铬轴承钢的化学成分及材料质量要求；GB/T 3203—2016推荐了渗碳轴承钢的化学成分及材料质量要求；GB/T 25770—2010规定了铁路货车用滚动轴承所用轴承材料的引用标准等。

(1) 轴箱滚动轴承套圈和滚动体用钢

在轴承技术领域，钢是最为常用的轴承套圈和滚动体材料。滚动轴承套圈和滚动体材料的主要特性除了尺寸稳定性之外，硬度和韧性均为材料的关键参量。无论在清洁还是有污染的环境中，这些参量对承载能力以及滚动接触过程中的疲劳和磨损行为都有决定性影响。用于轴箱滚动轴承套圈和滚动体的钢材主要是高碳铬轴承钢和渗碳钢。

GCr15（相当于ISO标准的100Cr6）是大多数情况下使用的高碳铬滚动轴承钢，含有大约1%的碳和1.5%的铬。碳是轴承钢热处理后获得高硬度的最主要元素，铬可以增加淬透性，同时也增加耐腐蚀性和耐磨性。添加其他合金成分如锰、硅、镍、钼等可以增加材料的淬透性，有助于均匀淬透很大壁厚的工件。常用的高碳铬轴承钢牌号及其成分参见表4-2。

表4-2 常用的高碳铬轴承钢牌号及其主要成分 [质量分数(%)] (DIN EN ISO 683-17)

材料名称	C	Si	Mn	P	S[①]	Cr	Mo
100Cr6	0.93~1.05	0.15~0.35	0.25~0.45	≤0.25	≤0.015	1.35~1.60	≤0.10
100CrMnSi4-4	0.93~1.05	0.45~0.75	0.90~1.20	≤0.25	≤0.015	0.80~1.20	≤0.10
100CrMnSi6-4	0.93~1.05	0.45~0.75	1.00~1.20	≤0.25	≤0.015	1.40~1.65	≤0.10
100CrMnSi6-6	0.93~1.05	0.45~0.75	1.40~1.70	≤0.25	≤0.015	1.40~1.65	≤0.10
100CrMo7	0.93~1.05	0.15~0.45	0.25~0.45	≤0.25	≤0.015	1.65~1.95	0.15~0.30
100CrMo7-3	0.93~1.05	0.15~0.35	0.60~0.80	≤0.25	≤0.015	1.65~1.95	0.20~0.30
100CrMo7-4	0.93~1.05	0.15~0.35	0.60~0.80	≤0.25	≤0.015	1.65~1.95	0.40~0.60
100CrMnMoSi8-4-6	0.93~1.05	0.40~0.60	0.80~1.10	≤0.25	≤0.015	1.80~2.05	0.50~0.60

① 对切削性能非常重要，供需双方协商可以不超过0.030%。

滚动轴承制造商保留限制成分的权利，以便优化材料的可加工性以及轴承的使用性能。表4-2所述的钢可以在国际市场上买到，但是各国都有各自的钢号。各国对应于100Cr6的钢号参见表4-3。

表4-3 各国与100Cr6对应的钢号

国家	钢号
德国	100Cr6
美国	SAE52100
日本	SUJ2
韩国	STB2
俄罗斯	Gkh15
中国	GCr15

如果滚动轴承除了常规滚动接触载荷之外还承受强烈的冲击载荷或者交变弯曲载荷，可以选用渗碳轴承钢。常用的渗碳轴承钢牌号及其成分见表4-4，这些钢在DIN EN ISO 683-17标准中都有详细描述。

渗碳轴承钢制成的轴承越来越多地被贝氏体通淬钢轴承替代，因为在贝氏体通淬钢轴承套圈的表层中存在与渗碳钢轴承套圈一样的残余压应力。

通淬轴承钢淬火有两种工艺，一种是轴承零件直接从淬火温度冷却到室温得到马氏体组织，由于冷却过程中零件表层先于心部产生马氏体转变，零件表面呈现残余拉应力；一种是从淬火温度冷却到下贝氏体转变温度做等温处理，在等温过程中随时间逐渐转变为贝氏体，零件表面呈压应力。关于通淬轴承钢的热处理后性能比较参见后续介绍。

表 4-4　常用的渗碳轴承钢牌号及其主要成分 [质量分数(%)](DIN EN ISO 683-17)

材料名称	C	Si	Mn	P	S[①]	Cr	Mo	Ni
19MnCr5	0.17~0.22	≤0.40	1.10~1.40	≤0.25	≤0.015	1.00~1.30	—	—
20MnCrMo4	0.17~0.22	≤0.40	0.65~1.10	≤0.25	≤0.015	0.90~1.20	0.15~0.25	—
20MnNiCrMo3-2	0.17~0.22	≤0.40	0.60~0.95	≤0.25	≤0.015	0.35~0.70	0.15~0.25	0.40~0.70
20NiCrMo7	0.17~0.22	≤0.40	0.40~0.70	≤0.25	≤0.015	0.35~0.65	0.20~0.30	1.60~2.00
18CrNiMo7-6	0.17~0.22	≤0.40	0.50~0.90	≤0.25	≤0.015	1.50~1.80	0.25~0.35	1.40~1.70
18NiCrMo14-6	0.17~0.22	≤0.40	0.40~0.70	≤0.25	≤0.015	1.30~1.60	0.15~0.25	3.25~3.75

① 对切削性能非常重要的，可以供需双方协商不超过 0.030%。

我国铁路轴箱轴承套圈和滚动体所用渗碳钢代表性牌号有 SAE4320、SAE8620、G20CrNi2MoA 等，以及新的高性能渗碳轴承钢 32MnCrMo6-4-3。

高铁轴箱轴承套圈及滚子化学成分及允许偏差，非金属夹杂物的合格级别参照表 4-5。

(2) 轴承钢冶炼方法和材料的质量

轴承钢的冶炼方法通常是转炉或电炉炼钢加真空脱气，浇铸方式分为连铸和模铸两种。连铸的生产效率高，成本低于模铸，因而连铸越来越多地用于轴承钢的生产。除钢球的用材外，绝大多数的中小轴承都用连铸生产的钢材制造，而模铸可以生产大规格的棒材，一般用于制造大型轴承。

对高合金轴承钢及纯净度要求很高的轴承钢也可以增加电渣重熔工艺。电渣重熔工艺是用转炉或电炉炼钢，真空脱气后浇铸获得的料棒作为电极（电极棒），与水冷铜电极间通电加热渣料并熔化所需冶炼的料棒（电极棒），从而获得高纯净度钢材的工艺。通过电渣重熔工艺可以获得均匀致密的钢锭，适合于高合金材料的冶炼。现代的电渣重熔工艺过程是在氩气保护下进行的，以避免在电渣重熔过程中发生氧化，可以得到极高的纯净度，用电渣重熔钢制造的轴承可以获得高的稳定一致的疲劳寿命。

材料纯净度对滚动轴承的疲劳性能和使用寿命具有显著的影响。炼钢过程中生成的非金属夹杂物会产生应力集中，从而减小滚动轴承的使用寿命。材料的疲劳容易起始于材料的不均匀处。图 4-6 所示的是在夹杂物处由于应力提高所形成的裂纹，裂纹的扩展方向通常为最大剪切应力的方向，图中①为应力升高区，F 表示滚动体所受的力，p_0 表示滚动体与滚道接触表面最大压应力，τ 表示剪切应力，α 为最大剪切应力点与 x 的夹角（45°）。

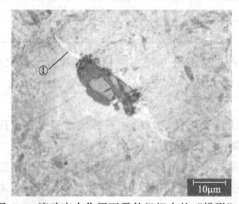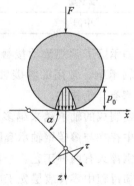

图 4-6　滚动应力作用下零件组织中的"蝶形"裂纹（其中①为应力升高区）

表 4-5 高铁用高碳铬轴承钢相关材料指标（TJ/CL287—2014）

化学成分 （质量分数） （%）	C	Si	Mn	Cr	Ni	Mo	Cu	P	S	Al	As	Sn	Ti	Sb	Pb	Ca	O
	0.93~ 1.05	0.15~ 0.35	0.25~ 0.45	1.35~ 1.60	≤0.30	≤0.10	≤0.30	≤0.025	≤0.015	≤0.050	≤0.040	≤0.030	≤0.003	≤0.005	≤0.002	≤0.001	≤0.0015
允许偏差	±0.03	±0.03	±0.04	±0.05	—	—	+0.03 0	+0.005 0	+0.005 0	+0.010 0	—	—	—	—	—	—	—

注：Ti、Ca 含量也可由供需双方协商确定

A（硫化物夹杂）		B（氧化物夹杂）		C（硅酸盐夹杂）		D（点状夹杂）		Ds（单颗氧化物类）
粗系	细系	粗系	细系	粗系	细系	粗系	细系	
夹杂物级别	1.5	2.5	1	2	0.5	0.5	1	1	1.5

注：真空脱气轴承钢检查 Ds

裂纹在应力作用下进一步扩展，直至大面积剥离（成为点蚀），使得滚动轴承使用寿命结束。如图 4-7 所示，裂纹从表面下方扩展，进而扩展至表面。

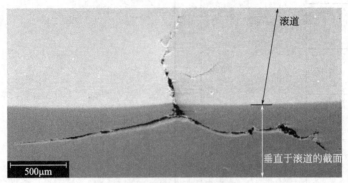

图 4-7 滚道疲劳裂纹扩展路径

钢的微观或宏观纯净度（氧化物类、硫化物类和其他类夹杂物）直接影响滚动轴承的寿命，因此改善纯净度是钢材制造商优化钢材的核心工作。冶炼和浇铸工艺是钢材纯净度的决定性因素。滚动轴承制造商的任务就是使用合适质量的钢材以匹配滚动轴承所需的性能。

以一家钢制造商为例，采用水浸超声波技术测定 100Cr6 钢棒中单位体积内夹杂量在 1985~1995 年间的演变如图 4-8 所示，可见夹杂物总量在持续减少，表明钢厂改善纯净度取得了很大的进步。

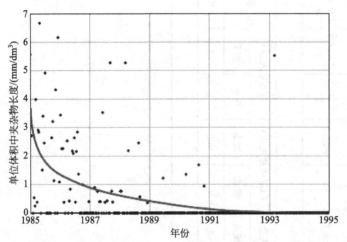

图 4-8 100Cr6 钢棒在 1985~1995 年内的纯净度演变

轴承钢是纯净度要求最高的应用之一。图 4-9 对比了扫描电子显微镜确定的普通工具钢（a）和滚动轴承钢（b）之间的夹杂物类型和含量，可以看到滚动轴承钢夹杂物数量极少，而工具钢则含有较多的夹杂物。说明现今滚动轴承钢所达到的纯净度水平非常高，避免了熔炼过程管控不良引起的夹杂物增加而导致钢材的质量下降的问题。

随着轴承钢的纯净度不断改善，使得滚动轴承的承载能力和寿命不断提高。通常用轴承的基本额定动载荷 C 代表轴承的承载能力，是指轴承寿命为百万转时的载荷，它与轴承的材料、滚动体的大小和数量、轴承的结构和生产技术等参数有关。轴承的寿命通常指轴承的基本额定寿命 L_{10}，即一组相同的轴承在相同工况条件下独立运转，其中 90% 的轴承能够运转到滚动疲劳而引起材料损伤之前的总转数，或在给定恒数下的总运转小时数，它与轴承的

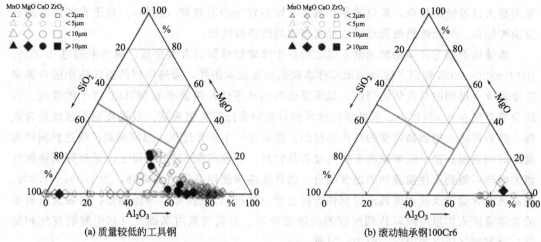

(a) 质量较低的工具钢　　　　(b) 滚动轴承钢100Cr6

图 4-9　普通工具钢和 100Cr6 轴承钢中夹杂物的种类与含量

基本额定动载荷 C、轴承所承受的当量载荷 P 及轴承的类型等参数有关。相关计算标准可参考 DIN ISO 281。图 4-10 中以圆柱滚子轴承为例，给出了在 1952～2008 年间的圆柱滚子轴承 NU1010 基本额定动载荷 C 和基本额定寿命 L_{10} 的演变情况。

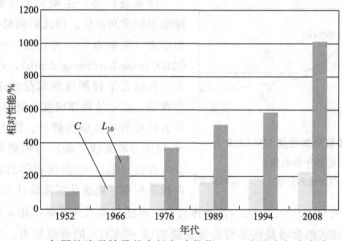

图 4-10　1952～2008 年圆柱滚子轴承基本额定动载荷（C）和基本额定寿命（L_{10}）的演变

（3）轴承套圈和滚动体的热处理

高碳铬轴承钢通过高温奥氏体化后快速冷却得到高碳马氏体组织，其组织由马氏体、残余奥氏体及奥氏体化时未溶解的碳化物组成。JB/T 1255—2014 规定了高碳铬轴承钢滚动轴承零件的热处理技术条件。淬火介质通常为油浴或者盐浴，淬火的硬度可达到 66HRC。如果冷却速度不够，组织中会产生屈氏体或珠光体。屈氏体或珠光体的存在会降低材料的疲劳寿命，必须加以限制。淬火之后需要马上进行回火处理，以提高材料的韧塑性以及尺寸稳定性。回火温度取决于对尺寸稳定性的要求。

除淬火得到马氏体组织外，高碳铬轴承钢还可以通过等温淬火得到贝氏体组织。贝氏体组织具有比马氏体组织更好的韧塑性，而且贝氏体热处理的工件表面呈残余压应力，而马氏体呈拉应力。表面残余压应力可以提高轴承的疲劳寿命，因此贝氏体淬火工艺常用于铁路轴承零件的热处理。由于贝氏体有更好的韧塑性及表面残余压应力，因此使轴承内圈与轴可以采用更大过盈量的配合，避免轴承在轴上与轴颈发生相对转动（跑圈）。对于有挡边的圆柱及圆锥轴承，贝氏体热处理还可以提高挡边的抗断裂性能。

渗碳轴承钢与高碳铬轴承钢不同之处在于渗碳轴承钢的含碳量低，通常不超过0.35%。JB/T 8881—2020制定了滚动轴承零件渗碳热处理技术条件。加热得到的奥氏体中的含碳量决定着淬火得到的马氏体的硬度；如果要达到轴承零件使用要求的58HRC以上的硬度，含碳量通常要在0.6%以上。因此渗碳轴承钢首先需要进行扩散渗碳，以提高功能区域的含碳量，然后再淬火得到高硬度的马氏体组织。渗碳是一个扩散过程，温度越高扩散达到同样深度的时间越短；这个温度取决于所用设备及钢材，一般都在930℃及以上。通过控制渗碳气氛的碳势可得到工件需要的表面含碳量。通常在渗碳前期会采用高碳势，如1.0%～1.3%，提高表面含碳量及碳浓度梯度以加快渗碳速度（强渗）；在强渗后降低碳势，到表面所需要的含碳量进入扩散阶段以达到所需的碳浓度分布。渗碳气氛由基础气（如甲醇裂解气和氮气）及富碳气体（如甲烷、丙烷）组成。

渗碳之后有不同的冷却方式，对于铁路轮对轴承，一般需要快速冷却避免网状渗碳体及粗大珠光体组织的产生，然后再重新加热到合适的奥氏体化温度，对零件进行马氏体淬火。通常进行压模淬火来控制工件变形。经过渗碳处理的轴承零件具有表面硬而心部软的特性，在坚硬的表面层中存在残余压应力。

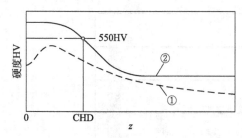

图4-11 渗碳层的硬度HV-CHD
深度z分布曲线
（①—所需的硬度（等效应力分布）；②—实际硬度）

渗碳处理会产生朝向工件横截面中心逐渐降低的硬度和强度。因此必须根据载荷和接触几何形态（接触直径、密合度）确定渗碳层深度CHD（case hardening depth），以便在静态和动态工作状态下抑制接触部位的塑性变形或者疲劳损伤。实际的局部硬度必须始终高于根据等效应力计算的局部所需硬度。图4-11为渗碳层硬度-深度分布曲线（②）与随载荷产生等效应力分布曲线（①）。②曲线在①曲线上方并且这些曲线不相交，则硬化深度设计正确。

可以根据公式 $CHD \geqslant 0.52 D_w$（滚动体直径）所述的关系式，得出用来确定最小渗碳层深度的近似值。该式的参考载荷是符合形变能假说（DEH）的等效应力，其中形变能随滚动体直径 D_w 和载荷幅变化而变化。

由此可知，滚动轴承钢有三种热处理工艺路线，分别是高碳轴承钢淬火以获得马氏体、高碳轴承钢等温淬火以获得贝氏体和渗碳轴承钢的渗碳+马氏体淬火，如图4-12所示，通过淬火和回火温度变化可以实现不同的材料状态。

按照图4-12中的热处理方式，可以在横截面范围内产生不同的硬度和残余应力分布，见图4-13。

贝氏体热处理和渗碳热处理的共同特征是都会在表层中产生残余压应力，这些残余压应力在工作状态下与载荷应力叠加，可有效降低所产生的等效应力，因而得到较长的寿命。尤其当润滑不够充分或颗粒污染因此而产生附加载荷的时候，如果纯净度相同，则渗碳组织与贝氏体组织明显优于马氏体组织。

在混合摩擦条件下，比较滚动轴承钢100Cr6在马氏体、贝氏体和18CrNiMo钢渗碳处理后的寿命，试验结果显示，在同等工况条件下，马氏体的失效概率远远高于贝氏体和渗碳

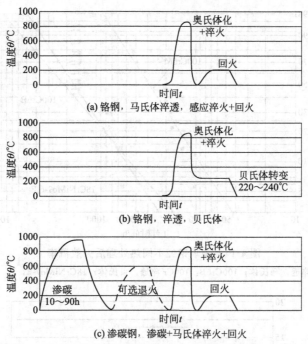

图 4-12 滚动轴承钢的热处理工艺（温度 θ-时间 t）曲线

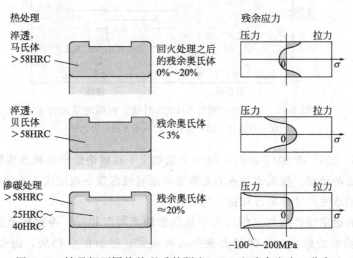

图 4-13 轴承钢不同热处理后的硬度 HRC 和残余应力 σ 分布

处理后的轴承。图 4-14 为角接触球轴承 7205-B 在赫兹应力 $P_0 = 2500$MPa，转速 $n = 11500$r/min，机油＝NL2 润滑工况条件下的寿命对比结果。为了模拟轴承中的污染，通过 HRC 压痕使得滚道预先受损。

贝氏体是通过等温转变产生的组织，等温转变温度类似于 S1 的回火温度，因此与马氏体 S1 回火具有相同的尺寸稳定性，并且比回火马氏体有更好的韧性。

选择贝氏体热处理和渗碳处理的内圈各 3 个，用大约 150MPa 过盈应力将其安装到轴上，然后在＋200℃温度下经过 100h 时效后，将内圈从轴上拔下，检测拔出力。图 4-15 表明，渗碳套圈所需的拔出力明显较小，因为渗碳套圈由于表层残余奥氏体转变已变大。除了高温，机械应力和足够长时间的低温，都会引起残余奥氏体转变，而使套圈尺寸变大。

第 4 章 轴箱与轴承

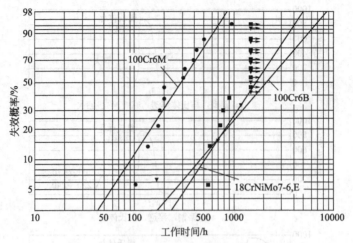

图 4-14 轴承钢经不同热处理后失效概率

（100Cr6M：100Cr 淬透，马氏体；100Cr6B：100Cr 淬透，贝氏体；18CrNiMo7-6，E：18CrNiMo7-6 渗碳）

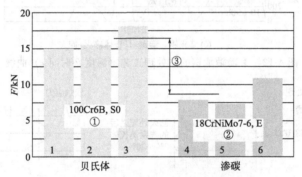

图 4-15 轴承经 200℃下 100h 时效后内圈的拔出力 F

（①—贝氏体；②—渗碳；③—两者拔出力之差）

JB/T 1255—2014 和 JB/T 8881—2020 分别规定了高碳铬轴承钢和渗碳轴承钢制造的轴承零件热处理后的硬度。渗碳钢轴承的套圈渗碳层有效深度一般取决于滚动体的直径。

（4）滚动轴承的尺寸稳定性和稳定化处理

轴承套圈的稳定性必须与工作过程中预期的轴承温度相配，否则轴承很快就会出现尺寸变化，导致轴承游隙变化、预紧力丧失或者夹紧、过盈配合松脱，进而造成轴承提前失效。

轴承套圈尺寸变大或者收缩，是由残余奥氏体和马氏体组织发生变化所引起的。马氏体中的晶格应力释放会起到收缩作用，残余奥氏体转变则会起到变大的作用。究竟哪个方向居主导地位，取决于温度及其作用持续时间。图 4-16 表明，轴承套圈随时间延长通常先收缩，后膨胀至一极值后再次收缩。

以轴承内圈为例（孔径 60mm），该轴承套圈在淬火之后在 +180℃ 温度下回火，结果见图 4-17。

从图 4-17 可见，对于采用 180℃ 回火温度的套圈，当工作温度低于 120℃ 时，尺寸不会受到影响。如果工作温度高于 180℃，则套圈可能会变大而与轴脱离。这种情况下，必须选择更高的回火稳定温度。

按温度等级经过尺寸稳定化处理的轴承需加注特殊后缀，参见表 4-6。

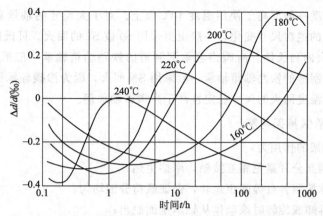

图 4-16　100Cr6 轴承套圈尺寸 $\Delta d/d$ 与轴承温度和持续时间 t 的关系

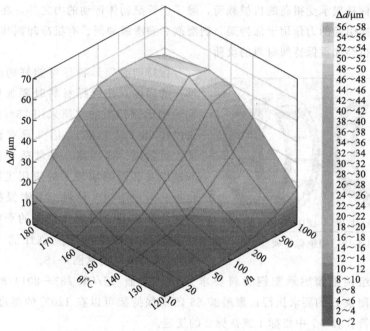

图 4-17　轴承内圈直径增大 Δd 与回火温度 θ 和时间 t 的关系

表 4-6　经过尺寸稳定化处理的轴承的工作温度和后置代号

最高工作温度/℃	经过尺寸稳定化处理的轴承的后置代号
+120	SN[①]（不写上后置代号 SN）
+150	S0[①]
+150	S0B[②]（不写上后置代号 B）
+200	S1[①]
+250	S2[①]
+300	S3[①]
+350	3S4[①]

① 内圈和外圈在指定的工作温度。
② 套圈在 150℃ 以下稳定。

轴承的回火温度一般要高于使用温度40℃以上。对于大尺寸的轴承套圈，由于微小的相对变化会引起大的绝对尺寸变化，一般也要采用S0或S1的回火。贝氏体热处理的尺寸稳定性相当于S1回火的马氏体。高碳铬轴承钢制造的铁路轴箱轴承一般采用贝氏体热处理。对于渗碳钢轴承钢制造的铁路轴箱轴承一般采用SN回火，因为渗碳轴承钢只在表层有较多残余奥氏体，相同温度回火的尺寸稳定性高于高碳铬轴承钢。

4.3.2.3 轴箱轴承保持架材料

轴箱轴承保持架的作用为：
① 将滚动体相互分开避免相互接触，摩擦生热；
② 保证滚动体按照各自等间距运转，保证载荷分配均匀；
③ 避免轴承拆卸或旋转时滚动体从轴承里面脱出；
④ 在承载区域引导滚动体运动。

滚动轴承保持架承受很高的机械载荷，除了引导滚动体运动的力之外，在工作状态下还有加速度和摩擦引起的力作用于保持架，润滑剂和润滑添加剂、有机冷却剂和溶剂等引起的化学影响经常也会加重保持架材料的负荷。

图4-18 塑钢保持架

保持架必须具备尽可能好的摩擦性能和足够高的强度，在选择材料时要加以考虑。铁路轴箱轴承保持架的材质采用25%玻璃纤维增强聚酰胺66（尼龙66），因其具有良好的减摩性能、重量轻、弹性高，非常适合高冲击、高加减速以及套圈倾摆较大的应用工况，故该材料也被称为"塑钢"材料。塑钢保持架也能以经济的注塑成型方式制作复杂的形状，在使用时还具有很好的滑动和应急性能（短时润滑不良），保持架结构见图4-18。

中国动车组用轴箱轴承塑钢材料要求及特性按照TJ/CL 287—2014附录A或TJ/CL539—2018附录E的要求执行；聚酰胺66塑钢保持架可以在120℃的温度下长期工作，其性能要求应符合表4-7中指标1或指标2的规定。

表4-7 保持架材料技术要求

性能	指标1	指标2
外观	颗粒均匀，无明显色差，无异物，无玻纤裸露	
拉伸强度/MPa	≥100	≥125
弯曲强度/MPa	≥150	≥150
缺口冲击强度/(kJ/m²)	≥20	≥10
吸水率	≤2%	≤2%
密度/(g/cm³)	1.21～1.31	1.21～1.31
玻纤含量	(25±2)%	(25±2.5)%
熔点/℃	250～265	250～265
玻纤长度/m	0.1～1.0(数量≥95%)	0.1～1.0(数量≥95%)

续表

性能		指标1	指标2
玻纤直径/μm		9~15(平均值)	9~15(平均值)
油脂相容性	拉伸强度变化率	(-15~15)%	(-15~15)%
	弯曲强度变化率	(-15~15)%	(-15~15)%
	缺口冲击强度变化率	(-40~40)%	(-40~40)%
红外光谱		谱图峰型及主要位置与TJ/CL287—2014附录A红外谱图基本一致	

4.3.2.4 轴箱轴承密封材料

轴箱轴承的密封作用是：

① 将轴承内部的润滑脂保持在内部不泄漏，从而很好参与润滑；

② 防止外部污染物进入轴承内部而使润滑恶化。

如图4-19所示，轴箱轴承的密封分为接触式密封（密封件与内圈大挡边相互接触）和非接触式密封（密封件与轴承内圈大挡边之间留有间隙）。接触式密封结构主要由钢板与弹性橡胶材料一起构成盒式结构。接触式密封的橡胶可根据应用工况采用NBR、FKM、EPDM、HNBR等材料，设计时要充分考虑其在常温时的硬度、扯断强度、扯断伸长率等基本性能，以及在高、低温下的老化、耐腐蚀、耐介质等性能。非接触式密封由钢板冲压而成，视应用而将钢板表面进行镀锌、镀铬、发黑或其他涂层等防锈处理。

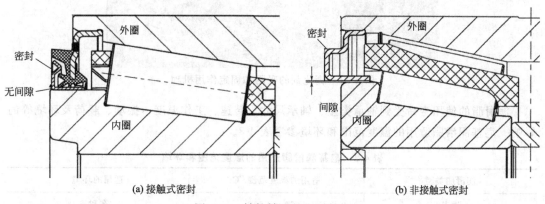

图4-19 轴箱轴承的密封结构

4.3.2.5 轴箱轴承润滑脂

润滑脂能在轴承接触表面（滚道、滚动体和挡边表面）形成可以承载的弹性流体润滑油膜，从而保证轴承平稳运行，见图4-20。

润滑脂由基础油、稠化剂和添加剂等成分组成。基础油可采用矿物油或合成油，占油脂总量的90%左右，基础油主要起到润滑的作用。稠化剂在润滑脂中的比例可在3%~30%之间，能在基础油中分散并形成空间网状结构，对基础油有吸附和固定作用，决定润滑脂的机械安定性、耐高温性等，如图4-21所示。铁路用润滑脂的稠化剂是由脂肪酸和碱液通过化学皂化反应制得的单金属皂基稠化剂，如锂基、钙基、钠基；也有复合皂基，复合皂基的润滑脂可以适应更为宽广的温度范围。添加剂有抗氧化剂、防锈剂、防腐剂和极压添加剂等，

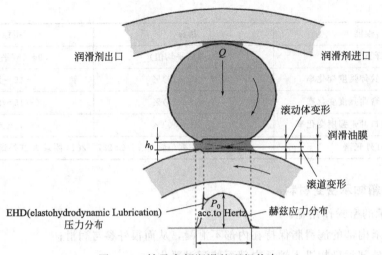

图 4-20　轴承内部润滑的理想状态

添加剂在润滑脂中的比例可在 3%~5% 之间，可起到保护金属表面、改善润滑性能或保护润滑油本身的性能。

图 4-21　稠化剂的吸附和固定作用机理

润滑脂的使用寿命受到轴承类型、轴承尺寸、转速、工作温度、振动、载荷及环境等的影响。皂基润滑脂适用的温度范围和环境参考表 4-8。

表 4-8　皂基润滑脂适用的温度范围和环境

润滑脂类型	适用的温度范围/℃	适用的环境
锂基	−30~+110	各种
复合锂基	−20~+140	各种
钙基	−10~+60	潮湿
复合钙基	−20~+130	潮湿
钠基	−30~+80	干燥
复合钠基	−20~+140	干燥

被污染的润滑脂将极大地影响轴承的使用寿命，好的润滑状态可以有效地防止轴承滚道和滚动体的磨损和早期疲劳。图 4-22 展示了润滑脂的不同污染状态对于轴承寿命的影响，即污染物的硬度越高，对轴承的寿命影响越大。

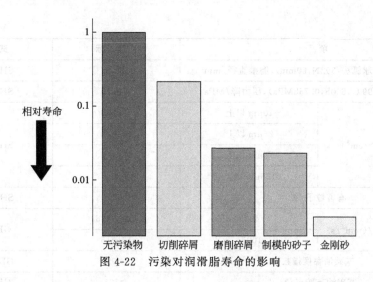

图 4-22 污染对润滑脂寿命的影响

机车轴箱轴承润滑脂应符合 TB/T 2955—1999《铁路机车轮对滚动轴承润滑脂》的规定。表 4-9～表 4-11 为 TB/T 2548—2011《铁道车辆滚动轴承润滑脂》中规定的性能参数。

表 4-9 铁道车辆滚动轴承润滑脂的适用范围

滚动轴承润滑脂类型	适用范围		
	车型	最高运行速度/(km/h)	轴重/t
Ⅲ型润滑脂	客车	≤160	≤18
Ⅳ型润滑脂	货车	≤160	≤21
		≤140	≤25
	客车	≤200	≤17
		≤160	≤18

表 4-10 铁道车辆滚动轴承Ⅲ型润滑脂

项目	质量指标	试验方法
外观	棕色均匀油膏	目测
工作锥入度/0.1mm	280～310	GB/T 269
延长工作锥入度,10 万次与 60 次工作锥入度之差/0.1mm	−25～+25	GB/T 269
滴点/℃	≥190	GB/T 4929
腐蚀(T_3 铜片,100℃,3h)	合格	SH/T 0331
钢网分油(100℃,24h),(质量分数)/%	≤5.0	SH/T 0324
游离碱 NaOH/%	≤0.10	SH/T 0329
游离有机酸 mgKOH/g	无	SH/T 0329
水分,(质量分数)/%	≤痕迹	GB/T 512
水淋流失量(38℃,1h),(质量分数)/%	≤5.0	SH/T 0109
漏失量/g	≤5.0	SH/T 0326
防腐蚀性(52℃,48h)	合格	GB/T 5018
相似黏度(−20℃,$\overline{D}=10s^{-1}$)/(Pa·s)	≤800	SH/T 0048
极压性能(梯姆肯机法),OK 值/N	≥200	SH/T 0203

续表

项目		质量指标	试验方法
抗磨性能(四球机法,392N,60min),磨痕直径/mm		≤0.65	SH/T 0204
氧化安定性(99℃,500h,0.758MPa),压力降/MPa		≤0.10	SH/T 0325
杂质含量/(个/cm³)	10μm 以上	≤3000	SH/T 0336
	25μm 以上	≤1000	
	75μm 以上	≤200	
	125μm 以上	0	
有害粒子/级		≤1	SH/T 0322
基础油运动黏度/(mm²/s)	40℃	120~135	GB/T 265
	100℃	13~15	
基础油黏度指数		≥95	GB/T 1995
基础油苯胺点/℃		≥105	GB/T 262
基础油凝点/℃		≤-8	GB/T 510

注:表中注日期的引用文件,仅所注日期的版本适用于本文件,凡是不注日期的标准,其最新版本适用于本文件。

表 4-11 铁道车辆滚动轴承Ⅳ型润滑脂

项目		质量指标	试验方法
外观		褐色至棕褐色均匀油膏	目测
工作锥入度/0.1mm		265~295	GB/T 269
延长工作锥入度,10万次与60次工作锥入度之差/0.1mm		-25~25	GB/T 269
滴点/℃		≥180	GB/T 4929
腐蚀(T_2铜片,100℃,24h)		铜片无黑色或无绿色变化	GB/T 7326—1987(乙法)
钢网分油(100℃,24h),(质量分数)/%		≤5.0	SH/T 0324
水分,(质量分数)/%		≤痕迹	GB/T 512
蒸发量(99℃,22h),(质量分数)/%		≤2.0	GB/T 7325
水淋流失量(38℃,1h),(质量分数)/%		≤4.0	SH/T 0109
防腐蚀性(52℃,48h)		合格	GB/T 5018
相似黏度($-20℃,\overline{D}=10s^{-1}$)/(Pa·s)		≤1800	SH/T 0048
极压性能/N	四球机法,P_b值	≥696	SH/T 0202
	梯姆肯机法,OK 值	≥178	SH/T 0203
抗磨性能(四球机法,392N,60min),磨痕直径/mm		≤0.60	SH/T 0204
氧化安定性(99℃,500h,0.758MPa),压力降/MPa		≤0.10	SH/T 0325
滚筒安定性(80℃,50h),试验后与试验前工作锥入度之差/0.1mm		≤70	SH/T 0122
杂质含量/(个/cm³)	10μm 以上	≤2000	SH/T 0336
	25μm 以上	≤1000	
	75μm 以上	≤200	
	125μm 以上	0	

续表

项目	质量指标	试验方法
基础油运动黏度(40℃)/(mm²/s)	≥130	GB/T 265
基础油黏度指数	≥85	GB/T 1995
基础油苯胺点/℃	≥100	GB/T 262
基础油凝点/℃	≤-10	GB/T 510

注：表中注日期的引用标准，仅所注日期的版本适合本文件，凡是不标注日期的标准，其最新版本适用于本文件。

4.4 轴箱装置的制造

4.4.1 铁路轴箱的制造

铁路机车车辆轴箱的形状是不规则的箱体结构，如图4-23所示。典型的制造工艺为铸造后通过机械加工成型。中国铁路现有轴箱有铸钢、铸铝和铸铁三种材料。由于球墨铸铁具有优良的力学性能、加工性能、耐磨性能、吸振性能以及制造成本低等优点而被广泛使用。这里简单介绍高铁用球墨铸铁轴箱的加工过程。

铁路铸铁轴箱采用腔模铸造而成，其原材料包括以下成分：生铁、废钢、树脂、型砂、固化剂、球化剂、孕育剂、硅铁、锰铁等。

轴箱铸造的主要工装为铸造模具，如图4-24和图4-25所示。模具的外观轮廓应清楚完整，铸造过程中将原材料按照规定的温度用中频感应炉加热熔化成铁水，控制好浇铸温度、球化时间以及浇注时间，避免产生缩孔和缩松等缺陷。

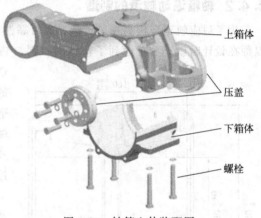

图4-23 轴箱立体装配图

图4-24 铸造模具

图4-25 铸造砂模

铸件通常在24h后脱箱，对脱箱后的铸件还需进行如下处理：

① 表面抛丸处理，保证外观无黏砂；
② 清理打磨铸件，使其无飞边；
③ 退火处理，消除内应力；
④ 采用磁粉探伤机对材料进行探伤检查；
⑤ 检查力学性能，包括化学成分、金相、抗拉强度、断后伸长率、冲击韧性、硬度等；
⑥ 二次抛丸处理，去除表面热处理氧化皮；
⑦ 铸件外观目测轮廓终检；
⑧ 打印标识；
⑨ X射线对气孔、夹渣、夹砂、疏松等缺陷进行探伤检查；
⑩ 喷底漆；
⑪ 箱体的配合面的机加工，包括轴箱定位面、内孔、侧面、装配面、顶部等位置，并根据图纸规定进行全尺寸检查；
⑫ 表面喷漆，检查漆膜厚度、颜色及附着强度；
⑬ 包装。

4.4.2 轴箱滚动轴承的制造

为了适应轨道车辆高速、重载、高可靠性、长的免维护周期、长的使用寿命等要求，工程师在设计时就充分考虑到了轴承的材料、热处理性能、加工精度以及表面处理等技术特性。轴承的制造过程就是利用先进稳定和环保的工艺手段实现轴承设计者的要求和理念。制造工艺过程的质量控制稳定与否，会直接影响轴承的性能和寿命。因此轴箱轴承的制造过程及加工工艺必须严格地进行控制，并做到加工过程可追溯。

下面将以某高铁轴箱滚动轴承为例，分别按照轴承的零件组介绍它们的加工过程和工艺。图 4-26 为某高铁轴箱滚动轴承装配示意图。

机械加工过程中，工艺关键控制指标如下：
① 旋转精度：要求轴承各零件的几何形状精度和位置精度在微米级别；
② 尺寸精度：要求各零件的尺寸精度在微米级别；
③ 粗糙度：滚道及安装表面粗糙度；

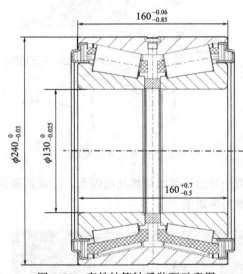

图 4-26 高铁轴箱轴承装配示意图

④ 尺寸稳定性：在正常环境下长期存放和工作时，没有明显的尺寸变化；
⑤ 防锈能力：所有零件不允许生锈；
⑥ 振动及噪声：轴承振动及噪声要限制在标准规定的范围内；
⑦ 残磁：轴承的残磁应控制在标准规定的范围内。

轴箱滚动轴承结构比较简单，但技术要求很高。制造工艺路线中的环节很多，其中有锻造、冲压、切削、热处理、磨削、磷化、检查、探伤、装配、退磁、清洗、防锈和包装等。轴箱轴承零件生产制造的一般过程如表 4-12 所示。

表 4-12 轴承零件生产制造的一般过程

零件名称	套圈	滚子	保持架
工序	棒料	棒料	粉料
	下料		
	锻造	冷镦/车削	注塑成型
	车削	热处理	
	软磨	磨削	
	打字	超精	
	热处理	检测分组	清理
	磨削		
	（磷化）		
	超精		
	印字		
	终检　分类　检查		
	装配、退磁、成品检查、清洗、防锈、涂油、包装		

4.4.2.1 套圈的制造工艺

轴承的套圈分为外圈和内圈。轴承作为一个完整的部件，它的内、外圈是与工作环境接触的部件，其中内圈的内径、外圈的外径是与用户配合的安装尺寸，必须严格控制在要求的公差范围内。内、外圈的滚道则是保证轴承回转精度和寿命的关键功能表面，滚道质量也是决定轴承优劣的关键之一。

轴承套圈的设计要求如图 4-27、图 4-28 所示，分别有尺寸公差，形位公差，表面质量要求，材料及热处理要求等。这些精度和性能要求都要通过加工工艺来保证，并确保工艺持续稳定。

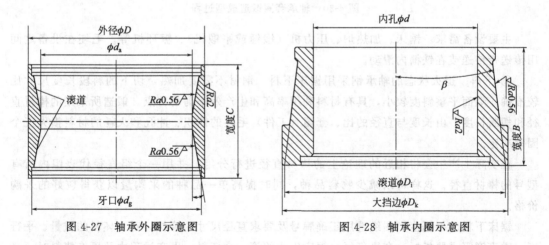

图 4-27 轴承外圈示意图　　　　　图 4-28 轴承内圈示意图

套圈制造的主要工艺过程如图 4-29 所示。

图 4-29 套圈制造工艺过程

(1) 套圈材料准备

铁路轴箱轴承材料在交货时,需要关注以下方面:

① 钢材的牌号及化学成分;

② 精炼方法:真空脱气或电渣重熔;

③ 交货状态:钢棒以热轧或者退火状态交货及钢棒硬度;

④ 材料的力学性能;

⑤ 末端淬透性;

⑥ 低倍组织;

⑦ 宏观和微观夹杂物;

⑧ 显微组织;

⑨ 脱碳层深度;

⑩ 尺寸与外形:冷拉态钢棒的直径偏差、圆度、弯曲度应在规定范围内,钢棒不得有扭转,钢棒两端头要求倒角,两端锯切平整,不得有马蹄形、飞边、毛刺;

⑪ 外观质量等,如冷拉材表面应加工良好,且洁净、光滑,不得有发纹,表面不得有裂纹、折叠、拉裂、结疤、夹杂和锈蚀等缺陷。

(2) 锻造工艺

① 概述 锻造是制造许多金属零件毛胚的重要手段。轴承套圈锻造加工的主要目的是通过锻造加工,获得与产品形状相近的毛坯,从而提高金属材料利用率,节约材料,减少机械加工量,降低成本;通过锻造加工,消除金属内在缺陷,改善金属组织,使金属流线分布合理,金属紧密度好,从而提高轴承使用寿命。铁路轴承套圈是薄壁环形件,因此在轴承套圈成型工艺中多采用热辗扩工艺,将实体棒材加工成要求尺寸的轴承套圈的毛坯。

轴承套圈锻造成型过程示意图如图 4-30。

图 4-30 轴承套圈锻造成型过程

主要设备需求:锯床、加热炉、压力机(锻锤或平锻机)、辗环机等。毛坯在设备之间用传送带传送或在铁槽内滑动。

② 下料 退火状态的轴承钢采用锯床下料,钢材不需要加热,切下的料段长度尺寸比较准确,端面平整斜度较小,具有材料利用率高和生产效率高的特点。锻造所采用的棒材直径和切断长度,由长度与直径的比、套圈(工件)毛坯的体积、冲孔和火耗的材料损失三个因素决定。

在实际生产中会将相近的理论上的棒材直径进行分组,并用一个组直径代表组内所有型号的棒材直径。这样可以减少物料品种,同时提高单一品种的采购量以获得较好的采购价格。

锯床下料应根据生产图纸选用正确牌号及要求直径尺寸的棒材,对于坯料的重量、平行度、垂直度等重要指标,在每班每台锯床生产的第一个坯料、生产过程中及更换棒料时,必须参照图纸要求仔细检查。

③ 锻造 轴承套圈的锻造要严格按照中国铁路总公司的技术规范和要求进行。影响锻造和辗扩质量的因素有坯料的加热温度和温度保持、锻造(包括辗扩)温度、锻造冲中心孔

的位置精度、辗扩设备和工装模具的精度等。

要获得良好的塑性状态，锻出优质的锻件，锻造必须在规定温度范围内以合适的加热速度和加热时间进行。根据铁碳平衡图中碳钢锻造温度的范围，可以确定锻造的始锻和终锻温度范围，参见表4-13。合理的始锻温度可以提高钢的塑性，避免温度过高发生过热现象，减少脱碳；合理的终锻温度防止锻件内产生加工硬化的现象，保证锻件内不会出现网状碳化物，得到最细的晶粒，形成好的机械强度。

表 4-13　轴承钢的锻造温度范围

钢种	钢号	最高始锻温度/℃	最低终锻温度/℃
铬轴承钢	GCr15	1100～1180	800～900
渗碳钢	G20CrNi2MoA	1100～1200	800～900

锻造坯料加热过程会消耗大量能源。我国的锻造坯料加热工艺经历了燃煤式加热炉、燃气炉和电磁感应加热三个发展阶段。由于电磁感应加热无废气污染、能源利用率高、单件连续加热、同时方便可控等优点，被越来越多的企业所采用，也是锻造加热技术的发展方向。

感应加热的原理见图4-31。当交变电流通过感应线圈时，在金属棒料中产生了感应电势；在感应电势作用下，金属棒料内感应电流流动，因金属本身的电阻，使电能转变为热能进而将金属棒料加热。

钢材的加热速度受炉温、钢的化学成分、装炉方式、钢材尺寸大小等因素的影响。在加热时，要尽量控制升温速度，以避免材料出现裂纹和过烧。感应加热生产线设计参照图4-32。

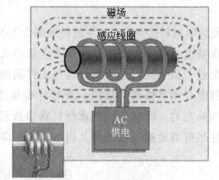

图 4-31　感应加热原理

图 4-32　感应加热生产线

④ 锻造/辗扩　铁路轴箱轴承尺寸较大，一般采用锻锤/压力机冲孔-辗扩工艺，见图4-33。将已加热的料段，在锻锤/压力机上采用镦粗/冲孔锻造方法制成环坯，然后经过冲孔机辗扩获得锻件。镦粗时，料段应垂直，防止料饼椭圆，以免冲孔后环坯形成较大的壁厚差而影响辗扩的正常进行和锻件质量。冲盲孔和冲穿孔时，应冲在料饼的正中央，以避免在冲偏孔或使料饼孔偏心时，环坯有较大的壁厚差和内径夹皮。对于铬轴承钢，在锻造后需要适当快速冷却避免产生网状碳化物，工件冷却到650℃以下才可以进行球化退火。

套圈锻造质量与加热温度和模具精度紧密相关。模具或操作过程精度不够则产生飞边、材料折叠等几何缺陷，如图4-34(a)和图4-34(c)所示。如果加热时间超过了锻造允许的上限，

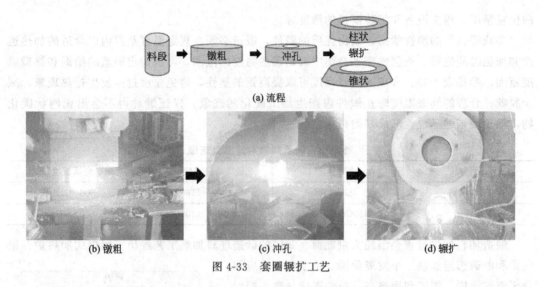

图 4-33 套圈辗扩工艺

使坯料材料达到熔点,在材料局部会形成一些"气孔"样的疏松组织缺陷,如图 4-34(b)。坯料在锻造过程中,会因加热而产生加热火耗、表面脱碳,因而对于锻件通常预留合适的车加工余量,以去除以上残留,避免工件表面遗漏黑皮,如图 4-34(d) 所示。因此锻造过程的加热温度必须严格实时监控,及时对模具进行保养维修。目前轴箱轴承的材料利用率只有大约 50% 左右,即套圈成品重量只有锻造后毛坯重量的 50%。因此,提高锻造精度和质量使毛坯尽可能地接近成品的几何形状对于降低材料的加工成本十分重要。

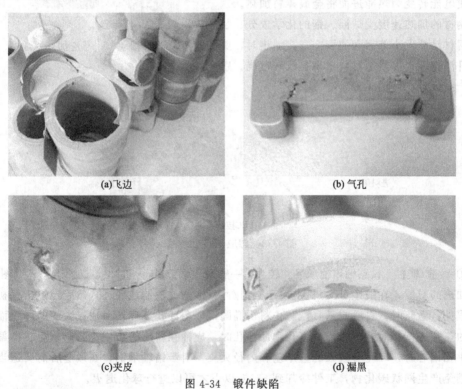

图 4-34 锻件缺陷

(3) 车削工艺

工件在热处理之前的加工又称软加工,热处理前的车削加工又称"软车",其目的是将锻造好的套圈毛坯加工成具有准确的几何形状的工件，为后续的热处理和精密加工做好准备。套圈车加工的主要任务是：去除锻件毛坯表面坚硬的氧化变质层（黑皮）；经济地取得车加工的形状、尺寸和位置精度；对待加工表面均匀地留有一定深度的（磨削）留量；加工好辅助表面（倒角、沟、密封槽等）。

车加工既要受到上工序的毛坯制造质量的影响，又要影响到下面工序。若毛坯制造的尺寸不精确、形状不规则、氧化层过深等均会给车加工带来不利影响。车加工质量不好，又会造成热处理变形、裂纹等，给磨削加工带来调整困难。

车加工多采用高效的自动化（或半自动化）设备，或采用专用车床。套圈车削加工的内容为：车削外径、内孔、牙口、滚道、挡边、端面、斜坡、圆角、倒角、止动槽和油沟等。为了实现规定的加工精度、加工质量以及考虑经济性等因素，轴承套圈车削加工过程需要关注车削套圈的尺寸/形位公差及磨削留量、切削速度和进给量等工艺参数。为了便于识别轴承，每套轴承上都有永久性标识。一般在内圈大端面上，在车削后进行机械打字，标识轴承代号、制造年份和制造工厂等可追溯性标识。图 4-35、图 4-36 给出了圆锥滚子轴承外圈和内圈的车加工的部分关键尺寸及形位公差的参考图样，公差符号定义参考 GB/T 307.1—2017，测量及检测方法参考 GB/T 307.2—2005，图样标识方法可参考相应国标或根据企业需要设定内部的标准。

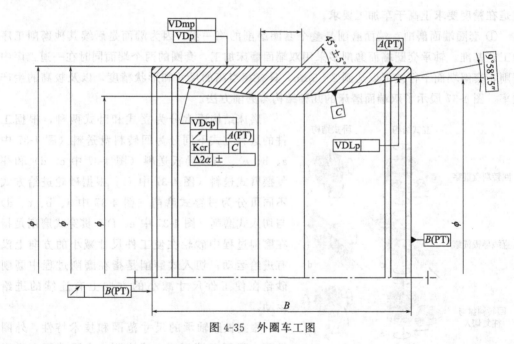

图 4-35 外圈车工图

（4）磨削与超精工艺

磨削加工在机械制造领域被定义为精密加工过程，它也是轴承生产中的关键工序之一。如果说锻造和车削分别完成了轴承套圈的初始成型和几何成型，那么磨削就是完成与保证轴承套圈各功能部位精密度的精密加工过程。在磨削之后，对于套圈的滚道和挡边还需要进行超精加工以取得良好的表面质量。

套圈磨削与超精主要包括内圈和外圈的两个端面磨削、外圈外径磨削、外圈滚道磨削、内圈滚道与内孔磨削、内圈和外圈滚道超精加工、内圈挡边磨削与超精加工。

圆锥滚子轴承外圈和内圈的磨削加工的部分关键尺寸及形位公差的标注与车工相似，

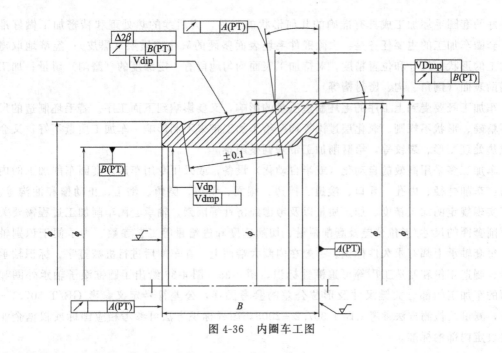

图 4-36 内圈车工图

只是在精度要求上高于车加工要求。

① 套圈端面磨削 端面磨削是整个套圈磨削的第一步，因为端面是后续其他磨削工序的工艺基准。轴承套圈端面磨削多采用双端面磨床加工，套圈的两个端面同时在一道工序中磨削，套圈端面平行差可以达到 $2\sim5\mu m$，具有相当高的尺寸和形状精度，以及较高的生产效率，图 4-37 展示了双端面磨床的几种结构与磨削方法。

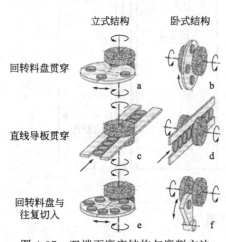

图 4-37 双端面磨床结构与磨削方法

磨床结构通常分为立式和卧式两种，根据工件的进料方式不同分为回转料盘送料（图 4-37 中 a、b、e）、直线导板送料（图 4-37 中 c、d）和往复摆臂式送料（图 4-37 中 f）；根据砂轮进给方式不同可分为贯穿式磨削（图 4-37 中 a、b、c、d）与切入式磨削（图 4-37 中 e、f）。贯穿式磨削是指在磨削过程中砂轮在使工件尺寸减小的方向上没有进给运动；切入式磨削是指在磨削过程中磨削砂轮在使工件尺寸减小的方向上有连续的进给运动。

根据铁路轴承的尺寸范围和技术特性，外圈端面多采用双端面切入式磨削，内圈端面多采用双端面贯穿式磨削。基于往复摆臂式送料原理，直线往复式送料机构也被国内轴承厂家广泛开发并使用。如图 4-38 所示，往复运动送料台沿着机床床身做直线往复运动，带动送料套圈支承板前后移动，轴承套圈（工件）在套圈支承板的工件孔中被两个装有支承轴承的支点径向支承，两个磨削砂轮于轴向双向靠紧轴承套圈（工件），并通过旋转及轴向进给磨削轴承套圈的两个端面。砂轮表面质量和形状可通过砂轮修整臂直接进行修整，图 4-39 为砂轮修整状态图。

② 外圈外径的磨削 外圈外径磨削在工艺类别上属于外圆磨削，但是轴承外圈都是薄

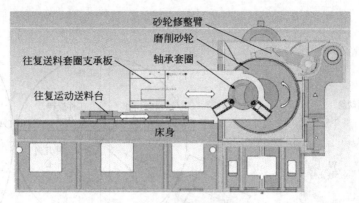

图 4-38 双端面磨床原理

图 4-39 双端面磨床砂轮修整状态图

壁环形件，无法采用实体工件的定心磨削方法。对于铁路轴箱轴承外圈（外径尺寸范围约在 180～350mm），多采用电磁无心夹具磨削工艺加工外圈外径表面。

图 4-40 示出了电磁无心夹具的工作原理。电磁无心夹具，是指在磨床工件主轴端面安装有电磁驱动盘，电磁驱动盘端面具有环形凸起与工件端面对接，凭借电磁力将工件轴向吸附在电磁驱动盘上，两个马蹄状的可调节支点（图 4-40 中 W_1 和 W_2）用于工件的径向支承。为了使工件在电磁驱动盘的驱动下稳定地在两个支承点上回转，工件几何中心与电磁驱动盘的回转几何中心之间需要设置一定的偏心量。如图 4-40 所示，该偏心方向和偏心量的大小设置，必须保证工件几何中心点所受到的径向驱动力 F 的方向，在任何时刻都位于两个支撑点 W_1 和 W_2 之间，以保证工件在回转过程中一直被压向支承而不会被抛飞造成安全事故。在磨削过程中，由于工件的几何中心与电磁驱动盘的回转几何中心不重合，在两个支承点的限制下，工件相对于电磁吸盘会发生径向移动；同时，随着砂轮的持续进给，工件外径逐渐变小，工件的几何中心在径向驱动力的作用下会沿着两个支承点的垂直平分线移动。所以，又称此种加工过程为不定心磨，即工件几何中心的位置在加工过程中是随时变化的。

③ 外圈滚道磨削　外圈滚道磨削属于内圆磨削，采用电磁无心夹具支承，电磁无心夹具与外圈外径磨削的原理一致。

图 4-41 是轴承生产厂家通用的一个外圈滚道磨床，外圈（工件）通过图 4-40 所示的电磁无心方式装夹支承，组合磨削砂轮可以对外圈双滚道及双牙口在同一工序磨削，避免了工件的多次装夹，大大提高了外圈滚道磨削的效率和精度。

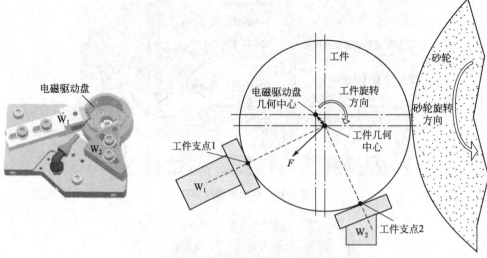

图 4-40　电磁无心夹具工作原理

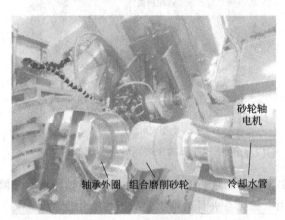

图 4-41　外圈滚道磨床

④ 内圈滚道与内孔的磨削　轴承内圈滚道和轴承外圈外径的磨削原理相同，图 4-42 是内圈滚道磨削工作图。采用电磁无心夹具支承内圈滚道，砂轮径向进给磨削内圈滚道。因为内圈的滚道面与内圈轴线有一定锥度，内圈滚道磨削机床在结构上需要实现工件主轴轴线与砂轮轴线在水平面内构成一定的角度。

内圈内孔磨削和外圈滚道的磨削原理相同，如图 4-43 所示，采用电磁无心夹具支承内圈滚道，砂轮轴向移动到轴承内圈内孔，然后通过径向进给磨削内圈内孔。

图 4-42　内圈滚道磨削

图 4-43　内圈内孔磨削

在实际加工过程中，根据磨削余量不同，可以采用反复多次磨削，即粗磨滚道、粗磨内孔、精磨滚道、精磨内孔。

由于磨削过程会产生大量的磨削热，如果磨削热不能及时散失，会使工件磨削表面局部温度超过工件的回火温度，从而使已经热处理淬火及回火的工件表面过度回火，表面硬度下降；或者磨削表面温度升高到了奥氏体化温度，工件表面被二次淬火，这种情况被称为"磨削烧伤"。磨削烧伤金相组织参见图4-44(a)。磨削烧伤对轴承寿命的影响是致命的，必须严格控制和检验。因此在磨削过程中需要用冷却液对工件磨削区域持续冷却。磨削烧伤常用的检验方法是采用硝酸溶液腐蚀进行烧伤抽样检查。经硝酸溶液腐蚀后的磨削烧伤表面会呈现深色区域（过度回火区域）或白色区域（二次淬火区域），参见图4-44(b)，非常容易辨识。

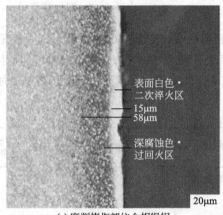 

(a) 磨削烧伤部位金相组织　　(b) 滚子磨削烧伤外观(硝酸腐蚀后)

图 4-44　磨削烧伤

⑤ 套圈滚道超精加工　通过磨削加工，工件表面粗糙度一般控制到 $Ra0.3\mu m$ 以上，为提高轴承的整体性能，轴承厂家通过超精轴承滚道的方式，提升轴承零件的表面质量。

超精加工是通过超细磨具（油石）在一定压力作用下，在回转的被加工表面上规律地往复振荡运动，微量去除工件表面浮凸，从而改善表面质量。超精加工原理图参见图4-45。超精加工后滚道表面粗糙度可达 $Ra0.05\mu m$ 以下，圆度和波纹度也会有一定程度的改善。超精加工的工艺参数和超精量应由专业工程师根据对表面质量的设计要求确定。

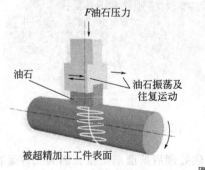 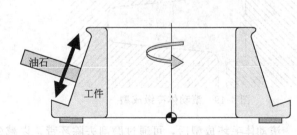

图 4-45　轴承超精原理

4.4.2.2　滚动体的机加工

滚动体在工作过程中与套圈滚道线性接触，本身自转并绕套圈滚道中心公转，需要承受较大的负荷。因此滚动体的制造质量对轴承的工作性能（如旋转精度、振动、噪声和灵活性）有很大影响，是影响轴承使用寿命的主要因素。

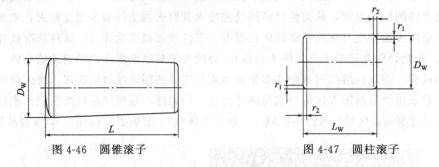

图 4-46　圆锥滚子　　　　　　　图 4-47　圆柱滚子

图 4-46 和图 4-47 分别给出了圆锥滚子和圆柱滚子图形。GCr15 轴承钢一般用于直径为 15～22mm 的滚动体，GCr15SiMn 轴承钢用于直径大于 22mm 的滚动体。滚动体虽然形状简单，但由于质量要求高，从投料到成品工序仍然很多。圆锥滚子和圆柱滚子的加工制造过程如图 4-48 所示。

图 4-48　滚动体加工过程

（1）冷镦/车削

铁路轴箱轴承滚动体的毛坯件采用棒料通过冷镦成型工艺制造。冷镦过程通常包括棒料斩断、预成型和终成型。现代冷镦工艺可以一步成型，即省去了预成型步骤。在冷镦过程中，为了使滚动体毛坯实体充满模具型腔，必须在冲头与凹模合模处留有材料溢出点，如图 4-49 所示。材料的溢出在滚动体大端合模处形成一圈飞边，也叫环带，见图 4-50 的滚动体冷镦实物。在提高冷镦机和冷镦模具以及棒料外径精度的条件下，可以将环带高度减小到不需要采用车削或冲切方式去除，从而大大降低了后续加工成本并提高了效率。

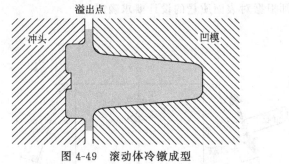 

图 4-49　滚动体冷镦成型　　　　　　　图 4-50　滚动体冷镦实物

滚动体毛坯成型后，可通过磨削去除环带，以减少热处理后的磨削余量。因为工件是在热处理之前进行去环带磨削，俗称"软磨"。磨削方法为贯穿式连续磨削，设备采用无心磨床。

（2）磨削与超精

滚动体在热处理后，通过磨削和超精加工获得滚动体所需的最终尺寸和精度。滚动体外径表面的磨削方法有两种，即贯穿式无心磨削和单件切入式磨削。贯穿式无心磨削具有效率高、成本低的优点，但是只能磨削成型直母线滚动体，见图 4-51。单件切入式的优点是精度高，且可以直接成型各类母线轮廓，但是效率比较低、成本相对较高，而且直径约 20mm 以下的小尺寸滚动体很难采用单件切入式磨削加工。

与套圈滚道相同，滚动体的外径表面也必须经过超精加工才能达到最终需要的表面精度。轴承滚动体外径表面母线一般设计为对称的对数曲线形式，采用无心贯穿式的超精方法，通过特殊设计的导辊支承面，可以实现类对数曲线的滚动体母线轮廓，如图 4-52 所示。这种超精方法具有效率高、成本低的优点，但是很难保证其母线轮廓形状的稳定性。至今还没有开发出可以定量精确成型滚动体凸度母线的无心超精机床，主要依靠技术人员和操作者的丰富经验去调整机床，以保证滚动体母线凸度轮廓和批次间的相对一致性。

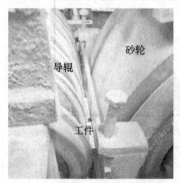

图 4-51 滚动体无心贯穿式磨削

图 4-52 滚动体无心贯穿式超精加工

4.4.2.3 套圈的磷化处理

轴箱轴承内圈内孔与轴采用过盈配合，在运行过程中内圈与轴的接触应力会不断变化从而产生微动磨损（腐蚀）。严重的微动磨损会使轴的疲劳强度下降而在轴肩处产生断裂。轴承外圈与轴箱内孔之间采用间隙配合，也会由于载荷的变化而产生微动磨损（腐蚀）。此外，轴箱轴承的润滑油脂在使用过程中会逐渐老化而使润滑功能降低或失去，在一定运行里程后轴承需要从轴颈上拆解下来做检修保养，或轴承寿命到期后需要拆卸并更换轴承，微动磨损（腐蚀）也会给轴承从轴颈上拆卸增加难度。为了减少轴承微动磨损（腐蚀）的发生，目前轴承厂家均通过对轴承套圈进行磷化处理来实现。磷化的原理如图 4-53 所示，通过套圈表面形成磷酸锌转化膜实现。

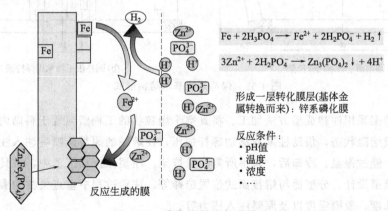

图 4-53 磷化膜形成的化学反应

磷化反应过程有活性氢产生，氢渗入轴承将大大降低轴承的使用寿命，因此轴承套圈磷化时有必要采取相应的措施进行去氢处理。磷化的过程是在酸性溶液里进行的，酸性溶液也会对滚道表面产生腐蚀从而增加滚道表面的粗糙度，并可能产生局部的腐蚀坑，这些都会降低轴承的承载能力。同时，磷化的过程存在含磷等废水的排放，所以从性能和环保的角度出发，都需要在未来开发新的表面处理工艺代替磷化工艺。图4-54是磷化工艺过程示意图。DIN EN 12476《金属的磷酸盐转化涂层规定要求的方法》对磷化方法和要求等都作了详细说明和规定。

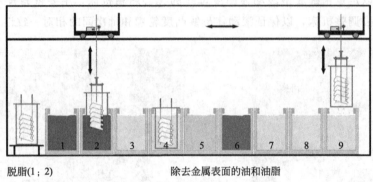

脱脂(1；2)　　　　　　　　除去金属表面的油和油脂
清洗(3；4)　　　　　　　　消除表面除油化学品
活化(5)　　　　　　　　　　活化基体表面
磷化(6)　　　　　　　　　　生成磷化层
清洗和后处理(7；8；9)　　　去除磷化的化学药品和改善性能

图4-54　磷化工艺过程示意图

4.4.2.4 保持架的制造

机车车辆轴箱轴承用保持架基本结构形式见图4-55。

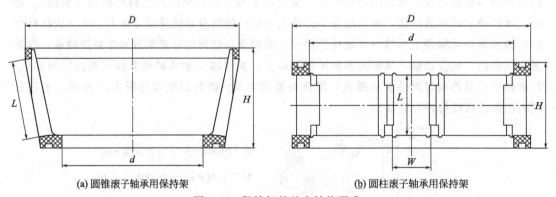

(a) 圆锥滚子轴承用保持架　　　　　(b) 圆柱滚子轴承用保持架

图4-55　保持架的基本结构形式

塑钢保持架采用注塑成型方法加工。将真空干燥粒状的工程塑料置于料筒内，经过电阻丝加热熔化成熔融状态，借助柱塞或移动螺杆加压，使熔融的原料从喷嘴注入注塑成型机的成型模具内，经过保温、冷却后，获得所需的保持架。注塑保持架工艺中，模具的设计非常重要，比如流道设计、分型面与熔接面的位置选择等。注塑过程中重点关注的参数有加热温度、注射的速度、脱模温度以及原料注入压力等。

保持架必须采用4.3.2.3所定义的材料制造，且只能使用原始材料，绝对禁止使用回收材料。图4-56示出了脱模后的保持架。成型的保持架内部不应存在杂质；距表面1mm以内区域不应有孔隙，内部可存在直径小于1mm的孔隙。

成品保持架外观应完整，表面应平整、光滑；不应有结构性损坏，如裂纹、破损、折断等；与滚子组件接触的任何边缘不应有毛刺，非工作面的毛刺高度不应大于0.2mm；与滚子接触面、窗孔边缘部分不应有机械性损伤，其余部位不应有明显的机械性损伤，如划伤、磕伤等缺陷；表面不应有可见的玻璃纤维、杂质、油污等，不应有明显的熔接痕；不应有明显的变形。

图4-56 脱模后保持架

4.4.2.5 轴承的装配

轴承是精密零件，在装配过程中，装配间应该严格控制落尘量、湿度和温度，以确保装配质量。轴箱轴承的装配包括的工序，如图4-57所示。

图4-57 轴承装配

轴承组装前需对轴承的内滚道、外滚道、内孔和外径的尺寸进行测量并记录。对于组装后的轴承，按照图纸规定选配合理的游隙值。

轴承的游隙是指轴承安装前，内圈从一个极限位置移动到另一个极限位置的距离，轴承游隙示意图参见图4-58。圆锥滚子轴承的轴向游隙可通过系统对内、外圈及滚动体等相关尺寸的计算，挑选相应高度的中隔圈匹配而得到。圆柱滚子轴承的内圈通常为可互换件，其径向游隙主要通过采用不同组别的滚动体及调整外圈滚道尺寸而得到。轴承的游隙必须在注脂前测量，因为注脂后油脂的存在会影响游隙测量的准确性。

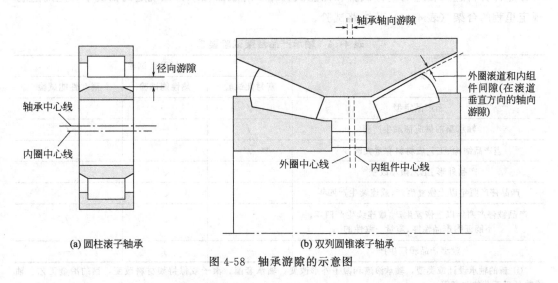

(a) 圆柱滚子轴承　　(b) 双列圆锥滚子轴承

图4-58 轴承游隙的示意图

润滑脂的注入总量及润滑脂在轴承腔内各位置的分配比例对于轴承的运行温度和寿命会有很大的影响，图4-59给出了润滑脂体积在轴承腔内各个位置所占的空间比例参考值。

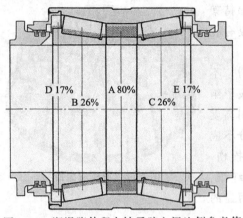

图 4-59 润滑脂体积占轴承腔空间比例参考值

装配时润滑脂应根据图纸规定的油脂量按设计比例分别注入两列滚动体和轴承中间的隔圈部位,通常对各部位注脂总重量以及注脂前和注脂后的轴承零件重量均需称重记录,所有记录将被打印出来,作为每个轴承包装内的一个必要文件。轴承装配完成后,手动或机械旋转轴承以达到初步匀脂的目的。

轴承的标识通常用激光打标机完成,打标之后每个轴承先采用塑封包装,然后放入纸箱或木箱中等待发运。

轴承在贮藏和运输过程中均应垂直放置,即轴心线垂直于地面,仓库应保持干燥,储存温度保持在 6~25℃,空气湿度<65%,不与化学试剂接触,直到使用前不要打开包装。在轴承原始包装未开封的情况下,轴承可以在上述条件下保存 2 年。

4.5 质量与认证

铁路轴箱装置在铁路采购零件中属于Ⅰ类风险零件,在产品设计开发过程中,需根据标准 GB/T 21562—2008 对产品进行 RAMS/LCC 分析。中国铁路关于轴箱及轴箱轴承也制定了许多相应的质量控制及交货验收标准,以达到对铁路产品及其零件进行有效的质量监控和管理。

自 2012 年起,中国铁路行业确定了第三方铁路产品认证制度,铁路机车车辆轴箱及轴承均在 CRCC "中铁检验认证中心"认证范围。CRCC 认证涵盖了对轴箱装置产品从设计、生产制造、检验、试验及应用等全范围的产品认证。认证规则规定,轴承除了生产过程中应对各零件材料进行相应的例行试验和性能试验外,对成品轴承,在规定的情况下,还需进行规定里程的台架(表 4-14)及线路试验。

表 4-14 轴承产品台架试验要求

项目	试验台试验		
	密封性试验	热性能试验	耐久性能试验
新产品定型	√	—	√
轴承新的供应商或生产商	√	—	√
当产品结构、工艺或材料有重大改变①	√	—	√
产品外形、工艺微小改变②	—	√	—
产品停产两年以上恢复生产,或连续生产四年	—	√	—
产品被停产两年以上恢复生产,或连续生产四年,不能证明产品性能、质量一致性的	—	—	√
定型产品转厂生产	—	√	—

① 新的轴承设计或类型,轴承滚道和滚子外形改变,轴承套圈、滚子或保持架材料改变,钢的冶金工艺、轴承热处理工艺的改变等。
② 轴承内圈内径、外圈外径的改变,滚子数量、油脂的改变,钢的冶金工艺、轴承热处理工艺的微小改变。
注:标有"√"号的为强制性试验,标有"—"号的为不进行的试验。

轴承的密封性能试验，按 UIC515-5 规定执行，试验后应无渗水；轴承热性能试验应符合 TB/T 3000—2000 的要求；轴承的耐久性能试验，应满足 EN 12082 标准要求。轴承试验台架原理图参见图 4-60。

对于新产品、新应用，或有重大改变的产品，在成功通过相应里程的线路试验后，方可获得批量供货资质。

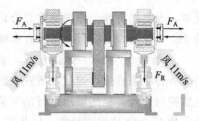

图 4-60　铁路轴箱轴承试验台架

轴箱轴承在一个寿命周期内，可以检修一次或多次，检修后的轴承可以继续使用，但轴承的使用寿命不允许超过相应的规定。中国铁路轴箱轴承的维修周期与车辆的整体检修计划相匹配，目前各种应用的检修周期和使用寿命参见表 4-15。

表 4-15　铁路轴箱轴承检修周期及使用寿命

应用	维修周期/寿命
高铁	120 万公里维修
	240 万公里报废
机车	100 万公里或 6 年维修
	200 万公里报废
轻轨地铁	80 万公里或 6 年维修
	160 万公里报废
货车	40 万公里一般维修
	80 万公里大修
	120 万公里一般维修
	160 万公里报废

为了降低维护和使用成本，各终端用户期望轴承供应商持续提升轴承品质，以实现更长的轴箱轴承的检修周期及使用寿命。

4.6　轴箱滚动轴承技术展望

中国铁路经过 20 年的快速发展，在重载货运和高速客运方面取得了骄人的成绩。重载方面，25t 轴重货车普遍应用；高速方面，动车组最高运营速度已达 350km/h。30t 轴重和 400km/h 甚至更高速度等级的动车组也已经在开发中。同时，出于安全和成本考虑，要求轴箱轴承拥有低摩擦、轻质量、紧凑的结构、更长的免维护周期、更高的运行可靠性和更长的使用寿命。基于此，轴箱轴承未来的技术趋势为：

① 产品性能上，通过采用优化结构、轻量化、超精密和低摩擦等新设计、高纯度轴承钢和陶瓷滚动体等新材料，以及特殊的热处理等新制造技术等，实现低噪声、低能耗、高转速、高承载能力、长寿命及高可靠性等性能。各国轴承公司都推出了各自的高性能产品，如德国 Schaeffler 公司的 X-Life 轴承、瑞典 SKF 公司的 Explorer（探索者）轴承、日本 NFK 的 HPS 轴承、日本 NTN 公司的 ULTAGE 轴承，以及日本 NACHI 公司的 EXCLE 轴承等。

② 产品结构上，采用标准化、单元化的统型设计，增强零部件的可互换性，减少管理

成本，改善经济性。中国铁路总公司和中车都相继制定了车型及零部件的统型项目，高铁标动250和标动350项目使得所有车辆零部件具有统一的供货标准，普遍具有互换性。

③ 智能化/机电一体化方面，采用带传感器的轴承（图4-61），适时收集轴承运行过程中的各种状态参数，通过对所获大数据的分析，实现轴承的在线运行全寿命周期的健康状态的监控与管理，提高轴承运行的可靠性，并有助于制定轴承维修或更换计划，如瑞典SKF公司的Insight技术。机电一体化产品的代表是Schaeffler公司为无电力供应的货车轴箱轴承开发了带有发电转子的轴承（图4-62），将轴承内圈作为转子，外圈作为定子，利用轴承的转动发电，以实现货车运行中刹车、防滑、照明等一般用电的需求。

图4-61 带传感器的轴承

图4-62 带发电转子的轴承

思考题

[1] 轴箱轴承由哪些零件组成？
[2] 轴箱轴承各零部件材料如何选择？
[3] 轴箱轴承套圈的生产工艺过程有哪些？
[4] 轴箱轴承套圈加工过程中需要注意的事项？
[5] 你认为未来的轴箱轴承应该怎样设计？

参考文献

[1] 舍弗勒集团. 滚动轴承实践：轴承设计和计算手册 [M]. 舍弗勒集团，2020.
[2] 夏新涛，等. 滚动轴承制造工艺学 [M]. 北京：机械工业出版社，2007.
[3] 鲍维千. 内燃机车总体及走行部 [M]. 北京：中国铁道出版社，2004.

第 5 章
列车摩擦制动

学习导引：本章扼要介绍列车摩擦制动的功能特点、摩擦制动装置主要分类、技术要求、材料及其制造工艺和摩擦制动试验方法。

学习本章的目的，是使学生了解列车制动摩擦的基本类型和作用、结构与特点及基本性能要求；理解摩擦制动闸片和制动盘的性能要求和主要分类；熟悉这两种部件材料及其生产工艺过程；了解摩擦制动试验中实验室试件试验、模拟性台架试验的基本方法。

铁路机车车辆制动力是指制动装置产生作用后，施加于车轮的与列车运行方向相反的力。为使列车制动而安装于机车车辆上的一整套设备，称为列车制动装置，俗称"闸"。制动时，从机车的制动阀置于制动位起，到列车停止，列车所走过的距离称为制动距离。制动距离愈短，列车运行的安全系数愈高。

列车制动装置的主要作用是将动能从列车上转移出去，使列车减速或停止，因此列车制动装置的实质就是能量转换器。列车制动装置的能量转移方式可以分为两类：一类是把动能转变为热能，然后消散于大气，称"热逸散"；另一类把动能转变成电能，称为电制动，不是本书的讨论范围。摩擦制动装置属于"热逸散"，即利用摩擦将列车的动能转化成热能，并通过制动器与外界的热交换来散热。

5.1 摩擦制动及其装置

5.1.1 列车摩擦制动的特点

（1）摩擦速度范围大而且不断变化

例如速度 350km/h 的列车，摩擦速度超过 50m/s，在制动过程中，摩擦速度不断降低，直至停止。

（2）理论制动压力与实际制动压力不同

通过制动系统的动作，使运动的列车减速至停止的过程称为停车制动。按照制动缸所施加压力大小可分为常规制动和紧急制动两种。列车的制动压力为闸片与制动盘（或闸瓦与车轮）的名义接触压力，也称闸片（闸瓦）压力。在实际运行过程中，由于闸片、制动盘的制造误差、装配误差以及使用中的不均匀磨损和闸片更换等原因，盘与闸片的真实接触面积变化，造成实际制动压力大于理论制动压力。

(3) 制动温度高

速度为300km/h的高速列车在实施紧急制动时,每个制动盘所消耗的最高制动能达23MJ,制动盘体的温度可达600℃,制动盘面最高温度T_{max}超过800℃。图5-1为速度380km/h高速列车制动瞬间。

(4) 形成摩擦层（表面膜）

在高速、高温条件下,列车闸片和制动盘摩擦副处于高磨损状态。摩擦面损伤产生的磨屑覆盖在摩擦面上,形成一层具有厚度为几十微米到几百微米的颗粒层,称为"摩擦层（表面膜）",如图5-2所示为铜基粉末冶金闸片制动后截面形貌。

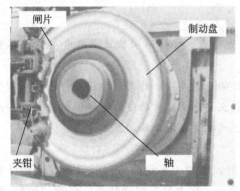 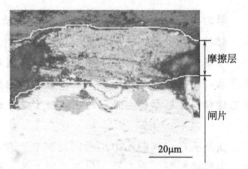

图5-1 速度380km/h高速列车制动瞬间　　图5-2 制动后铜基闸片截面形貌

(5) 复杂的摩擦环境

我国铁路线南北贯通、覆盖广泛,列车的运行环境面临气候、雨雪、风速、沙尘等复杂多变的摩擦环境。因此,我国铁路车辆运行规定,摩擦制动装置需满足以下运用条件标准:环境温度为-50～50℃;相对湿度是月平均最大相对湿度不大于95%（该月月平均最低温度25℃）;运用环境包括风、沙、雨、雪天气,偶有盐雾、酸雨、沙尘暴等现象,特殊情况下会有长期持续盐雾现象。

(6) 稳定的摩擦系数与多变制动工况的矛盾

列车制动的瞬时摩擦系数μ_a是指制动过程中的任意瞬间,闸片与制动盘（或闸瓦与车轮）的摩擦力F与闸片（闸瓦）压力F_N之比。闸片和制动盘（或闸瓦与车轮）构成的摩擦副的摩擦力决定了列车的制动距离。从行车安全的角度,任何条件下,摩擦副制动力应是确定和稳定的,即摩擦系数优良且稳定。

但实际上摩擦系数并不仅是材料的内在属性,而是受到众多因素影响,例如材料性能、服役条件、界面状态等。列车制动过程中,从其服役条件来看,摩擦副的接触应力、接触面积、温度、速度等发生变化;从材料性能和界面状态看,热和力的作用下,摩擦副材料表面发生一系列包括元素分布、塑性变形、氧化和材料转移等物理和化学变化。上述因素都会造成摩擦系数的波动。

5.1.2 摩擦制动的影响因素

(1) 摩擦速度

表5-1为C/C-SiC合成闸片和30CrMoSiVA盘制动摩擦系数。随着列车制动速度的提高,摩擦系数总体呈现降低趋势。原因在于随着摩擦速度的提高,摩擦表面温度升高,闸片

基体软化，形成氧化物摩擦层，导致摩擦系数降低。

表 5-1 C/C-SiC 合成闸片和 30CrMoSiVA 盘摩擦系数（0.5MPa）

制动速度/(m/s)	摩擦系数 f
5	0.36
10	0.46
15	0.45
20	0.34
25	0.3
28	0.29

（2）摩擦压力

通常，摩擦压力增加，摩擦功率增加，摩擦副表面温度增加，摩擦副材料表面的变形、黏着程度增加，导致摩擦系数降低。

（3）摩擦温度

每一次制动，摩擦副摩擦面都要经历一次温度的急剧升高与降低。摩擦热效应对摩擦副表层的结构与性能会产生一定的影响，从而影响摩擦磨损性能。

（4）干、湿摩擦

干摩擦是指闸片与制动盘（或闸瓦与车轮）间不加任何润滑剂时产生的摩擦作用。湿摩擦也称洒水制动，是为了模拟列车在雨、雪天运行的制动状态，在停车制动时对制动盘喷淋水。与干摩擦环境相比，由于水的冲洗作用，湿摩擦表面磨损粒子减少，表面粗糙度降低；水的隔离作用使摩擦副间形成水膜；水的冷却作用，使材料容易耗散摩擦热，塑性变形减小，黏着和啮合明显减轻等，湿摩擦降低制动摩擦副的摩擦系数和磨损率。其中磨损率是指闸片（闸瓦）每 MJ 能量下的磨耗量，单位一般为 cm^3/MJ。计算公式：

$$L = \frac{\omega_1 - \omega_2}{\rho A} \tag{5-1}$$

式中，L 为单位制动能量的闸片（闸瓦）磨耗量，cm^3/MJ；ω_1 为制动前闸片（闸瓦）重量，g；ω_2 为制动后闸片（闸瓦）重量，g；A 为制动过程中总制动功，MJ；ρ 为闸片（闸瓦）摩擦体密度，g/cm^3。

5.1.3 摩擦制动原理及结构

列车摩擦制动装置主要分为踏面制动（闸瓦）和盘式制动（闸片）两个类别。

（1）踏面制动（闸瓦）

踏面制动，也称闸瓦制动，制动装置安装于列车转向架上，其构造主要包括制动梁组成、闸瓦、车轮等（图 5-3）。其原理是把作用在制动缸活塞上的压缩空气的推力作用于闸瓦，使闸瓦压紧车轮，轮瓦间产生摩擦，把动能转变为热能，最终逸散于大气。

铁道车辆使用的闸瓦大致分为以下几种：

① 铸铁闸瓦，一般指的是普通灰铸铁闸瓦（含磷量小于 0.7%）、中磷闸瓦（含磷量 0.7%~1.0%）和高磷闸瓦（含磷量超过 1.0%）。

② 合成闸瓦，分为高摩擦系数合成闸瓦和低摩擦系数合成闸瓦，以黏结材料来分有树脂和橡胶，在性能上又分为一般用的和耐雪用的合成闸瓦等。

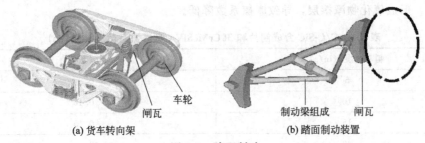

(a) 货车转向架　　(b) 踏面制动装置

图 5-3　踏面制动

③ 粉末冶金闸瓦，主要使用在大载重和高速机车车辆上。它的摩擦系数比较高，并且有好的耐磨损性能。

踏面（闸瓦）制动方式产生的大部分热能由车轮来承担。随着车辆速度的提高和载重的增大，车轮的制动热负荷也相应增加，使车轮踏面温度增高而造成各种不良影响，因而限制了踏面（闸瓦）制动方式在铁道车辆上的发展，目前主要适用于速度 110km/h 及以下铁路车辆，尤其是货运车辆。

（2）盘式制动（闸片）

速度 100km/h 以上列车和动车组大多采用盘式制动装置，其构造主要包括制动盘、制动夹钳、闸片和制动缸（图 5-4）。制动时，制动缸产生的压力通过传动杠杆装置施加到闸片上，使闸片与制动盘产生相互摩擦作用，将动能转化成热能消耗掉，以实现调速或停车。

与踏面（闸瓦）制动方式相比，盘式制动（闸片）装置具有以下优点：缩小副风缸和制动缸的容积，节省压缩空气；各种拉杆、杠杆可以小型化，直接安装在转向架上，能减轻车辆自重；不用闸瓦直接磨耗车轮踏面，可延长车轮使用寿命；制动性能比较稳定，可减少车辆纵向冲击；制动缸安装在转向架上，制动时动作迅速，可提高制动效率。

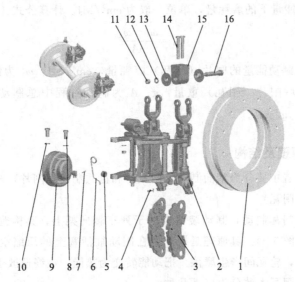

图 5-4　盘式制动装置

1—制动盘（轮装）；2—制动夹钳组成；3—闸片组成；
4—开口销；5—销帽；6—弹簧；7—销；8、14、16—螺栓；
9—制动缸；10、12—垫片；11—螺母；13—轴套；15—连接块；

5.2 闸片材料及制造技术

5.2.1 闸片的技术要求

闸片作为盘形制动装置的重要组成部分，其性能关系到铁路运输的安全。国际铁路联盟（简称 UIC）对闸片结构、摩擦性能、耐磨性能等方面有着极其严格的技术要求：

① 闸片的名义摩擦面积为 $400 cm^2$、厚度（不含燕尾）30mm、有效磨损厚度 19.5mm（剩余厚度 10.5mm）。

② 闸片的结构应能保证与制动盘摩擦面均匀接触。

③ 闸片在使用过程中不应发生摩擦体或摩擦块脱落等危害行车安全的故障，单个摩擦体局部掉块面积不应超过摩擦面积的 10%，局部掉块的摩擦体数量不应超过闸片摩擦体总数量的 30%。

④ 闸片在使用过程中不应产生烟雾及危害人体健康或使乘客感到不舒适的气味、粉尘和噪声。国家铁路联盟明确规定，闸片不应含有石棉，不推荐使用铅、锌及其化合物。

⑤ 闸片在使用过程中对制动盘摩擦面不应产生热斑、剥离、沟状磨耗、犁痕状磨耗、波浪状磨耗、腐蚀和金属镶嵌等损伤。

⑥ 闸片在使用过程中应保持稳定的制动摩擦磨损性能。例如最高运行速度不大于 350km/h 的铁路客车（含动力集中动车组拖车和控制车），规定常温干燥状态，一次停车制动工况的瞬时摩擦系数应符合图 5-5 规定范围。

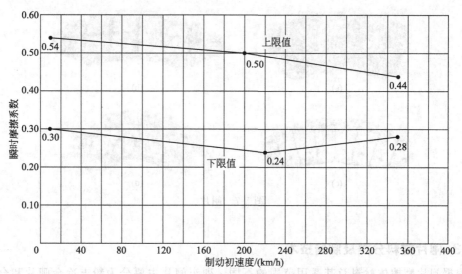

图 5-5　速度 350km/h 铁路客车闸片瞬时摩擦系数范围

5.2.2 闸片结构

闸片，俗称刹车片，安装在制动夹钳单元的闸片托上，分布在制动盘两侧，两片配对使用。制动时，通过制动夹钳动作使其压紧，与制动盘产生摩擦力，达到减速或停车的目的。闸片主要由摩擦块（摩擦体与背板）、钢背（带槽的安装板）、铆钉（或其他连接零件）等零部件组成，其中摩擦块由摩擦体与背板黏合在一起，摩擦块和钢背通过铆接（或其他连接方式）连接成一体，参见示意图 5-6。

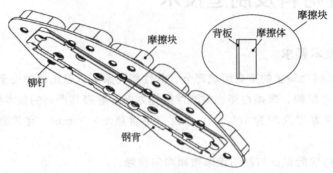

图 5-6 闸片结构示意图

摩擦块是与制动盘直接接触的部分，制动摩擦磨损性能受其结构影响。根据摩擦块结构和布置特点，常见闸片的结构形式主要有以下两种：

① 全盘式：即一个摩擦块铺满整个工作面，通常在摩擦块表面设计各种形式沟槽，以便于提高散热性。全盘式闸片的优点是名义摩擦面积大，更容易符合标准。缺点是闸片摩擦块局部磨损后需要全部更换，浪费材料［图 5-7(a)、图 5-7(b)］。

② 钮扣式：多个小面积的摩擦块排列组合，形成工作面。制动过程中由于内圆和外圆的滑动速度相差很大，往往造成磨损不均匀或个别摩擦块变形，但是钮扣式闸片便于维修更换，材料利用率高。近年来高速列车闸片结构倾向于选用此种类型［图 5-7(c)、图 5-7(d)］。

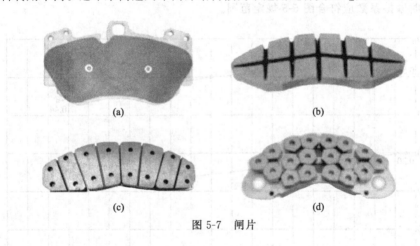

图 5-7 闸片

5.2.3 闸片材料分类及制备技术

根据闸片摩擦体材料及其适用范围的不同，列车闸片主要分为粉末冶金闸片和合成树脂闸片两大类别。

5.2.3.1 粉末冶金闸片

粉末冶金闸片是以金属及其合金为基体，添加摩擦组元和润滑组元，运用粉末冶金技术制成的复合材料。粉末冶金闸片具有以下特点：

① 摩擦系数大，且能够保持的温度范围宽。例如，粉末冶金摩擦材料的干摩擦系数为 0.35～0.50，且能够保持到 700～800℃；合成树脂摩擦材料室温的干摩擦系数为 0.37，但

升温到500℃时降至0.15。

② 导热性能好。粉末冶金摩擦材料的热导率约为42W/(m·K)，合成树脂摩擦材料的热导率约为0.42W/(m·K)。

③ 强度高。粉末冶金摩擦材料的许用应力约为1~1.5MPa，合成树脂摩擦材料仅约为0.3MPa。

④ 可以在较大范围内调整材料的成分。

⑤ 使用寿命长。

(1) 粉末冶金闸片的组成

按照性能和作用不同，粉末冶金闸片由基体组元、摩擦组元和润滑组元三部分组成。

基体组元通常为金属及其合金，具有金属特性，其组织结构、物理和化学特性很大程度上决定摩擦体的力学性能、摩擦磨损性能、热稳定性和导热性。金属基体的主要作用是以机械结合方式将摩擦组元和润滑组元保持其中，形成具有一定力学性能的整体。粉末冶金闸片可分为铜基、铁基、铝基等。其中铜基和铁基粉末冶金闸片应用最为广泛。铜基粉末冶金闸片材料的基体成分以铜为主，添加锡、锌、铁、镍、磷等合金元素；铁基粉末冶金闸片材料的基体成分以铁为主。表5-2给出几种典型铜基粉末冶金闸片的成分。

表 5-2 几种典型铜基粉末冶金闸片的成分　　单位：%（质量分数）

序号	Cu	Sn	Pb	Fe	石墨	SiO_2	Al_2O_3	莫来石	Zn	其他	国家
1	40~80	3~20	5~15	2~8	5~15	—	—	3~30	3~10	0~3	法国
2	40~60	2~7	—	—	10~15	—	—	—	—	3~8	日本
3	余量	—	—	5~15	≤25	—	5	—	—	—	德国
4	60~75	3~8	2~5	2~6	5~11	1~6	3~5	—	3~8	≤2	中国

摩擦组元的主要作用是稳定摩擦系数，防止基体流动，并与对偶件表面具有最佳啮合。常用的包括二氧化硅、氧化铝等金属氧化物、碳化物、硅化物、硼化物及难熔金属等。

润滑组元能提高材料的抗咬合性、抗黏结性和耐磨性，特别有利于减轻磨损，使摩擦副工作更平稳，但同时也在一定程度上使材料的机械强度和摩擦系数降低。常用的润滑组元有非金属固体润滑剂石墨、MoS_2、滑石或低熔点金属Sn等。

(2) 粉末冶金闸片的制备工艺

粉末冶金工艺是利用金属粉末与非金属粉末的混合物作为原料，经过成型和烧结制成制品的技术。粉末冶金工艺流程如图5-8所示。

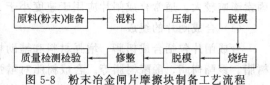

图5-8　粉末冶金闸片摩擦块制备工艺流程

① 原料（粉末）准备及混料　混料是通过机械运动，将化学成分、纯度、粒度和形状要求合格的粉末进行混合。常用的混料机有球磨机、V形混合器、锥形混合器、螺旋混合器等。混料又可分为干混和湿混，湿混时常用的液体介质有酒精、汽油、丙酮等。对液体介质的要求是不与物料发生化学反应、沸点低、易挥发、无毒性、来源广泛、成本低等。液体介质的加入量必须适当，通常占粉末总质量的0.5%~1%，过多过少都不利于混料的效率。

混料质量可以根据混合料的性能来评定。如检验其粒度组成、松装密度、流动性、压制性、烧结性以及化学成分等。例如三个样品中，每一组元含量的最大差值小于此组元总含量

10%被认定合格。混料后应尽快转入下一道工序，否则应将混合料放置于密封容器中。

② 压制　也称压模压制，是指松散的粉末在压模内经受一定的压制压力后，成为具有一定尺寸、形状和一定密度、强度的压坯。当对压模中粉末施加压力后，粉末颗粒间将发生相对移动，粉末颗粒将填充孔隙，使粉末体的体积减小，粉末颗粒迅速达到最紧密的堆积。压制成型工序主要由装粉、压制、脱模三个工步组成。

a. 装粉。为了保证压制件的几何尺寸和密度，装入压制模具中混合料的重量按下式计算：

$$N = V\eta\rho \tag{5-2}$$

式中，V 为制件的体积，cm^3；η 为相对密度，一般取 90%～95%；ρ 为混合料的理论密度，g/cm^3。

b. 压制。粉末压制时发生颗粒的整体运动和重排、变形和断裂、相邻颗粒表面间的冷焊。根据受力方式不同，粉末压制可分为单向压制和双向压制两种结构。

粉末冶金闸片压制压力范围较大，通常选用为 500～900MPa 之间。压制力过低，压制件的强度很低，容易造成损坏，而且在烧结时变形太大。压制力过高，对模具、安全都不利，而且压制件也容易出现分层裂纹。压制件的微裂纹可在后续工艺中消除，不影响产品质量。

c. 脱模。除去压制压力后，由于弹性应力的关系，压坯卡在模腔内，还需施加一定的力推出，称为脱模。

③ 加压烧结　加压烧结是粉末冶金闸片生产中最关键的工序，是将经过压制的粉末压坯，在适当的温度、压力和气氛条件下加热的工艺。目的是使粉末颗粒相互黏结起来，制品达到最终所需要的机械、物理性能和摩擦性能。常用的加压烧结设备为钟罩式炉。为了防止加热过程中空气对闸片压制坯料的氧化，采用向炉内通惰性气体进行保护，或采用真空、密封装置。烧结温度和时间取决于材料的化学成分、组织性能和使用条件，铜基、铁基类别粉末冶金材料烧结温度通常在 800～950℃ 区间。

5.2.3.2 合成树脂闸片

合成树脂闸片（以下简称合成闸片）是将合成树脂、增强材料和辅助材料混合后，加压加热固化而制得的复合材料。合成闸片抗疲劳性能好、减振性能好，但材料性能受湿热环境因素影响较大。通常合成闸片应用于速度小于 200km/h 的列车。

(1) 合成闸片的组成

合成闸片包括合成树脂、增强材料和辅助材料。常用的合成树脂有环氧树脂、聚酰亚胺树脂、聚酯树脂、酚醛树脂等。合成树脂对增强材料有良好的浸润性能，以便在合成树脂和增强材料界面形成良好的黏结；有适当的黏度和良好的流动性，在压制条件下均匀地充满膜腔；在压制条件下具有适当的固化速度，并且在固化过程中不产生副产物或副产物极少，体积收缩率小；能够满足模压制品特定的性能要求。

增强材料主要起承载作用，它不仅能提高材料的强度和弹性模量，而且能降低收缩率，提高耐热性。根据几何形态，增强材料分为纤维、片状、晶须和颗粒等。其中纤维增强材料，特别是连续长纤维增强材料，是作用最明显、应用最广泛的增强材料，包括玻璃纤维、碳纤维、芳纶纤维、硼纤维、超高分子量聚乙烯纤维等，也可以采用两种或两种以上纤维混杂。

辅助材料一般包括固化剂（引发剂）、促进剂、稀释剂、表面处理剂、低收缩添加剂、脱模剂、着色剂（颜料）和填料等辅助材料。

① 稀释剂，也叫溶剂，在配制树脂胶液时能将合成树脂稀释至所需要的黏度，以增强树脂对纤维及其织物的浸润能力。由于树脂黏度的降低，还可增加树脂胶液对填料的容纳能力，在较大的范围内改善树脂固化物的性能。

② 表面处理剂，即偶联剂，能显著提高合成树脂与增强材料之间的黏结强度。常用的表面处理剂可分为沃兰类、硅烷类和钛酸酯类等三类。

③ 固化剂是辅助材料的主体，又叫引发剂，即由其自身的分解或与合成树脂分子链上某个官能团的反应，引发树脂分子与固化剂分子之间以及树脂分子之间的相互反应，最终使树脂变成不易熔的三维空间大分子结构。

④ 促进剂，固化剂的辅助试剂。它能降低固化剂分解反应、固化剂与树脂分子之间反应的活化能，促使树脂的固化反应加速进行。固化剂和促进剂应以液态为好，以便能在树脂胶液中获得最大程度的均匀分布。其用量随树脂品种、固化剂和促进剂品种的不同而不同。

⑤ 脱模剂，能使模压制品顺利地与模具相脱离的物质。最常用的脱模剂是硬酯酸盐类。此外还采用卵磷脂、烷基磷酸酯、合成蜡和天然蜡等。选材时要求模压料的成型温度与所选的硬酯酸盐的熔点温度之差不超过20%，脱模剂的用量不超过2%。

⑥ 阻聚剂。用来阻止模压料中不希望产生的聚合反应的物质。阻聚剂要求在引发剂和所用树脂的临界温度内不失效，对树脂的固化反应影响不大。最常用的阻聚剂为对苯二酚，用量极少，一般占树脂用量的0.02%~0.05%。

⑦ 填料。为了改善模压制品的某些性能和降低成本而向模压料中加入的粉状固体物质。填料能提高模压料的流动性，降低模压制品的收缩率，提高制品表面的光洁度。常用的填料有碳酸钙、滑石粉、石英粉、云母粉、高岭土粉、硅灰粉、瓷土粉等。填料的加入量一般为树脂用量的15%~20%。

法国TGV-PSE高速列车上使用的合成闸片主要成分为丁醛（丁二烯）苯乙烯（SBR）弹性黏结剂，或甲醛酚醛树脂黏结剂，加入铁和氧化铁、硅和二氧化硅、氧化铝、硫酸钡、锌和氧化锌、氧化镁和铜。我国的25型客车上采用了HZ408牌号的合成闸片，以腰果壳液改性酚醛树脂和丁苯橡胶掺合胶型作为黏结剂，具有热稳定性好、噪声小和耐磨性好的优点。表5-3为国内某厂速度200km/h列车使用的合成闸片成分。

表5-3 某厂速度200km/h列车使用的合成闸片成分

成分组成	质量分数/%
改性酚醛树脂	18~24
羧基丙烯腈—丁二烯橡乳	2~6
钢棉	16~19
混杂纤维	10~20
摩擦改性剂	5~7
填料	30~36

（2）合成闸片的制备

合成闸片的制备通常采用模压成型工艺。模压成型又称热压制成型，是利用热压力机将模压料（粉、粒料、碎屑或纤维预浸料等）置于型腔内，合上模具，借助压力和热量作用，将物料熔化充满型腔，形成与型腔形状相同的制品，再经加热使其固化，冷却后脱模，制得模压制品。工艺过程包括模压料准备、加料、预热和预成型、合模、排气、保压固化、脱模等步骤，见图5-9。

① 模压料准备　模压料生产工艺可分为预混法和预浸法。

预混法，按照预先设计好的配料比准确称取树脂、玻璃纤维及各种辅助材料，先将树脂稀释至需要的黏度，然后加入辅助材料搅拌均匀，将树脂胶液倒入捏合机（图5-10）中，加入相应重量的玻璃纤维并充分捏合至玻璃纤维被充分浸润，然后烘干或晾干至要求的黏度或树脂固化度后，冷却至常温，装入贮存袋中备用。生产过程中需要控制捏合时间，时间过短，树脂对玻璃纤维的浸润不完全，树脂与玻璃纤维混合不均匀；时间过长，玻璃纤维强度损失太大。此外，将树脂黏度控制在合理的范围内也是很重要的，树脂黏度过大或过小，纤维均不易为树脂均匀浸润，降低纤维强度。

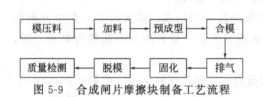

图5-9　合成闸片摩擦块制备工艺流程

图5-10　捏合机

预浸法，是将整束玻璃纤维或玻璃布浸胶、烘干、切短。其特点是纤维成束状，比较紧密，制备模压料的过程中纤维损失较小，但模压料的流动性及料束之间的相容性稍差。

② 加料　加料量的精确度会直接影响制品的尺寸与密度，应严格地定量并均匀地将模压料加入凹模槽中。

定量加料法有重量法、计数法和容量法。重量法准确，多用于尺寸精度高和难以用容量法加料的模压料，如碎屑状、纤维状物料。容量法不如重量法准确，但操作方便，一般用于粉料计量。计数法只用于预压物料。加料前应首先检查型腔内是否有油污、飞边、碎屑和其他异物。将准确计量的模压料，按型腔形状加入，对某些流动阻力大的部位应尽可能填满。

③ 预热和预成型　在压制前对模压料预先进行加热处理称为预热。其作用是改善模压料的工艺性（如增加流动性），便于装模和降低制品的收缩率，同时还可以缩短模压时间，降低成型压力，并能显著提高制品的力学性能和尺寸稳定性。预热处理时间一般不超过30min。

预成型则是在常温下预先将定量的模压料压制成与制品相似的形状，然后再投入模具中压制。这种方法可以缩短成型操作周期，提高生产效率和制品的性能。

④ 合模　合模分为两步，凸模未接触模压料前，需低压（1.5～3.0MPa）快速合模，缩短周期、避免制品发生变化。当凸模接触模压料之后，放慢合模速度，改用高压（15～30MPa）慢速合模，使模具内空气充分排出。

⑤ 排气　为了排除模腔内空气、水汽及挥发物，在模具闭合后，还需要将模具开启一段时间，这个过程称为排气。排气操作应力求迅速，在模压料中的树脂尚未塑化时完成，否则树脂硬化而失去可塑性，此时即使打开模具也排不出气，即使提高温度和压力也不可能得到理想的制品。排气可以缩短固化时间，提高制品的力学性能。为了避免制品的分层现象，

排气过早过迟都不好，过早达不到排气的目的；过迟模压料表面已固化，气体排不出来。

⑥ 固化　模压料中的树脂从流动态变成坚硬的不熔状态的过程称为固化。固化速度与树脂的性质、预压、预热、压制温度和压力等因素有密切的关系。固化速度的快慢，取决于模压料中树脂低分子向高分子产物转化的速率，即固化速度与树脂的分子结构有关。如热塑性酚醛树脂因相对分子质量较低，支链少，固化剂容易与活泼基团反应，所以固化速度快。热固性酚醛树脂相对分子质量高，黏度大，不利于活泼基团的缩合，所以固化速度慢。固化速度的快慢直接影响到生产效率。为了加速模压料的固化，有时在成型时加入一些固化剂，如热固性酚醛模塑粉可加入六次甲基四胺，脲醛模塑粉可加入草酸等固化剂。

⑦ 保压　模压料在模具内固化的过程始终处于高温高压下，从开始升温、加压到固化至降温降压所需要的时间称为保压时间。保压时间实质上就是保持温度和压力的时间，它与固化速度完全一致，保压时间过短，即过早地降温降压，会导致模压料固化不完全，降低制品的力学性能以及耐热性能。保压时间过长，不仅延长生产周期，而且使树脂交联过大，导致模压料收缩过大，密度增加，树脂与填料之间还会产生内应力，严重时会使制品破裂。

⑧ 脱模　在一个压制周期结束后，将已成型的制品从模具中取出，以便进行下一次的模压操作。脱模通常是靠顶杆来完成的，脱模时制品的温度应在60℃以下。温度太高，所得制品易产生变形、收缩等劣变现象并导致制品外观质量下降。温度太低，将使模压周期延长，生产成本上升。

5.2.3.3 摩擦块和钢背连接

钢背是用于固定摩擦块材料，便于安装在制动系统上的部件，通常采用整体结构件，见图 5-6。国际铁路联盟标准规定钢背板厚度为 3~4mm，钢背表面应进行防锈处理。

钢背固定摩擦块时，常用的连接方式有两种：摩擦块材料通过焊接固定在钢板上；摩擦块材料用埋头螺钉、螺栓或铆钉等固定在钢板上。

5.2.4 闸片质量检测

闸片使用前应经过铁路专用产品认证，国际铁道行业标准（UIC）规定闸片制品应按照基本技术要求进行以下检测：

① 物理力学性能。摩擦块材料的密度、硬度和剪切强度，以及摩擦体与背板黏合面的剪切强度、钢背材料的抗拉强度和屈服强度应符合技术要求。

② 化学成分及有害物。摩擦体中石棉、铅、锌、铝、硅、铬、锆和钨元素含量按国家标准规定进行检验。闸片不应采用石棉、铅，不宜采用锌或铅、锌的化合物等在制造和使用中有害或可能危害环境和人体健康的材料。

③ 表面质量。目视观察，必要时可使用五倍放大镜等方法检查表面。闸片表面应光滑平整，不应存在可能对操作者造成危害的毛刺和尖角等。摩擦体不应有裂纹、起泡、分层、疏松、翘曲等缺陷。摩擦体与背板应黏合紧密、无缝隙。闸片的标志应符合图样和文件要求，清晰完整。钢背不应存在裂纹和影响组装或使用的碰伤、凹陷等缺陷。钢背检查采用磁粉探伤或渗透探伤。

④ 重量要求。重量不超过要求的±5%。

⑤ 耐冲击和振动性能。耐冲击和振动性能应符合国家标准等级的规定，闸片不应发生变形和裂纹、摩擦体或摩擦块脱落。

⑥ 摩擦磨损性能。摩擦磨损性能应在计量认证合格的1∶1制动动力试验台上进行。用

不低于0.2g精度测量器具测量不同制动序次后闸片的质量，计算磨损率。试验方法将在5.4节详细介绍。

5.3 制动盘材料及制造技术

制动盘，也称刹车盘（图5-11），是与闸片配合起摩擦制动作用的零件。制动时，通过制动夹钳动作使闸片压紧制动盘，产生摩擦力，以达到减速或停车的目的。

图5-11 制动盘

针对现行列车一般都具备电制动而言，盘型制动系统主要是弥补电制动不足或在列车发生故障的情况下保证列车停在安全距离范围内。以一辆轴重14t的四轴动车为例，在300km/h速度下紧急制动要消耗约194.5MJ的能量，而当速度提高到350km/h和380km/h时，消耗的能量分别为265MJ和312MJ，增加了约36%和60%。运行速度越高，制动能量越大，制动盘与闸片承受的热容量、热负荷、热冲击和热循环相应增大。因此，列车制动盘应具有如下物理力学性能特点：

① 较强的热物理性能。制动盘材质应当能承受频繁的温度变化，有良好的抗热疲劳性能。紧急制动时制动盘面温度将超过600℃以上，制动盘要有良好的耐热性，同时还应具有相当高的导热性、比热容和尽可能小的热胀系数。

② 良好的力学性能。制动盘材质应有足够的机械强度，在使用过程中制动盘无明显损伤，磨损率低，高温工况下变形小。

③ 良好的散热性能。良好的散热特性能够明显降低制动盘的表面温度，大大提高制动盘的使用寿命。

④ 适应环境要求。制动盘在潮湿环境和高低温环境下具有足够的机械强度和抗腐蚀性，各种工况下摩擦副的摩擦系数平稳。

5.3.1 制动盘类型

制动盘属于大型环盘类零件，尺寸因盘型不同而有所区别。

根据安装形式的不同，制动盘可分为两种类型：轮装制动盘［图5-12(a)］和轴装制动盘［图5-12(b)］。轮装制动盘是在车轮辐板（平面的轮心部）的两侧各设一个盘片，用螺栓紧固。有两种形式，一种是在轮对组装状态下就可以更换的分体盘；另一种是只有卸下车轮才可以更换的整体盘。安装轮盘时，通常采用12组M24的螺栓、螺母把制动盘固定在车轮上，分体盘在每个盘的接合面各设2个（合计用4个）定位销。轴盘式盘形制动装置是把制动盘安装在轮轴上，通过某种形式（键槽、滑块等）与轮轴固定，使制动盘与轮对同时转动。轴盘与轮盘一样也分为分体盘和整体盘。轴盘一般使用在没有电制动的拖车上，每个轴上安装有2～3个盘座。

根据制动盘的服役工况，首要的因素是具有可靠的连接结构，保证制动盘在工作时不发生零件松动或脱落；其次，具有良好的通风散热性能，降低制动盘的工作温度；最后，制动

(a) 轮装制动盘　　　　　　　　　　(b) 轴装制动盘

图 5-12　制动盘

盘具有一定的径向自由度,以最大限度降低制动时产生的热应力。国内外高速列车钢质锻造制动盘根据是否有散热筋,可分为带散热筋和不带散热筋;根据其结构形式,可分为分体式和整体式。

不同厂家生产的机车制动盘的结构形式类似,盘体设计为单片形式,内侧面设计有通风、散热筋,以利于制动过程中盘体的散热。盘面中间设计有连接螺栓孔及布置定位销的键槽(见图 5-13)。制动过程中的摩擦扭矩依靠螺栓预紧力产生的静摩擦力以及布置在盘体上的定位销,或者采用弹性销承受,避免螺栓承受剪切,保证了螺栓连接的可靠性。盘体均可沿径向自由膨胀,释放盘体制动时产生的热应力。随着制动车速的不断提升,制动盘结构方面也从非通风式向通风式结构发展。轮盘一般为盘面中心孔结构,轴盘一般为整体式通风结构。

图 5-13　单片盘体结构

5.3.2　制动盘材料

制动过程中,制动盘是承受热载荷的主要部件。制动盘用材料大致可分为三大类:传统铸铁,包括灰铸铁材料、低合金铸铁材料、蠕墨铸铁、合金铸铁;合金钢,包括铸钢和锻钢;新型材料,包括碳/碳纤维复合材料、铝合金基复合材料、陶瓷复合材料等。

通常铸铁材料用于城轨车辆和 200km/h 以下铁路客车基础制动系统中;铸钢和锻钢则运用于 250~350km/h 等级的高速列车制动系统中;400km/h 以上速度等级的动车组制动盘,将需要制动能量更大的新材料制动盘。目前大多数高速列车使用的是铸钢或锻钢制动盘;而新型复合材料制动盘还处于研发阶段,尚未大范围推广应用。在速度 200 km/h 以上动车组制动系统中,制动盘材料的基本力学性能要求见表 5-4。

表 5-4　高速列车制动盘材料室温力学性能

抗拉强度 R_m/MPa	屈服强度 $R_{p0.2}$/MPa	硬度 HRC	断后伸长率 A/%
≥1050	≥950	32~39	4~12

(1) 铸铁材料

铸铁制动盘具有摩擦性好、耐磨、耐热、抗热裂纹、抗变形及可铸性好等优点,但其强度低,一般能承受 350℃ 以下的制动能力。速度等级的不同,铸铁制动盘材料的成分也有区别。为了提升普通灰铸铁材料制动盘的性能,逐步开发出球墨铸铁、蠕墨铸铁、低合金铸铁等较好的铸铁材料,使得制动速度可以提升至 160km/h。其中蠕墨铸铁主要性能及金相组织见表 5-5。

表 5-5 蠕墨铸铁主要性能及金相组织

抗拉强度 R_m/MPa	断后伸长率/%	硬度 HBW	金相组织
≥350	≥1	170~250	蠕化率≥65%,基体组织为铁素体和珠光体,珠光体含量≥25%

（2）合金钢材料

与铸铁材料制动盘相比,合金钢材料制动盘温度稳定性高,热裂纹倾向小;对潮湿环境的敏感性较低;在高制动压力时,闸片磨耗较少;在高温时摩擦系数较均匀。因此,国内外250km/h以上的高速列车,如日本新干线车辆、法国TGV高速列车以及国内CRH型动车组等,都采用合金钢制动盘。合金钢制动盘分为锻钢和铸钢,成型工艺不同,对制动盘本身缺陷控制能力不同,而两者热承受能力无太大差异。锻钢制动盘组织均匀、制造工艺稳定,质量更容易控制,材料的常温和高温力学性能、韧性和热疲劳抗力良好,在国内高速列车上得到了广泛应用。铸钢制动盘可以实现复杂的散热结构设计,能够显著降低高速制动过程中盘体温度。表 5-6 列出了几种国外高速列车制动盘的力学性能,表 5-7 列出了国内研发的几类高速列车制动盘的力学性能。

表 5-6 几种国外高速列车制动盘的力学性能

制动盘材质	列车	成型	屈服强度 $R_{p0.2}$/MPa	抗拉强度 R_m/MPa	断后伸长率 A/%	断面收缩率 Z/%	冲击功 /J
28CrMoV5~08	TGV-A	锻造	≥980	1130~1250	≥11	—	—
接近 28CDV5~08	TGV	锻造	≥980	1130~1250	≥11	—	—
28CDV5~08	KTX	锻造	1145	1234	18	—	36~41
接近 15CDV6	TGV	锻造	≥900	1030~1250	≥10	—	≥23

表 5-7 国内研发的几类高速列车制动盘的力学性能

序号	研发单位	成型工艺	温度/℃	屈服强度 $R_{p0.2}$/MPa	抗拉强度 R_m/MPa	断后伸长率 A/%	断面收缩率 Z/%	冲击功 /J
1	北京交通大学	锻造	室温	1165~1240	1225~1330	13~13.5	53.5~54	42~95
			600	—	—	—	—	—
2	青岛四方车辆研究所有限公司	锻造	室温	835	949	—	—	—
			600	431	482	—	—	—
3	戚墅堰机车车辆工艺研究所有限公司	锻造	室温	≥850	≥950	≥10	≥40	≥90(U)
			600	—	—	—	—	—
4	常州市铁马科技实业有限公司	铸造	室温	1169	1445	8	24.3	25
			600	801	1021	8.8	33.5	—
5	上海交通大学	铸造	室温	1050	1180~1260	13~15	32~40	—
			600	—	—	—	—	—
6	中国铁道科学研究院机车车辆研究所	铸造	室温	1010	1090	12	23.5	35(U)
			650	520	630	17	50	—

（3）新材料

随着高速动车组速度不断提升,动车组自身的重量将对动车组继续提速产生障碍,轻量化是高速列车发展的主要方向之一。为此开展了以铝合金、C/C材料或陶瓷基材料等轻质材料作为制动盘盘体的研究。为提高铝合金制动盘的耐磨性，通过以 SiC 或 Al_2O_3 等陶瓷颗粒为增强体、铝合金为基体研发的新型材料制得的制动盘磨耗性能得到显著提升，相对密度仅为合金钢制动盘的 1/3 左右。但到目前仍未批量运用，主要原因有二，一是陶瓷颗粒增强铝合金基复合材料的塑性较低；二是与其对磨的有机闸片材料磨耗较大，配副闸片的更换频繁。

动车组在速度 400km/h 以上时，制动能量热负荷将达到 800℃ 以上，合金钢制动盘无法满足要求，因此需要开发一种既能减轻重量又能承受高温的新型制动盘材料。C/C 复合材料的卓越高温摩阻性能使其具有其他摩擦制动材料无以比拟的优势，因而是超高速列车的首选摩擦制动材料。C/C 复合材料制动盘简称碳/碳（C/C），该材料具有较低的相对密度（约为铸铁的 1/5）、优良的高温强度和抗热冲击性能，优异的高温摩擦磨损性能等特点，多年来一直是飞机制动盘的理想摩擦材料。采用 C/C 复合材料制备高速列车制动盘热容量大，可以满足超高速列车实施紧急制动的要求，而且还可以大大降低车辆簧下质量。但是由于其高昂的生产成本和苛刻的生产工艺要求，尚未实现商业化运用。

5.3.3 制动盘制备技术

5.3.3.1 铸造制备技术

铸造是制造机器零件毛坯的一种金属液态成型方法，将金属熔炼成具有流动性的液态合金，然后浇入具有一定几何形状、尺寸大小的型腔中，液态合金在重力场或外力场的作用下充满型腔，待凝固冷却后就成为所需要的机器零件或毛坯。

图 5-14 为制动盘铸造生产工艺流程。首先是铸型材料和模具工装等的准备，造型、造芯和合箱组成了生产中的铸型制备工艺；然后是金属和非金属材料的准备，到合金的配料和熔炼，组成了生产中的合金熔炼工艺；最后进行浇注，待合金在铸型内凝固冷却后，进行打箱、清砂及清理才能获得合格的铸件。

图 5-14 制动盘砂型铸造生产工艺流程图

制动盘铸造工艺的过程一般是：零件设计以及铸造工艺性分析，选择合适的造型方法，确定铸造工艺方案，绘制铸造工艺图，填写铸造工艺卡。

(1) 零件设计以及铸造工艺性分析

① 制动盘材料的成分　化学成分对材料的力学性能有直接的影响，还是决定制动盘铸造工艺性和热处理结果的重要因素之一。制动盘铸件按化学成分不同，可分为铸铁件（灰铸铁、球墨铸铁、蠕墨铸铁）和铸钢件（低合金钢）。铸铁件和铸钢件中常见的化学元素对性能的影响如下：

碳（C）：合金的屈服点和抗拉强度会随着含碳量的增加而升高，塑性、冲击韧性随着含碳量的增加而降低。因此为了保证材料有好的综合性能，通常将含碳量控制在 0.18%～0.26%（质量分数）。

镍（Ni）：扩大奥氏体相区，也是固溶强化元素。与 Cr、Mo 等元素配合使用，可以提高钢件的强度、耐蚀性等。

锰（Mn）：优良的脱氧剂和脱硫剂，如果在碳素钢中加入 0.70%（质量分数）以上锰元素，称为锰钢。不仅具有较强的韧性，还具有很高的强度、硬度等，提高钢的淬透性。

铬（Cr）：能够细化晶粒，提高钢的强度、耐磨性等，同时也降低了塑性、韧性。另外铬还能改善钢的高温强度，是耐热钢不可缺少的元素之一。

合金钢的性能会受到合金元素加入的影响，一般来说，铬、钼、钛、钒、铝等元素会降低液态钢的流动性，而镍、锰、铜等元素会提高液态钢的流动性。由于一般的铸造低合金钢往往会含有这两类的合金元素，所以流动性的变化不会太大，通常加入合金元素总量不得超过 5%（质量分数）。

② 制动盘的结构　制动盘的结构应符合铸造生产的要求，易于保证铸件的质量，避免浇注和凝固的过程中出现铸造缺陷。制动盘系圆盘类铸件，上、下平面之间由多条散热筋片相连，摩擦面的质量要求较高，不允许存在大的铸造缺陷，筋板容易出现缩孔缩松。因此，制动盘结构设计应遵循的基本原则：

a. 制动盘结构形状应便于造型、制芯、清理。

b. 铸件的壁厚应当合适，为了防止出现冷隔、浇不到等缺陷，铸件的最小壁厚应当与铸造合金液的流动性密切相关，铸钢砂型铸造允许的最小壁厚为 15~20mm，制动盘设计时应满足最小壁厚要求。

c. 制动盘的结构设计应最大程度地减小铸件的收缩障碍，并且还需要采用较大的圆角相连接，防止出现应力集中导致裂纹缺陷。

d. 制动盘的内壁尺寸小于外壁，因为内壁散热慢，所以应比外壁薄一些，以便使内、外壁冷却均匀，减轻内应力并防止裂纹的出现。

e. 壁厚应当尽可能均匀，减少太厚的部分，防止形成热节。而壁厚不均匀的铸件在冷却的过程中会形成比较大的内应力。缩孔、缩松以及热裂纹也容易出现在热节处。

f. 要有利于实现顺序凝固收缩。对于体收缩率大的铸钢件，容易形成收缩缺陷，应当仔细检查零件的结构以便容易实现顺序凝固。

g. 尽量避免浇注位置水平面的较大的平面结构。如果型腔内部出现比较大的水平面，浇注的时候金属液上升到该位置时，金属液面上升的速度会降低，较长的时间内近距离接触、烘烤顶面的型腔，容易形成渣孔、夹砂、砂孔等缺陷。

(2) 造型

造型一般可以分为手工造型与机械造型两种。手工造型包括紧砂、修型、起模及合箱等工序，主要依靠人工来完成。手工造型属于最基本的造型方法，优点是设备简单、适应性强、方便灵活。主要应用于单件、小批量生产造型。其缺点是工作强度大、生产效率较低、质量不易保证。机械造型是指用机械完成全部或者部分造型工序，相比于手工造型其优点是能够显著提高生产率，质量稳定，对工人的技术要求没有手工造型高。其缺点是设备和工艺的装备费用比较高，投资大。

(3) 确定铸造工艺方案

① 浇注位置　浇注位置指浇注的时候铸件的摆放位置与状态，综合考虑以下原则：

a. 制动盘的重要位置应该尽量放在下面，有利于实现铸件的顺序凝固。

b. 对于重要复杂的加工面应该朝下面放或者是在侧立面，这是因为缩孔、气孔等缺陷大多出现在铸件上面的部分,所以重要的部分应该朝下放置。铸件加工表面要朝上,应当增加工作余量,或者采取溢流措施保证加工面的质量。

c.制动盘比较大的平面应该尽量朝下放置,减少铸件受到钢液的热辐射的时间。

d.确保铸件能够充型充满。低合金钢钢液相对于铸铁或者碳钢来说流动性相对要差,应当把制动盘的薄壁部分放在下半部或者是放在内浇道以下。

e.尽可能地减少砂芯的数量。铸件的砂芯不仅会增加制芯工作量,而且还会增加下芯、合箱的负担,增加生产成本。

f.应保障合箱位置、浇注位置以及冷却位置一致。

② 分型面的确定 分型面是指两个半铸型相互接触的表面。制动盘型腔分为两箱造型,则是指上下两箱的接触平面。分型面的确定关系到铸件的铸造精度,以及生产成本等。分型面的选择一般要遵循以下原则:

a.应该使制动盘的整体或者大部分放置在同一半型内,以方便取模,原因是在分型面合箱时容易出现错位。

b.尽可能地减少分型面的数量。

c.优先选用平直的分型面。平直的分型面易保证铸件的精度,也方便制造、简化造型的过程。

d.砂箱的高度不宜过高,以减少用砂量。

③ 砂型、砂芯的烘干,合箱以及浇注

a.烘干。分为表面烘干和体烘干,表面烘干能够缩小生产周期,提高生产效率。对表面的烘干经常用的方法有喷灯火焰烘干以及高频干燥炉等。一般大型或者比较重要的型腔或砂芯,都需对其进行整体烘干。铸钢制动盘型腔选择表面烘干,用的是喷灯火焰烘干。

b.合箱。把砂型和砂芯按照严格的工艺要求,按照顺序下芯、合箱。

c.浇注。为了能得到质量高的铸件,浇注时温度、钢液流速等必须控制好,严格按照规范的浇注标准进行。

④ 铸造工艺参数的确定 铸造工艺参数是保证铸件的尺寸精度、方便造型操作的工艺措施,包括铸件的机械加工余量、工艺补正量、起模斜度等。

a.机械加工余量。机械加工余量指的是为确保铸件加工面的尺寸及精度,设计铸造工艺时,在铸件表面上预先添加而又在机械加工毛坯件时切削掉的厚度。机械加工余量设计过大,会造成金属的浪费;加工余量过小,则有可能除不尽铸件表面的缺陷,甚至可能使铸件表皮裸露。制动盘的轮廓尺寸为 1080mm×1080mm×73mm,可确定制动盘的上部分加工余量等级取 H,加工余量为 8mm;下部分与侧面的加工余量等级取 G,加工余量为 4mm。

b.铸造收缩率。铸造收缩率指的是模样与铸件的长度差再除以模样长度的百分比,通常铸钢制动盘的收缩率为 2.4%。

c.起模斜度。起模斜度是在模样与芯盒的出模处留下的斜度,以防止破坏型腔,方便起模。斜度大小根据起模高度、表面粗糙度、造型、芯等确定。通常制动盘两面的起模斜度 α 均为 3°。

5.3.3.2 锻造制备技术

锻造是在一定的温度条件下,用工具或模具对坯料施加外力,使金属发生塑性流动,从而使坯料发生体积的转移和形状的变化,获得所需要的锻件。按照变形方式来分类,锻造可分为自由锻、模锻和特殊成型方法三类,制动盘制备通常选用模锻工艺。模锻工艺是在压力机上，使用专门的模具使坯料在模膛中成型，获得所需形状和尺寸锻件的工艺，适用于成批或大量的生产。

制动盘模锻的生产流程一般由下列基本工序构成：①坯料准备——根据选定的坯料规格下料；②坯料加热——将坯料加热到规定的温度范围；③模锻——将加热好的坯料在模膛内成型；④切边、冲孔——切除飞边和冲去连皮；⑤热校正或热精压；⑥磨去毛刺；⑦热处理；⑧清理——去除氧化皮；⑨冷校正或冷精压；⑩质量检验等，如图5-15所示。环形坯料制取工艺流程为：棒料加热→棒料拍扁→实心冲子冲孔→芯轴扩孔（坯料每转过一个角度压下一次，逐步压薄坯料壁厚，内外径扩大）→机械加工扩孔后的环件（使其表面光整）。

图 5-15 制动盘的锻造流程

5.3.4 制动盘质量检测

① 力学性能。拉伸试验按 GB/T 228.1—2021 执行；冲击试验按 GB/T 229—2020 执行，冲击试样的尺寸和加工质量应符合 GB/T 229—2020 的规定，其中缺口尺寸应不定期抽查。

② 金相组织。蠕铁材料的金相按 GB/T 26656—2011 执行，灰铁材料的金相按 GB/T 7216—2009 执行，其他材料按 GB/T 13298—2015 等金相标准执行。

③ 尺寸和外观。尺寸采用相应精度的量具进行检查，外观检验采用目视检验。

④ 无损检测。盘体磁粉探伤按 GB/T 15822.1—2005 执行。

⑤ 残余不平衡试验。制动盘应在立式或卧式平衡机上进行试验。

⑥ 重量检验。重量用称量法确定，称量器具精度不低于 100g。

⑦ 1∶1 制动动力试验及疲劳试验。1∶1 制动动力试验及疲劳试验在经过认证的试验台上进行，试验程序及方法见 5.4 节。

5.4 摩擦制动试验

5.4.1 摩擦制动性能试验设备

摩擦磨损性能并不是材料本身固有的特性,而是整个摩擦学系统的特性,亦即是摩擦磨损条件和配对材料的综合特性,需要通过大量的试验来获得。

由于摩擦磨损现象十分复杂,影响因素众多,试验方法和装置种类繁多,所得的试验数据均是有条件的。目前摩擦试验方法可分类为实验室试件试验、模拟性台架试验和实际使用试验三种。

(1) 实验室试件试验

实验室试件试验是把试验材料按照规定和要求,制成结构和形状较简单、尺寸较小的试件,并在摩擦磨损试验机上进行试验研究。这种试验在制动摩擦磨损研究中比较常见,主要用于各种类型摩擦磨损机理和影响因素的研究性试验以及摩擦副材料、工艺的评定性试验。它的主要优点是有利于研究摩擦磨损本身的过程和机理,能有效地控制各种影响摩擦磨损的因素,减少偶然因素对试验结果的影响,很适宜于逐个研究各因素对摩擦磨损的影响;数据重复性好,对比性强,而且试验费用少,周期短。

试件试验又可分为研究性试件试验和模拟性试件试验。研究性试件试验主要目的是研究摩擦磨损的机理、一般规律、影响摩擦磨损的各种参数之间的关系等,条件往往比较理想化。模拟性试件试验是在试验机上模拟摩擦副实际的制动条件,即试验中的摩擦副的工作条件,如温度、压力、速度及周围环境等都与实际制动工况相似。但由于试件试验的条件与实际工况不完全符合,其测试结果不足以评价制动材料在实际工况下的使用性能。因此,试件试验常用于开发新产品前期研究配方与筛选试验。

目前常用的试验台主要参照日本工业标准协会(JIS)制订的JIS D4411试验规范,规定使用的试验设备是定速式摩擦试验机,简称定速试验机。按照摩擦副形状特点,常用的定速试验机又可分为销盘式摩擦试验机和环块式摩擦试验机。销盘式摩擦试验机以吉林大学机电所设计的JF150D机型为例,通常,闸片材料制成销、制动盘材料制成盘,结构原理如图5-16所示,主要技术参数见表5-8。环块式摩擦试验机,以MRH-3型试验机为例,结构原理如图5-17所示。

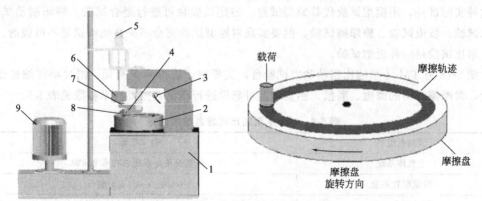

图5-16 JF150D型销盘式摩擦试验机
1—机座;2—摩擦盘总成;3—摩擦力传感器;4—试样支承臂;
5—加载、卸载装置;6—加压砝码;7—调平螺母;8—试样夹具;9—驱动电机

表 5-8 JF150D 系列销盘式摩擦试验机主要技术参数

载荷	50～300 N
杠杆加载精度	1%
主轴转速	50～3000r/min
摩擦半径	150mm

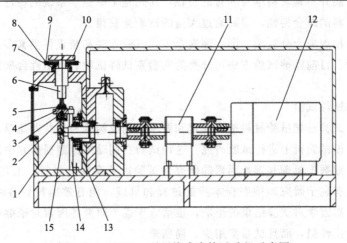

图 5-17 MRH-3 型环块式摩擦试验机示意图

1—压板；2—橡胶试块；3—夹具；4—导向座；5—万向珠轴承；6—调整杆；7—固定装置；8—固定座；9—微调刻度盘；10—手柄；11—扭矩传感器；12—伺服电机；13—机械密封；14—导轨；15—摩擦环

(2) 模拟性台架试验

在试件试验的基础上，根据所选定的参数设计零件，甚至整台机器装在专用的试验机上，模拟其实际使用条件进行的试验称为模拟性台架试验。这种试验条件比较接近实际工况，对影响摩擦磨损的各种因素，可以进行人为控制，从而减少偶然因素的影响，增强了试验结果的可靠性。

按照台架试件与实际试件相似关系比例，制动摩擦磨损试验常用的试验机又可分为缩比试验台和1:1试验台。

① 缩比试验台 缩比试验台通常采用按一定比例缩小、与实际试件具有相似关系的模型代替实际试件，用模型试验代替原型试验。缩比试验台可进行磨合试验、停车制动试验、洒水试验、坡道试验、静摩擦试验，但要实现对原型试验完全不失真地模拟是不可能的。因此，缩比试验是一种近似试验。

图 5-18 为 TM-Ⅰ 型缩比制动动力试验台，主要用于轨道列车闸瓦、闸片小样缩比惯性试验，对摩擦材料的摩擦、磨损、热负荷及可靠性进行测试，主要技术参数见表 5-9。

表 5-9 TM-Ⅰ型缩比试验台技术指标

试验台组成	技术指标
主机体系统	包括设备全系统总功率80kW
惯量配置系统	1～40kg·m² 飞轮组合
制动压力系统	正压力 0.2～2MPa,精度 0.1%,采样频率 1000Hz
转矩测试系统	0～1000N·m,精度 0.1%,采样频率 1000Hz
变频调速设置系统	0～5600r/min,相对误差 1%

续表

试验台组成	技术指标
自补偿施压设置系统	无级可调,响应时间小于0.2s
模拟工况设置系统	可设置
水淋喷水系统	流量可调节
制动温控设置系统	常温～1000℃
试验装卡系统	闸瓦、闸片,单面最大面积40cm^2
自动控制系统	包括控制柜和工业计算机专用测控软件
测试结果处理系统	包括存储、打印、归档,自动生成处理模板
坡道制动系统	0～30min的坡道制动

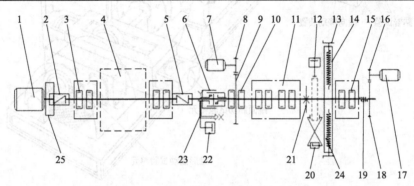

图 5-18 TM-Ⅰ型缩比试验台结构简图
1—主动电机;2、5—弹性联轴器;3—惯量轴承;4—惯量盘组;
6—牙嵌式离合器;7—盘车电机;8—盘车电机齿轮;9—盘车大齿轮;
10—离合器轴承;11—主轴轴承;12—闸瓦卡具;13—力臂杠杆手轮;14—力臂;
15—力臂轴承;16—力臂座移动齿轮;17—力臂座位移电机;18—力臂座位移大齿轮;19—力臂座位丝杠;
20—闸片卡具;21—试盘接手;22—离合器拨叉汽缸;23—离合器拨叉杆;24—力臂丝杠;25—紧急制动器

② 1∶1制动动力试验台 1∶1制动动力试验台的结构功能与列车制动一致,装有与列车实际运行相同的基础制动装置,制动盘或者车辆通过轴套、胀套、螺栓等与主轴固定连接,试验台更换相应的夹具来实现闸瓦制动试验或者闸片制动试验。1∶1制动试验台以列车车轮与闸瓦或制动盘与闸片为试验对象,按照国际铁路联盟(UIC)标准,可进行磨合试验、停车制动试验、洒水试验、坡道试验、静摩擦试验。1∶1试验台测试与列车实际运行时摩擦材料的制动性能较为接近,但是,这种试验方法投资大、试验费用高,试验周期长,因此大都用于产品的性能检测。

图 5-19 为中国铁道科学院机车车辆研究所研制的 300km/h 用 1∶1 制动动力试验台示意图。试验台主要由动力系统、传动与惯性飞轮组合部分、基础制动装置、制动压力系统、数据采集与显示系统、控制系统几部分组成。主要技术参数见表 5-10。

表 5-10 制动动力试验台主要技术参数

试验台转速	500～9000r/min
模拟车辆速度	0～350km/h
制动力矩	200～15000N·m
最大转动惯量	5000kg·m^2

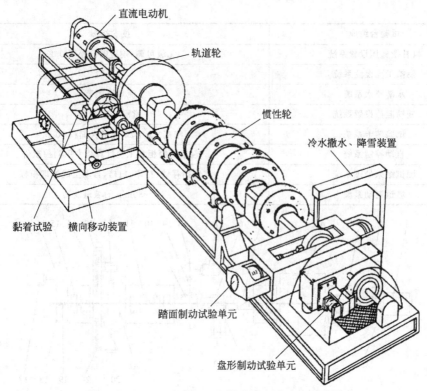

图 5-19 300km/h 用 1:1 制动动力试验台示意图

(3) 实际使用试验

闸片制动摩擦磨损的实际使用试验又称为产品装车线路运行考核。闸片实际应用前必须进行线路运行考核。线路运行考核测试车辆振动、冲击、频繁制动、坡道制动对闸片性能的影响，运行距离与闸片磨损量的关系，严寒风雪、高温雨季、沙尘等气候环境条件下制动距离的变化和闸片、制动盘的磨损情况，磨损的均匀性与制动盘损伤等。试验周期都相当长，一般需要几个月甚至几年。

5.4.2 摩擦制动检测程序及要求

国际铁路联盟或国内行业标准规定了闸片和制动盘的摩擦磨损性能，包括瞬时摩擦系数和平均摩擦系数、温度等，以降低闸片和制动盘的运用风险。

(1) 试验程序

摩擦磨损性能试验程序应严格按照国际铁路联盟规程或国内行业标准进行。试验程序明确规定闸片和制动盘的尺寸、闸片和制动盘的材料、制动质量、车轮直径、试验过程中的序次、制动初速度、制动压力、闸片初始温度、干湿摩擦环境、制动方式、实验室温度及相对湿度等试验条件。表 5-11 为国际铁路联盟（UIC）速度 300km/h 高速列车用闸片的 1:1 制动动力试验程序。

(2) 试验数据

试验数据应包括制动序号、制动初始速度、闸片推力、制动响应时间、实际制动距离、实际制动时间、制动盘初始温度及制动过程中的温度变化曲线、闸片瞬时摩擦系数、平均摩擦系数和静摩擦系数等，如图 5-20 所示。

制动序次：63

制动初速度：250km/h　制动时间：101.6s　平均摩擦系数：0.34
双侧制动压力：10kN　　制动距离：3865m　制动盘初始温度：13.4℃

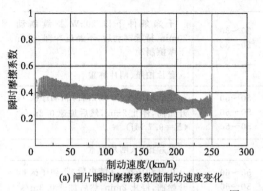

(a) 闸片瞬时摩擦系数随制动速度变化

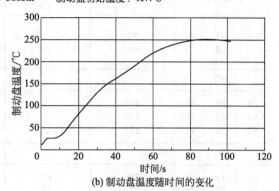

(b) 制动盘温度随时间的变化

图 5-20　试验数据

表 5-11　速度 300km/h 高速列车用闸片 1∶1 制动动力试验程序

半闸片			面积 200cm²		
制动盘			φ640mm×80mm，由铸铁或球墨铸铁或钢制成		
每个制动盘上的质量			4 t	轮径	890mm
制动序次			速度 v/(km/h)	双侧制动压力 F_B/kN	初始温度 θ_0/℃	备注

制动序次			速度 v/(km/h)	双侧制动压力 F_B/kN	初始温度 θ_0/℃	备注
$R_1\sim R_x$			120	22.5	20~100	进行 x 次磨合制动，闸片至少 85% 的接触面积
W1			—	—	—	盘片拍照、闸片称重
1	12		50	15	50~60	
2	13		80	15	50~60	制动序次 1 前，初始温度允许范围 20~60℃。
3	14		120	15	50~60	
4	15		160	15	50~60	冷却后，进行干摩擦制动
5	16		200	15	50~60	
6	17		120	10	50~60	
7	18		160	10	50~60	冷却后，进行干摩擦制动
8	19		200	10	50~60	
9	20		120	22.5	50~60	
10	21		160	22.5	50~60	冷却后，进行干摩擦制动
11	22		200	22.5	50~60	
	23		120	22.5	50~60	
24	33	42	50	15	20~30	
25	34	43	80	15	20~30	
26	35	44	120	15	20~30	
27	36	45	160	15	20~30	
28	37	46	200	15	20~30	冷却后，进行湿摩擦制动
29	38	47	120	10	20~30	
30	39	48	120	22.5	20~30	
31	40	49	160	22.5	20~30	
32	41	50	200	22.5	20~30	
51~60			120	22.5	50~60	10 次干摩擦制动，使闸片干燥
W2			—	—	—	盘片拍照、闸片称重

续表

制动序次			速度 v/(km/h)	双侧制动压力 F_B/kN	初始温度 θ_0/℃	备注
61			80		20~30	干燥条件下以 20kW 持续制动 20min,持续制动后,不经过冷却,进行干摩擦制动
62			80	15	20~30	
W3			—	—	—	盘片拍照、闸片称重
63	66	69	250	15	50~60	在制动序次 70 结束后,制动序次 71 开始前,停止 2min,然后加速 0.3m/s^2 ($E=9.7$ MJ)
64	67	70	250	10	50~60	
65	68	71	250	22.5	50~60	
W4			—	—	—	盘片拍照、闸片称重
72	75	78	270	15	50~60	在制动序次 79 结束后,制动序次 80 开始前,停止 2min,然后加速 0.3m/s^2 ($E=11.3$ MJ)
73	76	79	270	10	50~60	
74	77	80	270	22.5	50~60	
W5			—	—	—	盘片拍照、闸片称重
81~90			200	22.5	20~100	10 次制动
91	94	97	300	15	50~60	冷却后,进行湿摩擦制动($E=13.9$MJ)
92	95	98	300	10	50~60	
93	96	99	300	22.5	50~60	
100	102	104	320	22.5	50~60	—
101	103	105	320	22	50~60	
106	107	108	120	15	50~60	—
109~118			200	22.5	20~100	10 次制动后,进行干摩擦制动
119			80		20~30	干燥条件下以 30kW 持续制动 20min
120			80	15	20~30	

制动响应时间 $t_s=(4\pm0.2)$s
W 表示称重

旋转和通风条件		试验台速度/(km/h)		冷却气体速度/(km/h)	
	v	干摩擦	湿摩擦	干摩擦	湿摩擦
制动过程中	>200	—	v	$v=100$	10
	≤200	v	v	$v/2$	10
两个制动间		100	50	80	10

喷射水条件:
湿摩擦进行制动时,ϕ640mm 制动盘水量 45L/h。湿摩擦进行制动时,制动序次 13~30、36~45 在冷却间隙,喷射水不能间断。制动序次 12 和 35 后,制动盘温度达到 80℃启动喷射。
为了避免制动盘不必要的长时间冷却,水温应在 10~15℃间。
制动次序应按给定顺序进行

试验时应观察并记录制动过程中的各种现象,制动火花、红热带、燃烧、熔接、噪声、烟尘、异味,制动盘摩擦面热斑、裂纹、异常磨耗,闸片摩擦面裂纹、剥离、凹陷、金属镶嵌物等。

(3) 制动盘温度测试

制动盘温度测试方法应参照国际铁路联盟标准,在盘体两摩擦面(距表面 1mm 深处)对称布置 6 个温度测点(T1~T6),每面 3 个温度测点,3 个温度测点应分别间隔 120°角,其中一个温度测点应位于盘体摩擦面平均半径处，另外两个温度测点应分别位于距离平均半径 40mm 的两侧，参见图 5-21。

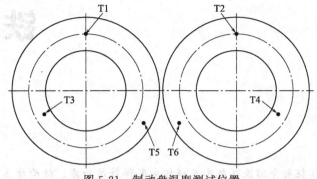

图 5-21 制动盘温度测试位置

试验程序规定的所有制动序次下，制动盘制动过程中的温度、闸片瞬时摩擦系数、平均摩擦系数和静摩擦系数，各种现象等均严格控制在要求范围内。任一制动序次下有不合格项，该检验不合格。

思考题

［1］解释制动压力、瞬时摩擦系数、平均摩擦系数及磨损率的概念。
［2］分析列车摩擦制动的特点。
［3］试述盘型基础制动装置的基本组成，分析其作用过程。
［4］粉末冶金闸片的基本组成有哪些？解释其制造过程。
［5］制动盘设计时，应考虑哪些注意事项？
［6］试述摩擦制动性能试验的种类及其特点。

参考文献

［1］ 庞佑霞.工程摩擦学基础［M］.北京：煤炭工业出版社，2004.
［2］ 温景林.金属材料成型摩擦学［M］.沈阳：东北大学出版社，2000.
［3］ 于军.车辆制动［M］.北京：中国铁道出版社，2003.
［4］ 孙新海.盘型制动及其配套技术［M］.北京：中国铁道出版社，1998.
［5］ 李益民，张维.动车组制动系统［M］.成都：西安交通大学出版社，2008.
［6］ 张开文.制动［M］.北京：中国铁道出版社，1981.
［7］ 黄培云.粉末冶金原理［M］.北京：冶金工业出版社，1982.
［8］ 曲选辉.粉末冶金原理与工艺［M］.北京：冶金工业出版社，2013.

第6章

铁路弹簧

学习导引：本章扼要介绍铁路机车车辆转向架弹簧的功能、结构特点、技术要求、材料选择、制造工艺和质量检验。

学习本章的目的，是使学生了解铁路弹簧的基本类型、功能作用、结构特点、应力分布特征及基本性能要求；理解弹簧钢的性能要求和主要组成元素的作用，具有合理选择弹簧材料的基本能力；熟悉弹簧生产工艺过程，能够正确选择淬火、回火等热加工工艺以获得所要求的组织和性能；了解弹簧技术要求，理解标准规定的晶粒度、脱碳层、疲劳寿命检验的基本方法。

6.1 铁路弹簧的功能与结构特点

6.1.1 铁路弹簧的类型和功能

弹簧是利用材料的弹性并设计成特殊的结构，在受载时发生弹性变形吸收能量，卸载时恢复原状并释放吸收的功，利用弹性来进行工作的一种机械弹性元件。弹簧广泛应用于运输机械、动力设备、仪器仪表等行业，起承重、减振、缓冲、测量控制等作用，是机械设备中一类关键基础零件。

弹簧一般多用弹簧钢及弹性合金等金属材料来制造，因为这类材料弹性极限高、成型性好、易于制造，不但可充分发挥其弹性变形的性能，而且经济性好，可靠性高。弹簧也有用非金属材料（橡胶、塑料、陶瓷）及流体（液体、空气）来制造的。

按外形分，弹簧主要有叠板弹簧（板簧）和螺旋弹簧（卷簧）两大类。螺旋弹簧又可按结构特点分为圆柱螺旋弹簧和变径螺旋弹簧两类，按所受载荷性质分为压缩弹簧、拉力弹簧和扭力弹簧三种。

铁路弹簧是指广泛应用于铁路机车车辆（包括机车、高速动车组、客车、货车、城轨车辆等）的转向架（悬挂）弹簧。其中铁路货车转向架弹簧不但数量多，而且使用条件苛刻，是本章分析和讨论的主要对象。

转向架是机车车辆的走行装置，起支承车体、转向、传递牵引力和制动力的作用，并保证机车车辆在轨道上安全平稳运行。弹簧悬挂装置是转向架的主要组成部分之一，由弹簧和减振器两部分组成，是机车车辆车体借以弹性地支承在轴箱、侧架或均衡梁上的装置，简称弹簧装置、悬挂装置，主要作用是使车体质量及载荷比较均衡地传递到各轮轴，并可缓和各种原因引起的振动和冲击。

弹簧悬挂装置设置位置不同，名称也不同。安装在转向架轴箱或均衡梁和构架之间的称为轴箱悬挂装置，又称第一系悬挂装置；安装在转向架构架（或侧架）和摇枕（或构架和车体）之间的称为摇枕弹簧装置或中央悬挂装置，又称第二系悬挂装置。目前我国主型铁路货车转向架只有第二系悬挂装置，客车、柴油机车、电力机车等转向架通常既有第一系，也有第二系弹簧悬挂装置。

运装货车〔2004〕342号文《铁路货车转向架圆柱螺旋弹簧技术条件》（以下简称342号文）规定了铁路货车转K2、转K4、转K5、转K6、转8G、转8AG型转向架用圆柱螺旋弹簧的技术条件，每种型号转向架弹簧中又包括（承载）外圆弹簧、（承载）内圆弹簧、减震外圆弹簧、减震内圆弹簧。例如，图6-1(a)所示的转K2型转向架，是我国21t轴重货车的主型转向架，该转向架的商业运行速度为120km/h，基本满足提速要求，目前既有货车120km/h提速改造均采用K2型转向架，全路已完成K2转向架提速改造车近50万辆。因此，K2转向架弹簧是目前铁路货车使用量最大、最具代表性的转向架弹簧。

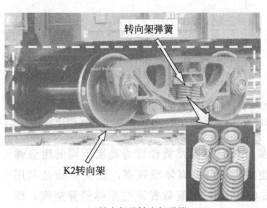

(a) K2转向架及转向架弹簧　　　　　　　　(b) K2转向架外圆弹簧

图6-1　铁路货车转K2型转向架及转向架外圆弹簧

K2转向架的中央悬挂装置，每承台装有内圆弹簧、外圆弹簧各5个，减震内圆弹簧、减震外圆弹簧各2个，见图6-1(a)，其中的外圆弹簧见图6-1(b)。各弹簧的结构尺寸参数见表6-1。

表6-1　K2转向架弹簧结构与尺寸参数

弹簧名称	簧杆直径 d/mm	弹簧中径 D/mm	有效圈数	总圈数	自由高度 L_0/mm	旋向	刚度 K/(N/mm)
外圆弹簧	26	122	5.05	6.55	232	左旋	489.0
内圆弹簧	18	70	7.7	9.2	210	右旋	389.2
减震外圆弹簧	18	98	7.7	9.2	255	左旋	142.4
减震内圆弹簧	12	60	12.1	13.6	255	右旋	77.7

6.1.2　铁路弹簧的结构特点与受力分析

（1）结构特点

铁路转向架弹簧在结构上均为由圆截面等径弹簧钢棒绕制而成的等节距圆柱压缩螺旋

弹簧。由于钢棒直径较大，因此使用热卷方法成型。弹簧每端端部加工成 3/4 圈的端圈，又称支承圈。两端圈之间的其余部分为有效圈，又称工作圈，是在整个弹簧工作空间内，簧杆截面不变、弹簧直径不变、相邻簧圈保持不接触的完整螺旋形簧圈。不工作时支承圈与相邻工作圈之间有间隙，工作时支承圈与相邻工作圈接触，但不参与变形，只起支承作用。

(2) 弹簧的结构特性

通常，把弹簧所受载荷 P 与变形 f 之间的关系曲线称为弹簧的结构特性曲线。圆柱形圆截面材料的压缩螺旋弹簧具有直线形结构特性，如图 6-2(a) 所示。若弹簧无载荷作用时的自由高度为 L_0，受轴向载荷 P 作用时的高度为 L，则可得出直线形结构特性弹簧的三个主要特性参数：

① 挠度 f：弹簧在载荷作用下产生的弹性变形量，$f = L_0 - L$；

② 刚度 K：弹簧产生单位挠度所需载荷的大小，$K = \dfrac{P}{L_0 - L} = \dfrac{P}{f} =$ 常数；

③ 柔度 i：单位载荷作用下产生的挠度，$i = 1/K$。

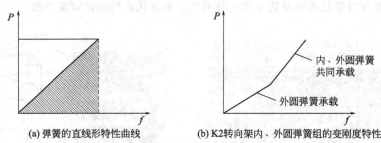

(a) 弹簧的直线形特性曲线　　(b) K2 转向架内、外圆弹簧组的变刚度特性

图 6-2　圆截面材料圆柱形压缩螺旋弹簧的直线形特性曲线及 K2 内、外圆弹簧组的变刚度特性

从表 6-1 所示的 K2 转向架弹簧尺寸参数可见，内、外圆弹簧设计为高度不同的组合弹簧，内圆弹簧右旋，外圆弹簧左旋，套在一起使用，不但提高体积效率，更主要的是利用内、外圆弹簧的不同高度形成两级刚度弹簧 [图 6-2(b)]，可有效提高空车弹簧静挠度，即在空车时具有较小刚度，使空车弹簧静挠度增大，而在重车时弹簧具有较大刚度，以承受重车的载荷，这样可使货车转向架的空、重车弹簧静挠度都在合理范围内。

(3) 圆柱压缩螺旋弹簧的受力分析

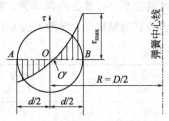

图 6-3　圆柱压缩螺旋弹簧簧杆截面上沿直径 AB 上各点的切应力分布

簧杆截面是圆形的圆柱螺旋弹簧，在轴向压缩静载荷 P 的作用下，任一簧杆截面的受力可以简化为一切向力 $P_\gamma = P$ 和一扭矩 $M = PD/2$ [图 6-1(b)]。切向力 P_γ 在截面内引起一个均匀分布的切应力 τ_1，扭矩 M 在截面内引起一个非均匀分布的切应力 τ_2，二者综合作用在簧杆截面产生不均匀分布的切应力 τ。τ 的分布规律是，从近中心的原点（图 6-3 中的 O' 点）到表面逐渐增大，表面所受的切应力最大；而对于截面周边不同的点来说，τ 的大小也不相同，如图 6-3 中应力曲线所示，B 点即弹簧圈的内侧表面所受切应力 τ 最大，其值 $\tau_{\max}$ 为：

$$\tau_{\max} = \frac{8PD}{\pi d^3} \times \left(\frac{4C-1}{4C-4} + \frac{0.615}{C} \right) \tag{6-1}$$

式中　C——旋绕比，$C = D/d$。

实践证实，在正常状态下，弹簧疲劳裂纹的确起源于弹簧圈内侧表面，待其扩展到一定长度后，逐渐改变方向，沿着与最大拉伸应力垂直的方向（即与簧杆轴线成45°夹角的方向）扩展。

6.2 铁路弹簧的技术要求

6.2.1 对弹簧性能的基本要求

从弹簧的功能即可看出对弹簧性能的基本要求有如下几方面。

① 高强度特性　弹簧在弹性状态下工作，要求其受载时弹性变形，卸载时恢复原形，这就要求弹簧具有足够高的弹性变形能力，能够承受大的载荷而不产生残余变形。

② 高疲劳抗力　由于铁路线路的不平顺，以及车轮擦伤、轴颈偏心、车轮不圆等原因，转向架弹簧承受的是振动和冲击载荷。在这种载荷的长期作用下，弹簧的主要损坏形式是疲劳断裂，因此要求弹簧具有高的抗疲劳性能。

③ 高弹减抗力　弹簧在动、静载荷下工作，随时间延长，会出现弹簧承载能力逐渐下降、挠度逐渐增大的现象，称为弹性减退，或应力松弛。为保证车辆运行平稳安全，要求车身高度随时间的降低要尽量小，保持在一定范围内，这就要求弹簧具有良好的抗弹性减退的能力，简称弹减抗力，或松弛抗力。

④ 适当的塑性和韧性配合　在振动和冲击载荷下工作的弹簧，还应有一定的塑性和韧性，与高强度特性相匹配。

此外，在高温和易蚀等条件下工作的弹簧，还应具有良好的耐热性和耐蚀性等。

6.2.2 欧洲与我国铁路转向架弹簧的技术要求

(1) 现行标准

① 欧洲铁路机车车辆转向架弹簧执行标准为 EN 13298《Railway applications—Suspension components—Helical suspension springs, steel》，我国铁路机车车辆转向架弹簧执行标准为 TB/T 2211—2018《机车车辆用压缩钢制螺旋弹簧》。上述两个标准涵盖各类机车车辆悬挂装置的钢制螺旋弹簧，范围较广，通用性较强。

② 我国铁路货车转向架弹簧实际执行标准为 342 号文，这是在上述两个机车车辆转向架弹簧标准的基础上，专门为我国铁路货车提速、重载转向架弹簧制定的技术条件，所规定的多项技术指标高于前两个标准。

(2) 技术要求

对 EN 13298 和 TB/T 2211—2018 与 342 号文中的主要条款进行分类归纳列于表 6-2。342 号文与前两者之间的主要差异有如下几点：

① 材料　材料选择范围不同，对材料的技术要求差别也较大，我国铁路货车转向架弹簧用钢技术要求更高，详见本章"6.3　铁路弹簧材料的选择"。

② 端圈　三个标准中对接触线（弹簧每一端的端圈与相邻有效圈之间的接触部分形成的线）长度都规定了下限值，而 342 号文则进一步规定了端圈长度、宽度、厚度，并对表面平整度以及支承圈端部与相邻工作圈间距提出了严格要求，这是因为很多弹簧疲劳断裂是在支承圈与相邻工作圈的不均匀接触部位附近发生的，端圈几何特性至关重要。

③ 热处理　各标准均对脱碳提出了严格要求。此外，EN 13298 和 TB/T 2211—2018 规定了弹簧奥氏体晶粒度的下限值；342 号文则对淬火温度控制以及淬火介质温度均匀性控制提出了要求。

④ 弹簧力学性能　342 号文规定货车转向架弹簧的硬度范围为 42~48HRC，较其他两个标准中的 45~51HRC 有所降低，原因是通过试验发现，60Si2CrVAT 钢制弹簧回火硬度高时，疲劳寿命较低，降低硬度后，疲劳寿命有很大提高。

EN 13298 和 TB/T 2211—2018 规定了弹簧的强度、塑性和冲击韧性。

⑤ 疲劳寿命　弹簧要在 $(1\pm k)P_j$ 载荷下进行疲劳试验，P_j 是垂向静载荷（平均载荷），k 是动荷系数。货车弹簧的 k 值取 0.4，试验条件更苛刻，且循环次数要求更高。

⑥ 蠕变与永久变形　EN 13298 和 TB/T 2211—2018 规定了蠕变限量，342 号文规定了永久变形限量。

表 6-2　相关标准对转向架弹簧的主要技术要求

技术要求		机车、客车、货车转向架弹簧 EN 13298、TB/T 2211—2018	货车转向架弹簧 342 号文
材料选择范围		GB/T 1222—2016、 EN 10089 规定的材料及其他	342 号文规定的材料及其他
弹簧 几何特性	弹簧类型	圆钢卷制的等节距圆柱螺旋压缩弹簧	
	直径、旋向、 自由高度、有效圈数等	符合设计规定	
	端圈形式	端圈并紧、磨平或端部碾尖、并紧和磨平	端部碾尖、并紧和磨平
	端圈制扁、磨平	端圈磨平后，末端厚度 3~$(1/4)d$ mm	制扁形状：无凸台波形，过渡平顺 制扁尺寸：长度约 3/4 圈，宽度 $0.7d$~$1d$，末端厚度 $0.1d$~$0.35d$ 支承表面磨平范围：≥0.7 圈
	支承圈端部与 相邻工作圈间距	—	弹簧有效间距的 10%~35%
	支承圈与相邻 工作圈接触线长度	应符合规定值	工作载荷作用下，≥$D/3$
	工作圈间隙及均匀度	应符合规定值	压缩至极限载荷下变形量的 85% 时，工作圈间不接触
	垂直度偏差	L_0≤150mm 时，≤2%L_0； L_0>150mm 时，≤1.5%L_0	≤2%L_0
弹簧 热处理	工艺参数控制	—	淬火液温度均匀；余热淬火时淬火温度稳定
	奥氏体晶粒度	弹簧上取样，≥6 级	—
	单边脱碳层深度	无全脱碳层；部分脱碳层≤$0.01d$，但≤0.5mm	d 在 12~20mm 时，≤0.2mm； d≥20mm 时，≤0.3mm
弹簧 力学性能	硬度	表面硬度：材料执行 EN 10089 时，45~51 HRC；材料执行 GB/T 1222—2016 时，42~48HRC 芯部硬度与表面硬度差：≤3HRC	42~48HRC
	强度、塑性	$R_{p0.2}$≥1150MPa，R_m≥1400MPa，A≥6%	—
	冲击韧性	室温冲击吸收能 KU≥10J	—

弹簧特性	弹簧抛丸(表面预应力)	符合技术要求	
	弹簧表面质量	磁粉探伤,不应有任何缺陷	
	表面防腐处理	按规定防腐处理	
	轴向刚度	符合技术要求	
	疲劳寿命	TB/T 2011—2018 规定:在$(1\pm k)P_j$载荷下试验,货车取$k=0.4$,动车取$k=0.3$,其他取$k=0.25$,疲劳寿命应符合技术要求	疲劳寿命:在$(1\pm 0.4)P_j$载荷下试验,$\geqslant 3\times 10^6$次;质保期:9年(1个厂修期)不得出现裂纹、折断
	蠕变(弹性减退)	最大工作载荷P_B作用96h后的高度损失$\leqslant 1\%$	
	永久变形	—	在极限载荷下压缩不少于3次后,再压缩后的高度变化$\leqslant 0.25\%$

6.3 铁路弹簧材料的选择

6.3.1 铁路转向架弹簧用钢的主要性能要求

对弹簧性能的基本要求是高强度、高疲劳抗力、高弹减抗力和一定的塑性韧性等。这些也是对弹簧钢主要性能的要求。此外,弹簧材料还应具有良好的工艺性能等。

(1) 高强度与适当塑性韧性的配合

为使弹簧在大载荷作用下保持弹性变形而不发生塑性变形,要求弹簧钢具有高的弹性极限$R_{p0.01}$(或考虑一定安全系数后的$R_{p0.2}$)以及强度极限R_m。铁路弹簧主要作用是缓和冲击、减轻振动,从减振吸能角度考虑,弹性极限指标非常重要。因为单位体积弹簧材料的极限弹性应变能为$R_{p0.01}^2/(2E)$(E为弹性模量),$R_{p0.01}$越大,能吸收的弹性应变能也越大。此外,还要求弹簧钢有高的屈强比$R_{p0.01}/R_m$,以提高强度的利用率。

TB/T 2211—2018 规定,铁路弹簧的$R_{p0.2}\geqslant 1150\text{MPa}$,$R_m\geqslant 1400\text{MPa}$,硬度范围为45~51 HRC(或42~48 HRC);342号文规定货车弹簧的硬度范围为42~48 HRC。可见,弹簧的强度和硬度高于调质件的强度和硬度。

一般来说,材料强度提高,相应的塑性韧性降低。但铁路弹簧是在振动和冲击条件下工作,为避免发生脆性断裂,弹簧钢在如此高的强度下仍需具有一定的塑性和韧性。

(2) 抗疲劳性能

转向架弹簧工作中所受载荷为变动载荷,其方向不变但大小随时间无规变化,主要损坏形式是疲劳断裂。因此要求弹簧材料具有高的抗疲劳性能。

实验表明,在一定强度(硬度)范围内,强度极限越高,疲劳极限也越高,二者间存在一定比例关系。例如,在$R_m\leqslant 1350\text{MPa}$或硬度$\leqslant 400\text{ HV}$范围内,随强度或硬度的提高,光滑试样的疲劳极限线性提高,二者关系近似为$\sigma_{-1}=0.5R_m$,见图 6-4 中 400 HV 以左部分。因此,弹簧钢热处理后应有高强度,以提高其疲劳极限。

但超过这一强度或硬度水平后,材料脆性增大,表面缺陷以及表层下的夹杂物等往往会成为疲劳源,这使得σ_{-1}与 HV 或R_m之间偏离上述线性关系,且分散度显著增大,强度愈

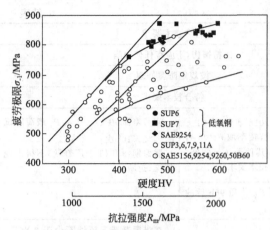

图 6-4 弹簧钢的疲劳强度随硬度（强度）的变化

高，这种偏离愈明显，见图 6-4 中 400 HV 以右部分。从图 6-4 中还可看出，低氧弹簧钢减少了氧化物夹杂的数量，减轻了夹杂物引起的疲劳破坏，因此疲劳极限位于通常弹簧钢疲劳强度数据带的上限。这一结果反映出控制夹杂物数量、尺寸和种类对改善弹簧钢疲劳性能的重要性。

（3）抗弹减性能

为使转向架弹簧在长期载荷作用下仍保持原有形状和尺寸，要求弹簧钢具有良好弹减抗力。提高弹簧钢弹减抗力的途径主要有固溶强化、沉淀强化和细晶强化。可进行实物弹簧静态或动态松弛试验来测定弹簧材料的弹减抗力。

应当指出，虽然应力松弛（变形）失效也是铁路弹簧使用中存在的普遍现象，但遗憾的是，这一现象一般不被重视，原因是其对运行安全的影响不够明显。

（4）工艺性能

为满足冷剪下料和热卷成型要求，弹簧钢应具有良好的成型塑性；为减少热卷成型及热处理的高温加热条件下晶粒长大和表面脱碳，要求弹簧钢具有较低的过热敏感性和脱碳敏感性；还要求弹簧钢有较好的淬透性以使表层与心部均能获得所要求的淬火组织。

6.3.2 弹簧钢中碳与合金元素的作用

铁路弹簧常用弹簧材料均为中高碳低合金结构钢，常用合金元素有 Si、Cr、Mn、Mo、V、Nb 等。碳及常用合金元素的作用如下。

① C　C 是弹簧钢中的主要强化元素，也是提高弹减抗力的主要元素，其强化作用往往超过其他合金元素。为保证高强度和高弹减抗力，弹簧钢中必须含有足够的 C。但随钢中 C 含量的增加，钢的塑性、韧性会急剧下降，因此要控制 C 含量在适当范围。当前世界各国广泛使用的低合金弹簧钢，C 含量绝大部分控制在 0.45%～0.65% 范围内，经淬火、中温回火处理后，既有高的强度，又有一定塑性、韧性，保证弹簧钢的弹性极限、强度极限、弹减抗力和疲劳抗力。

② Si　Si 是非碳化物形成元素，对铁素体起强烈固溶强化作用，可提高淬透性，并能提高钢的回火稳定性。Si 是合金元素中提高弹减抗力最有效的元素之一，其作用仅次于 C。比较 Si-Cr、Si-Cr-Mo、Si-Cr-V 系钢的弹减抗力发现，Si-Cr-V 系钢的弹减抗力最好，且 Si-Cr-V 钢中提高弹减抗力的最佳 Si 含量约为 1.5%。但含 Si 钢加热时易脱碳，有石墨化倾向，脆性增加。

③ Mn　Mn 是提高淬透性最有效的元素之一，并有强烈固溶强化铁素体的作用，但 Mn 增大钢的过热倾向，加热时晶粒容易粗化。弹簧钢中的 Mn 含量一般为 0.4%～0.8%。

④ Cr　Cr 是较强碳化物形成元素，能显著提高钢的淬透性，阻止含 Si 钢退火中的石墨化倾向，减少脱碳和晶粒长大倾向，是弹簧钢中的常用合金元素，以铬为主要强化元素的弹簧钢 51CrV4 在世界各国均有广泛应用。

⑤ Mo　Mo 提高钢的淬透性，防止回火脆性，改善疲劳性能，含量一般在 0.4% 以下。

⑥ V、Nb　V 和 Nb 都是强碳化物形成元素，固态下析出的细小弥散 MC 型碳化物具有很强的沉淀强化效果，细化晶粒、提高淬透性，除提高钢的强度和硬度外，还可提高钢的弹减抗力和抗疲劳性能。

6.3.3　弹簧钢的生产方法

高质量弹簧钢生产流程如图 6-5 所示。

图 6-5　弹簧钢生产流程

电弧炉、转炉等初炼后，使用 LF（钢包精炼炉精炼）/VD（真空脱气）进行精炼、脱氧、脱气，降低杂质元素含量，包括氧含量等；连续铸造使钢材均质化；控轧控冷、降低终轧温度、控制轧后冷却速度使钢材组织细小均匀；根据不同标准、不同用途，以热轧状态或热轧退火状态供货；表面剥皮、磨光处理可以消除各种表面缺陷，提高钢材表面质量。

6.3.4　部分铁路转向架弹簧用钢

（1）选材范围

欧洲标准和我国标准对转向架弹簧用钢的选材范围均有明确规定，见表 6-3。

表 6-3　部分铁路转向架弹簧用钢选材范围

标准	EN 13298	TB/T 2211—2018	342 号文
适用范围	机车车辆转向架弹簧	机车车辆转向架弹簧	铁路货车转向架弹簧
选材范围	建议采用 EN 10089 规定的合金材料，允许使用其他不同的合金材料，这种情况下应在技术要求中对化学成分和力学性能进行完整的定义	建议采用符合 EN 10089 或 GB/T 1222—2016 规定的合金材料，允许使用其他不同的合金材料，但技术要求中应完整说明该材料的化学成分和力学性能	货车转向架弹簧材料采用符合附录 A 及产品图样规定的表面磨光或剥皮滚光棒料，也可选用性能相当的进口棒料

（2）我国转向架弹簧常用钢种及主要技术要求

我国铁路转向架弹簧常用钢种见表 6-4，化学成分、非金属夹杂物及其他技术要求分别见表 6-5～表 6-7。

铁路转向架用弹簧钢各项技术要求较高，其中铁路货车转向架弹簧钢有害杂质元素含量、夹杂物级别、晶粒度、力学性能等方面要求更高。

表 6-4　我国铁路转向架弹簧常用钢种

弹簧钢牌号	应用
51CrV4、50CrV	城轨、机车、高速动车组转向架弹簧
60Si2Mn	客车转向架弹簧
60Si2CrV	客车、城轨转向架弹簧
60Si2MnAT	货车转向架弹簧
60Si2CrVAT	货车转向架弹簧

注：T 代表铁路专用材料。

表 6-5 我国铁路转向架弹簧常用钢种化学成分

单位：%（质量分数）

钢材牌号	C	Si	Mn	Cr	V	Ni	Cu	P	S	O	H
								不大于			
51CrV4[1]	0.47~0.55	≤0.40	0.70~1.10	0.90~1.20	0.10~0.25	—	(Cu+10Sn)≤0.60	0.025	0.025	—	—
50CrVA[2]	0.46~0.54	0.17~0.37	0.50~0.80	0.80~1.10	0.10~0.20	0.35	0.25	0.025	0.020	0.0025	—
60Si2MnA[2]	0.56~0.64	1.50~2.00	0.70~1.00	≤0.35	—	0.35	0.25	0.025	0.020	0.0025	—
60Si2MnAT[3]	0.56~0.64	1.60~2.00	0.60~0.90	≤0.35	—	0.35	0.25	0.025	0.020	0.0025	0.0002
60Si2CrVA[2]	0.56~0.64	1.40~1.80	0.40~0.70	0.90~1.20	0.10~0.20	0.35	0.25	0.025	0.020	0.0025	—
60Si2CrVAT[3]	0.56~0.64	1.40~1.80	0.40~0.70	0.90~1.20	0.10~0.20	0.35	0.20	0.015	0.015	0.0013	0.00013

[1] EN 10089。
[2] GB/T 1222—2016。
[3] 342 号文。

表6-6 我国铁路转向架弹簧常用钢种非金属夹杂物合格级别（不大于）

标准	钢材牌号	A(硫化物) 细系	A(硫化物) 粗系	B(氧化物) 细系	B(氧化物) 粗系	C(硅酸盐) 细系	C(硅酸盐) 粗系	D(球状氧化物) 细系	D(球状氧化物) 粗系
GB/T 1222—2016	60Si2Mn、50CrV、60Si2CrV	2.5	2.0	2.5	2.0	2.0	1.5	2.0	1.5
342号文	60Si2MnAT	2.0	2.0	2.0	2.0	1.5	1.5	1.5	1.5
342号文	60Si2CrVAT	1.5	1.5	1.5	1.5	1.0	1.0	1.0	1.0

表6-7 我国铁路转向架弹簧常用钢种其他技术要求

用途	机车、客车、城轨、动车组转向架弹簧			货车转向架弹簧	
标准	GB/T 1222—2016			342号文	
牌号	50CrV	60Si2Mn	60Si2CrV	60Si2MnAT	60Si2CrVAT
低倍组织	不应有缩孔、气泡、裂纹、夹杂、翻皮、白点、晶间裂纹。一般疏松、中心疏松和偏析不大于2.0级			不得有缩孔、气泡、裂纹、夹杂、翻皮、白点、分层。一般疏松、中心疏松及偏析不大于1级	
交货状态热处理	热轧	热轧或热轧+热处理		热轧退火	热轧退火
交货态硬度 HBW	≤321	≤321		≤285	≤285
表面质量	银亮钢表面不应有表面缺陷			车削+滚挤+磨光处理,不得有表面缺陷	
脱碳	银亮钢表面不应有脱碳层			不得有脱碳层	不得有脱碳层
奥氏体晶粒度/级	协议			≥7	
淬透性	—			—	末端13mm处,硬度HRC≥52
拉伸性能 热处理	850℃油淬 500℃回火	870℃油淬 440℃回火	850℃油淬 410℃回火	未规定热处理工艺	
拉伸性能 $R_{p0.2}$/MPa	≥1130	≥1375	≥1665	≥1370	≥1700
拉伸性能 R_m/MPa	≥1275	≥1570	≥1860	≥1570	≥1900
拉伸性能 A/%	≥10	≥5	≥6	≥8	≥9
拉伸性能 Z/%	≥40	≥20	≥20	≥30	≥30

各钢种特性归纳如下：

① 51CrV4与50CrV　51CrV4是欧洲标准牌号，50CrV是对应的国标牌号，二者成分及各项技术指标基本相同，碳含量较低，Cr、V合金化，是国内外应用范围很广的转向架弹簧钢，热处理时不易脱碳，过热敏感性低，容易得到细晶粒组织，淬透性较好，回火稳定性较高，并具有优良塑性韧性，广泛应用于城轨车辆、机车、高速铁路转向架弹簧等。

② 60Si2Mn与60Si2MnAT　60Si2Mn是应用较早的Si-Mn系合金弹簧钢，弹性极限和屈服强度较高，回火稳定性高，淬透性较高，但脱碳倾向较大，应用于普通客车转向架弹簧等。

60Si2MnAT是342号文指定的铁路货车转向架专用弹簧钢，与60Si2Mn基本成分相同，S、P杂质元素含量进一步降低，并对O、H含量做出严格限制，对夹杂物要求更严格，可在保持较高强度的同时，具有较好塑性，用于货车转8G型转向架弹簧。

③ 60Si2CrV与60Si2CrVAT　60Si2CrV是现行国家标准中强度最高的弹簧钢，钢中Si、Cr、V、Mn几种合金元素共同作用，兼有Si-Mn、Cr-Mn和Cr-V系弹簧钢的优点，具有优

异综合力学性能和抗松弛能力，应用较广，用于客车转向架弹簧等。

60Si2CrVAT 是 342 号文指定的铁路货车转向架专用弹簧钢，是我国目前用量最大、用途最广的铁道车辆弹簧钢钢种。该钢是 60Si2CrV 的改进型钢种，与 60Si2CrV 基本成分相同，S、P 含量进一步降低，O、H 含量严格限制，在晶粒度、非金属夹杂物等项目上均加严了要求，且采用先进的控轧控冷生产工艺，在保持高强度的同时，具有更高的塑性。由于该钢具有良好的综合性能，适用于制造重载荷、耐冲击弹簧，因此在铁路装备领域应用前景更为广阔，将会成为高铁列车、地铁、轻轨、铁路货车转向架弹簧的主选材料。

6.4 铁路弹簧的制造工艺

6.4.1 弹簧制造工艺流程

铁路转向架弹簧制造工艺流程如图 6-6 所示。

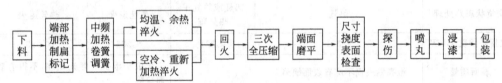

图 6-6　铁路转向架弹簧生产工艺流程

6.4.2 两端制扁

铁路转向架弹簧端部为制扁、端圈与相邻工作圈并紧、磨平结构，见图 6-7，制扁部分横截面近似矩形。弹簧受载后支承圈与相邻工作圈的接触为平面与圆柱面接触，理论上能使接触更为可靠，但制扁平面旋转或制扁台阶等均会造成相邻工作圈表面损伤。目前我国普遍采用支承圈为 3/4 圈的结构。实践表明，弹簧在 3/4 圈位置附近发生断裂的比例很高，主要原因是此处为支承圈与工作圈过渡处，簧杆截面形状和应力在此处同时发生突变，致使局部应力增大。这些都说明制扁精度的重要性。为此，342 号文对弹簧端部制扁提出了严格技术要求，详见表 6-2。

制扁工艺是通过中频或燃气炉等加热装置，将下料后的钢棒两端快速加热至 950～1000℃，使用偏心轧辊将端部轧成所需截面形状尺寸，见图 6-8，然后空冷。

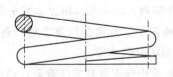

图 6-7　弹簧端部制扁、并紧、磨平结构

图 6-8　弹簧钢棒端部轧扁

6.4.3 卷簧与调簧

卷簧是将两端制扁后的钢棒整体加热到热卷温度，然后将钢棒卷制形成螺旋弹簧。调簧是卷簧后热调簧圈间距等。

为提高弹簧质量和生产效率，铁路转向架弹簧热卷成型：采用中频感应加热，加热速度快、时间短，氧化脱碳少，温度稳定性高；采用自动化生产线，弹簧质量和生产效率大大提高。图 6-9 为目前普遍使用的带靠模的专用卷簧机。

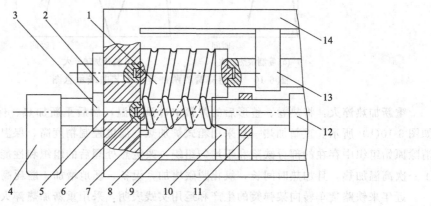

图 6-9 带靠模的卷簧机
1—螺距滚筒靠模；2—靠模齿轮；3—主轴齿轮；4—变速箱；5—主轴；6—牙嵌式联轴器；7—咬嘴；
8—弹簧圈；9—芯轴；10—挡板；11—芯轴架；12—退心机构；13—靠模架；14—机身

加热温度是决定热卷质量的关键因素之一。卷制中塑性变形量较大，加热温度高，钢的塑性好，易于成型，但温度过高，将引起晶粒长大、过烧、氧化、脱碳等一系列问题。合适的加热温度应该是既能保证卷制弹簧时有足够的塑性，又不致使钢料产生过热、过烧、氧化与脱碳等缺陷。实践证明，在快速加热条件下，60Si2CrVAT 钢的卷制温度控制在 950～1030℃较为适宜。例如，直径 26mm 的 60Si2CrVAT 钢棒料卷制 K2 外圆弹簧时，中频快速加热至 950～1030℃，加热时间约 35s；卷簧机卷制 10～12s；手工热校簧圈间距，时间约 8～10s；总共时间不足 1min。

卷制加热不当会引起过热、过烧，氧化、脱碳、裂纹等缺陷，卷制不当则会引起簧圈表面擦伤等，需要严格制定和执行工艺规程，保证卷制质量。

6.4.4 弹簧的热处理

弹簧的优异性能需要通过淬火加中温回火热处理来获得。

(1) 淬火

淬火是将弹簧加热到临界点以上温度，保温一定时间使其形成奥氏体组织，然后以大于临界冷却速度的速度冷却，得到马氏体组织（还可能有少量贝氏体和残余奥氏体等）的热加工工序。

① 两种淬火工艺流程　弹簧热卷后要进行淬火处理，而淬火有两种工艺流程：卷制余热淬火与冷却后重新加热淬火。图 6-10 为热卷弹簧两种淬火工艺曲线示意图。

卷制余热淬火：卷簧与调簧后，直接进入淬火油槽淬火，如图 6-10(a) 所示。它把热卷、整形和淬火工序合并完成，与重新加热淬火处理相比，优点是减少了一次高温加热、表面氧化脱碳少、减少能耗、作业占地面积小、生产效率高等。主要问题是必须在较短时间内完成卷簧和调簧，保证入油淬火前温度不致降到 A_{c3} 以下，淬火温度稳定性较差。对于截面尺寸较小、卷制中温度降低较多的弹簧，有时采用增加短时间均温的方法，使温度回到淬火温度。

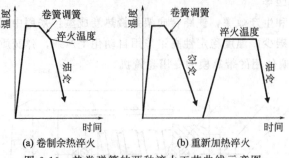

图 6-10　热卷弹簧的两种淬火工艺曲线示意图

重新加热淬火：将热卷、整形后的弹簧空冷到室温，然后重新加热、保温后油冷淬火，如图 6-10(b) 所示。重新加热一般采用箱式炉加热，温度控制精度高，保温时间充分，可以消除原始组织中存在的部分缺陷和不均匀组织，改进热处理后的组织和性能，但缺点是增加了一次高温加热，且加热时间长，氧化脱碳增加，设备、场地增加，能耗高，效率低。

近年来铁路货车转向架弹簧的生产和运用实践表明，采用重新加热淬火工艺后，弹簧疲劳寿命有较大幅度提高，因此这一工艺已基本取代卷制余热淬火工艺，应用越来越普遍。

② 加热温度　铁路转向架用弹簧钢均为低合金亚共析钢。弹簧的淬火处理需要先将其加热到 A_{c3} 以上温度，保温一段时间，使铁素体与渗碳体全部转变为奥氏体，然后快速冷却得到淬火马氏体组织。

对淬火加热温度的选择首先要保证充分奥氏体化，使碳及合金元素全部溶解到奥氏体中，且扩散均匀，这时钢具有较高的淬透性，冷却时容易得到淬火硬化组织。由于合金元素的扩散速度远低于碳的扩散速度，同时也影响碳的扩散，因此合金渗碳体向奥氏体的溶解较慢，奥氏体的均匀化也较慢，淬火加热温度一般选择 $A_{c3}+(50\sim100)$℃。显然，提高加热温度对奥氏体均匀化及提高淬火能力有利。但是加热温度升高，奥氏体晶粒长大，见图 6-11。因为晶粒细化能同时提高强度与塑性，并能显著提高冲击韧性和疲劳寿命等，因此加热温度不能过高。此外，控制加热温度可以减少加热过程中弹簧表面的氧化和脱碳，否则将大大降低弹簧疲劳强度。

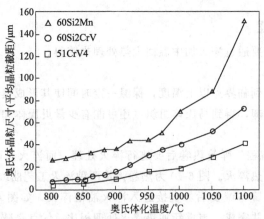

图 6-11　常用弹簧钢的奥氏体晶粒长大趋势

除上述基本原则外,淬火加热温度还与加热方式、工件尺寸、技术要求等因素有关。重新加热淬火时一般在连续式空气电阻炉中加热,加热速度较慢,加热温度可考虑取下限;钢棒截面尺寸较大时应适当提高加热温度;要求晶粒细小时加热温度应取下限。表6-8列出了部分弹簧热处理工艺参数与硬度值的数据,制定热处理工艺时可作参考。

表6-8 三种钢制弹簧热处理工艺与硬度值

钢号	淬火			回火		
	加热温度/℃	冷却介质	硬度 HRC	温度/℃	冷却介质	硬度 HRC
50CrV	850～870	油	>58	370～420	水	45～50
60Si2Mn	860～880	油	>60	410～460	水	45～50
60Si2CrVAT	850～870	油	>60	500～560	水	42～48

③ 保温时间 保温时间是指弹簧装炉后,从炉温回升到淬火温度时开始到出炉为止的时间,包括透烧时间 t_1 和组织转变所需时间 t_2。t_1 主要取决于钢棒直径、加热方式等,空气电阻炉加热可按 0.5～1min/mm 计算。对于低合金弹簧钢,碳化物溶解较快,透烧后保温 10～20min(t_2)就可以了。例如,60Si2CrVAT 钢制转 K2 外圆弹簧,淬火加热保温时间 40～60min;K2 内圆弹簧,淬火加热保温时间 30～50min。

④ 淬火介质 铁路转向架用弹簧钢淬透性较好,使用 L-AN15、L-AN32、L-AN46 全损耗系统用油(10号、20号、30号机械油)即可获得满意的淬火效果。但应注意控制淬火油温度,保持在 40～80℃,最高不得超过 100℃,且应保持温度的稳定和均匀。

⑤ 淬火组织与性能 淬火组织为马氏体+少量残余奥氏体+少量贝氏体,还可能有少量加热中未溶解的残余碳化物。60Si2CrVAT 钢淬火组织 SEM 照片见图 6-12。弹簧淬火后硬度一般应达到 58～60 HRC 以上。

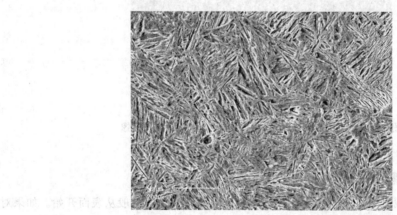

图 6-12 60Si2CrVAT 钢 860℃淬火组织 SEM 像

实际生产中发现,弹簧淬火有时出现晶粒粗大、淬火开裂、上贝氏体组织等淬火缺陷。晶粒粗大、淬裂一般是加热温度过高引起的,上贝氏体组织则是冷却不足引起的,因此应严格控制加热温度和冷却介质的温度和稳定性。

(2) 回火

回火是将淬火后的弹簧加热到 A_1 以下一定温度,保温一段时间,然后以适当方式冷却的工艺。回火的目的是使淬火组织转变为所需要的组织,调整硬度、强度,提高塑性、韧性,实现硬度、强度、塑性、韧性的合理匹配,消除淬火应力,稳定工件尺寸,满足使用要求。为防止淬火内应力过大引起裂纹,淬火后应及时回火,间隔不应超过4h。

① 对弹簧回火组织与性能的要求 淬火弹簧一般在350～450℃回火后弹性极限最高,而在450～550℃回火后疲劳极限最高。因此,转向架弹簧一般选择在400～550℃中温回火,回火组织为回火屈氏体,在铁素体基体上分布有细粒状渗碳体,渗碳体已经开始球化、粗化,但尺寸仍很小,光学显微镜无法分辨。此回火温度比调质的低,硬度、强度比调质的高。同时,中温回火的屈强比也高,满足弹簧所需的综合力学性能。

按TB/T 2211—2018,机车车辆转向架弹簧回火硬度HRC为45～51(材料执行EN 10089)或42～48 HRC(材料执行GB/T 1222—2016)。按342号文,货车转向架弹簧回火硬度为42～48 HRC。

② 回火规范

a. 回火温度:可参考表6-8选择回火温度。

b. 回火时间:弹簧钢淬火后回火时,最初0.5h内硬度下降很快,随后减慢,超过1～2h后变化很小。因此,弹簧回火时间多取1～2h。

c. 回火冷却方式:Si、Mn、Cr等在一定回火温度和冷速条件下有促进回火脆化作用,为防止回火脆化,特别是连续回火炉出炉速度较慢的情况下,多采用回火后出炉喷淋水冷。

图6-13为60Si2CrVAT钢860℃淬火、510℃回火组织照片,可以看出,铁素体保持了原有的马氏体板条形貌,在板条界和高温奥氏体晶界等部位析出了大量细小碳化物。

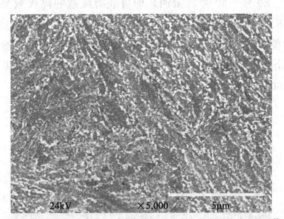

图6-13 60Si2CrVAT钢淬火、510℃回火组织SEM像

6.4.5 弹簧的机械强化处理

螺旋压缩弹簧受载时簧杆表面产生最大切应力,因此弹簧破坏一般从表面开始。如果对弹簧表面进行一定的冷变形处理,改变弹簧表面的组织、性能,并形成与工作应力方向相反的残余应力,降低工件表面的有效应力,则可提高弹簧的疲劳寿命。在弹簧制造中采用的机械强化处理有立定处理、喷丸处理等。

(1) 立定处理

立定处理又称全压缩处理、工艺压缩处理等,是将回火后的压缩弹簧,在极限载荷P_j下反复压缩多次,一般不少于三次。其作用一是消除残余变形,稳定弹簧工作性能,二是产生一定的机械强化作用和有利的残余压缩应力,使弹簧表层内产生有利的残余应力,从而提高弹簧的承载能力和疲劳寿命。例如,342号文规定,弹簧回火后在P_j载荷下进行不少于三次的压缩,然后再压缩时的高度变化量不得大于自由高度 L_0 的 0.25%。

(2) 喷丸处理

喷丸处理的作用一是提高材料硬度(强度)[图 6-14(a)];二是在表面形成较高的残余压应力 [图 6-14(b)],可以抵消一部分外载作用下的最大拉应力,从而提高弹簧的疲劳强度。

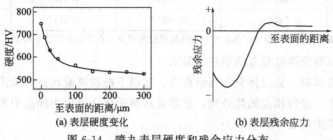

(a) 表层硬度变化　　　　　　　　(b) 表层残余应力

图 6-14　喷丸表层硬度和残余应力分布

一般来讲,喷丸强化提高疲劳寿命的效果与被喷零件自身材料性能和丸粒的种类、形状、大小、速度以及喷丸时间、流量、喷丸角度等喷丸工艺参数有关,且各工艺参数之间不是孤立而是互相影响的。喷丸覆盖率是评价喷丸工艺的一项重要指标,一般弹簧喷丸覆盖率应大于 95%。

6.5　铁路弹簧的检验

弹簧检验即是依据相关标准对表 6-2 所列项目进行检验。以下对其中的奥氏体晶粒度、表面脱碳层、疲劳寿命和蠕变检验作简要介绍。

6.5.1　奥氏体晶粒度检验

(1) 晶粒度的概念

晶粒度是晶粒大小的度量。晶粒大小通常使用长度、面积、体积或晶粒度级别数来表示。显微晶粒度级别数 G 的定义为:

$$N = 2^{G-1} \tag{6-2}$$

式中,N 为放大 100 倍下,645.15mm² 面积内的晶粒个数。

晶粒越细,N 越大,G 也越大。G 与其他参数间的关系见表 6-9。

表 6-9　晶粒度级别数 G 与其晶粒大小表征参数的对照表

晶粒度级别数 G	单位面积内晶粒数 N_A/mm^{-2}	晶粒平均截面积 $\overline{A}/\text{mm}^2$	晶粒平均直径 $\overline{d}/\text{mm}$	晶粒平均截距 $\overline{L}/\text{mm}$
1.0	15.50	0.0645	0.2540	0.2263
2.0	31.00	0.0323	0.1796	0.1600
3.0	62.00	0.0161	0.1270	0.1131
4.0	124.00	0.00806	0.0898	0.0800
5.0	248.00	0.00403	0.0635	0.0566
6.0	496.00	0.00202	0.0449	0.0400
7.0	992.00	0.00101	0.0318	0.0283

续表

晶粒度级别数 G	单位面积内晶粒数 N_A/mm^{-2}	晶粒平均截面积 $\overline{A}/\mathrm{mm}^2$	晶粒平均直径 $\overline{d}/\mathrm{mm}$	晶粒平均截距 $\overline{L}/\mathrm{mm}$
8.0	1984.0	0.00050	0.0225	0.0200
9.0	3968.0	0.00025	0.0159	0.0141
10.0	7936.0	0.00013	0.0112	0.0100

注：$\overline{L}$ 是在截点法中，测量线段通过晶粒时，与晶界相交的两个交点之间长度的平均值。

(2) 取样、原奥氏体晶粒度的形成和显示

弹簧钢属铁素体钢，奥氏体只在高温存在。室温下检验高温状态的奥氏体晶粒，需要从材料或产品上取样，进行相应的热处理，然后显示奥氏体化过程中样品中形成的原奥氏体晶粒。相关流程及规定见表 6-10。

表 6-10　弹簧钢材与弹簧产品的取样、热处理及原奥氏体晶粒的显示

材料	取样	原奥氏体晶粒形成	原奥氏体晶粒显示
弹簧钢材	从交货状态的弹簧钢棒料上取样	按规定热处理，对弹簧钢（C 含量≥0.35%）在 860℃加热 1h 后，以能完全硬化的冷速淬火	试样表面磨制抛光，然后浸蚀显示原奥氏体晶粒，方法有二： ① 使用增强马氏体晶粒间对比度的浸蚀剂显示原奥氏体晶粒，浸蚀前可在 230℃加热 15min 回火以改善对比度。推荐浸蚀剂：1g 苦味酸，5mL 盐酸（密度 1.19g/cm³）和 95mL 乙醇。此法不适合中温回火的弹簧。 ② 使用优先显示原奥氏体晶界的浸蚀剂，效果较好的是含有缓蚀剂的饱和苦味酸水溶液。推荐浸蚀剂：含有十三烷基苯磺酸钠（十二烷基也可）润湿剂的饱和苦味酸水溶液，例如：2g 苦味酸，1g 十三苯亚磺酸钠（或其他适量的缓蚀剂）、100mL 水。试样应当是淬火状态或不高于 537℃回火。浸蚀效果取决于钢中磷的存在（要求 P 质量分数≥0.005%）。通过 450~480℃、8h 以上的回火，使钢中的磷趋向晶粒边界会增加效果
弹簧产品	从弹簧成品上取样	保持弹簧产品的热处理状态	

(3) 测定方法

测定晶粒度的基本方法有比较法和截点法等，生产上一般采用比较法，仲裁时使用截点法。

比较法是将检测图像与标准系列评级图（放大 100 倍）对比来评定平均晶粒度。通常使用相同放大倍数的有代表性视场的晶粒组织图像或显微照片直接进行对比。这种方法一般存在一定的偏差（±0.5 级）。图 6-15 为 60Si2CrVAT 弹簧奥氏体晶粒组织照片。

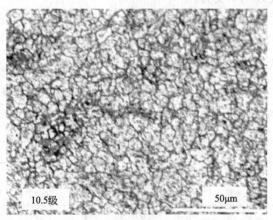

图 6-15　60Si2CrVAT 弹簧的奥氏体晶粒度

截点法是计数已知长度的测量线段（或网格）与晶粒界面相交截的点数 P，计算单位长度平均截点数 $\overline{P}_L$、晶粒平均截距 $\overline{L}$ 来确定晶粒度级别数 G。

6.5.2 脱碳层深度检验

(1) 钢表面的脱碳层

在弹簧的热加工工序中,如果加热是在大气环境下进行的,则钢表层中的 C 将与 O_2、CO_2、H_2O、H_2 等发生反应,生成气体逸出钢外,使钢表层碳浓度降低,形成脱碳层,见图 6-16。其中完全脱碳层是指钢表层含碳量低于碳在铁素体中最大溶解度,深度为 d_1;部分脱碳层是指过渡层,深度为 d_2;总脱碳层是指从产品表面到含碳量等于基体含碳量 a 的那一点,深度为 d_3,$d_3 = d_1 + d_2$。

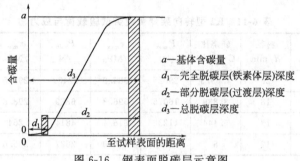

a—基体含碳量
d_1—完全脱碳层(铁素体层)深度
d_2—部分脱碳层(过渡层)深度
d_3—总脱碳层深度

图 6-16 钢表面脱碳层示意图

(2) 测定方法

按标准规定,弹簧产品的脱碳层,应从弹簧上截取一段材料作样品;试样按一般金相法进行磨制、抛光,但试样边缘不允许有倒圆、卷边;按 GB/T 224—2019 规定的金相法或硬度法等进行测定。

① 金相法 用 1.5%~4% 的硝酸酒精溶液浸蚀抛光试样以显示钢的显微组织;在光学显微镜下观察试样从表面到基体随着含碳量的变化而产生的组织变化。选取的试样检测面应垂直于簧杆纵轴。

② 硬度法 铁路弹簧脱碳层较浅,可采用显微(维氏)硬度法,测量抛光试样横截面上沿垂直于表面方向上的显微硬度的分布梯度,由此确定脱碳层的深度;为减小测量数据的分散性,应尽可能选用大的载荷,一般在 0.49~4.9N(50~500gf) 之间;压痕之间的距离至少应为压痕对角线长度的 2.5 倍;脱碳层深度的测量界限为由试样边缘至硬度值平稳处;原则上,至少要在相互距离尽可能远的位置进行两组测定,以测定值的平均值作为脱碳层的深度。

51CrV4 弹簧脱碳层两种测定方法实例见图 6-17。

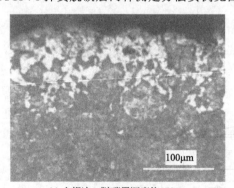
(a) 金相法,脱碳层深度约 150μm

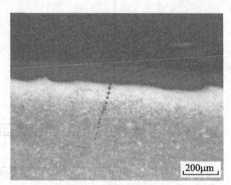
(b) 硬度法,脱碳层深度约 180μm

图 6-17 51CrV4 弹簧脱碳层深度测定方法比较

6.5.3 疲劳寿命测定

(1) 试验载荷与应力

TB/T 2211—2018 和 342 号文规定，对于只承受轴向载荷的弹簧，进行轴向疲劳试验，试验载荷为 $(1\pm k)P_j$，P_j 为产品图样规定的轴向静载荷，k 为动荷系数。试验频率 1~5Hz。

对于每种弹簧，可根据疲劳试验中循环载荷的最大值 P_{max} 和最小值 P_{min}，按式(6-1)计算出循环最大切应力 τ_{max} 和最小切应力 τ_{min}，例如，货车 K2 转向架弹簧的试验载荷和应力见表 6-11。

表 6-11 K2 型转向架弹簧疲劳试验载荷与应力

弹簧名称	中径 D/mm	料径 d/mm	旋绕比 $C=D/d$	P_{max}/N	τ_{max}/MPa	P_{min}/N	τ_{min}/MPa	ΔP/N	$\Delta \tau$/MPa
外圆弹簧	122	26	4.6923	29025	684.9	12439	293.5	16586	391.4
内圆弹簧	70	18	3.889	16075	696.8	6889	298.8	9186	398.0
减震外圆弹簧	98	18	5.444	11232	616.4	4814	264	6418	352.4
减震内圆弹簧	60	12	5	6131	710.9	2627	305.0	3504	405.9

(2) 试验设备

疲劳试验机一般为液压疲劳试验机，应采用正弦（或近似正弦）的载荷或位移加载；疲劳试验机应有自动计数功能，到指定次数后能自动停机，以及当弹簧折断后有自动停机功能，以确保安全；试验应连续进行，除改变工况或正常检查试验机外不应停机。

(3) 结果判断

应从一批产品中随机抽取两个（或两个以上）试样弹簧，弹簧经规定次数循环后不应出现疲劳裂纹和断裂，试验前后弹簧的自由高差应不大于 0.5mm。两个试样弹簧应都合格。若两个试样都不合格，则该批弹簧视为不合格。只有一个不合格时允许复验。复验是在同批弹簧中再任选两个弹簧作疲劳试验，两个同时合格该批弹簧才算合格。

6.5.4 蠕变检验

蠕变是在确定的静态力或动态力的作用下，在规定时间内弹簧高度的损失。TB/T 2211—2018 规定对弹簧实物进行静载蠕变试验测量其蠕变量，见图 6-18：对弹簧施加轴向载荷 P_B

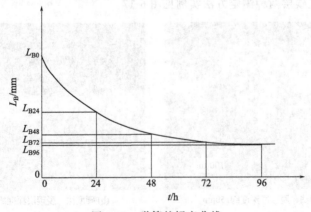

图 6-18 弹簧的蠕变曲线

(最大工作载荷,见表 6-2),测得弹簧的即时高度 L_{B0};保持 P_B 不变,每 24h 记录一次变形量;当弹簧在 24h 内高度的减小量少于第一个 24h 内减少量的 1/10 时,可认为变形稳定(一般经 96h),试验结束。蠕变量就是试验前后弹簧的高度差,在 P_B 作用 96h 后的蠕变量不应超过 L_{B0} 的 1%。

思考题

[1] 简述铁路弹簧的类型、功能、结构、应力分布特点及基本性能要求。

[2] 试述铁路弹簧钢的性能要求、钢中基本元素的作用,举出几种常用弹簧钢的牌号、成分、特性和应用范围。

[3] 简述弹簧生产工艺流程,制定热处理工艺规程,指出弹簧热处理后的组织和性能特征。

[4] 简述铁路弹簧(钢)奥氏体晶粒度及表面脱碳层的要求与检验方法。

[5] 对铁路弹簧疲劳寿命及其试验条件有何要求?

[6] 以铁路货车转 K2 型转向架弹簧为例,综合归纳其材料、制造工艺以及弹簧产品的组织、性能、晶粒度、脱碳层、疲劳性能的要求。

参考文献

[1] 运装货车〔2004〕342 号文. 铁路货车转向架圆柱螺旋弹簧技术条件 [Z]. 北京:铁道部运输局,2004.

[2] 米嘉宾,刘燕. 转 K2 型转向架存在问题分析及改进建议 [J]. 甘肃科技,2009,25 (8):11-14.

[3] 赵勇. 转 K2 转向架弹簧失效分析 [D]. 成都:西南交通大学,2006.

[4] 苏德达,李亿莲. 弹簧的失效分析 [M]. 北京:机械工业出版社,1988.

[5] 钟群鹏,赵子华. 断口学 [M]. 北京:高等教育出版社,2006.

[6] EN 13298. Railway applications—Suspension components—Helical suspension springs, steel (铁路应用—悬挂装置部件—钢制螺旋弹簧) [S].

[7] TB/T 2211—2018. 机车车辆用压缩钢制螺旋弹簧 [S].

[8] 董晓红. 转向架钢制螺旋弹簧疲劳寿命影响因素分析 [J]. 铁道车辆,2008,46 (11):1-4.

[9] 陈士伟. 影响货车圆柱螺旋压缩弹簧疲劳的主要因素 [J]. 机车车辆工艺,2004 (2):33-35.

[10] GB/T 1222—2016. 弹簧钢 [S].

[11] EN 10089. Hot-rolled steels for quenched and tempered springs—Technical delivery conditions (淬火和回火热轧弹簧钢—交货技术条件) [S].

[12] 惠卫军,董瀚,翁宇庆. 汽车螺旋悬挂弹簧用钢的发展动向 [J]. 钢铁研究学报,2001,13 (2):67-72.

[13] 祖荣祥. 弹簧钢的弹性减退抗力及试验方法 [J]. 物理测试,1986,4 (3):29-33.

[14] 王占河. 铁路提速货车螺旋弹簧余热淬火组织和性能研究 [D]. 哈尔滨：哈尔滨理工大学，2005.

[15] 蔡璐，惠卫军. 高强度弹簧钢 60SiCrV7 的性能和应用 [J]. 特殊钢，2005，26（4）：49-51.

[16] 张炼，杨思奇，郦振声. 高强度弹簧钢 60Si2CrVA 的性能 [J]. 机械工程材料，1992，16（4）：35-38.

[17] 马丽，周向，邓拥军. 热处理工艺对弹簧钢力学性能的影响 [J]. 铸造技术，2015，36（3）：655-656.

[18] 雷磊. 60Si2CrVAT 弹簧钢表面完整性及组织控制对疲劳性能的影响 [D]. 贵阳：贵州大学，2016.

[19] 田中健. 铁路货车转向架圆弹簧疲劳寿命影响因素的分析研究 [D]. 重庆：重庆大学，2005.

[20] 史显波，赵连玉，严伟，等. 几种高速列车用弹簧钢的奥氏体晶粒长大倾向 [J]. 钢铁，2013，48（3）：60-65.

[21] 王仁智，姜传海. 圆柱螺旋弹簧的正断/切断型疲劳断裂模式与提高其疲劳断裂抗力的途径 [J]. 中国表面工程，2010，23（6）：7-14.

[22] 陶曦东，卢俊平，亓蕾，等. 地铁车辆一系弹簧断裂分析 [J]. 机车车辆工艺，2013（1）：33-34.

[23] 卢叶茂，梁益龙，杨明. 机车弹簧失效分析 [J]. 物理测试，2017，35（2）：50-53.